CW01514053

Aliénor d'Aquitaine

DU MÊME AUTEUR

Dans la collection TRAJECTOIRES
dirigée par Régine Pernoud aux éditions Mame

Le rebelle discipliné, entretien avec le père Riquet, 1993.
Le soldat méconnu, entretien avec le général Massu, 1993.
La chanson en colère, entretien avec Pierre Delanoë, 1993.

L'homme des services secrets, entretien avec Paul Paillolle, Julliard, 1995.

Il y a des nuits..., roman, Éditions du Rocher, 1997.

Un amiral au secret, avec l'Amiral Pierre Lacoste, Flammarion, 1997.

Pierre Blairet, cheminot, Éditions du Rocher, 1998.

Avec de Gaulle, avec le Général Massu, Éditions du Rocher, 1998.

Sur les pas de Jeanne d'Arc, album, photographies de J. Foley, Tallandier, 1999.

Claude Manesse, entretiens, Factuel, 2002.

Alain-Gilles Minella

Aliénor d'Aquitaine

PERRIN

www.editions-perrin.fr

© Perrin, 2004
ISBN : 978-2-262-02053-8

À Régine Pernoud
À mon père

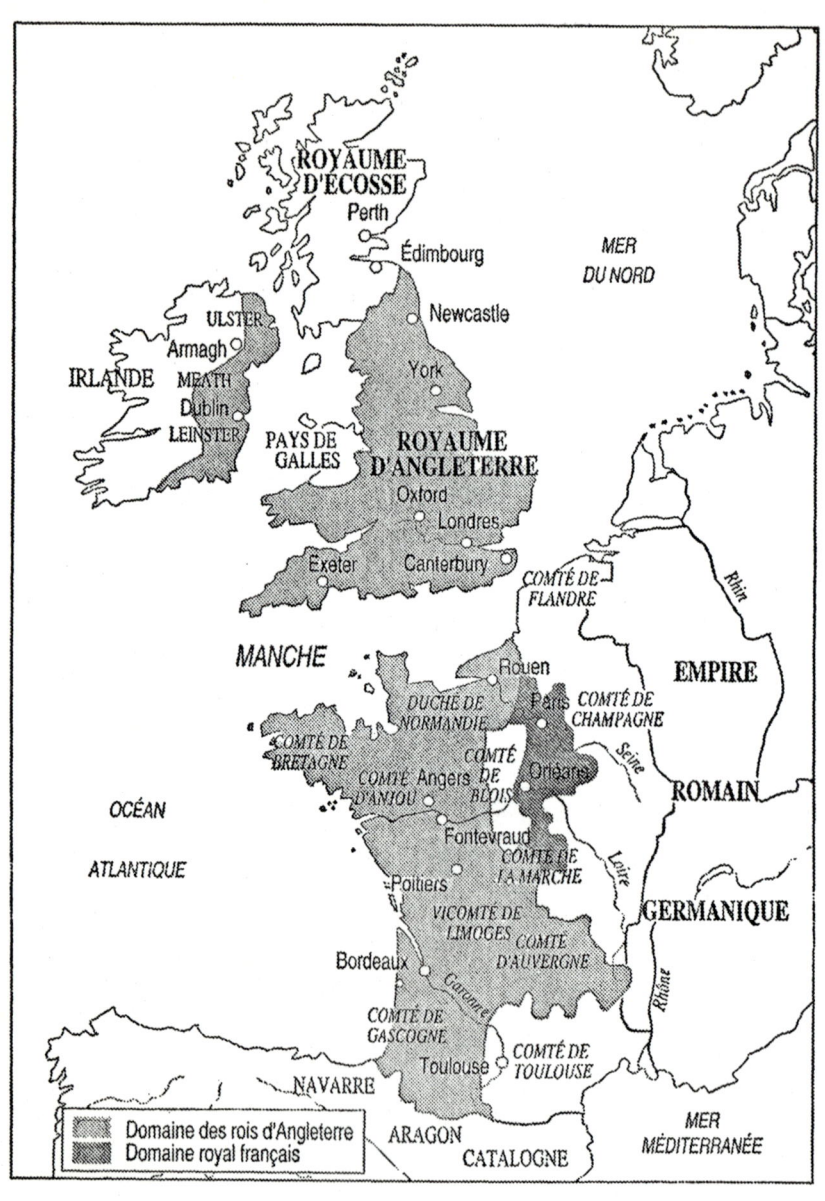

Source : *L'Empire des Plantagenêt (1154-1224)*, Martin Aurell, Perrin, 2003.

L'EMPIRE DES PLANTAGENÊT

Dispute à Antioche

Octobre 1149, à Tusculum en Italie. C'est dans cette petite ville du Latium, à quelques dizaines de kilomètres au sud de Rome, que réside le pape Eugène III chassé de la Ville éternelle par le sénat romain. En ce début d'automne, le souverain pontife reçoit le roi et la reine de France, Louis VII et Aliénor, de retour d'une grande expédition militaire en Terre sainte que les historiens appelleront la Seconde croisade.

Les trois souverains se voient pour la deuxième fois. Leur première rencontre avait eu lieu deux ans et demi plus tôt, en mai 1147. Eugène III remettait alors à Louis VII son bâton de pèlerin au cours d'une messe en la basilique Saint-Denis, près de Paris, qui marquait le début de la Seconde croisade. Jours de fête, de liesse, on partait en Terre sainte reprendre le comté et la ville d'Édesse tombés aux mains des Turcs le 24 décembre 1144. L'événement était symbolique autant que stratégique : le comté d'Édesse, fondé en 1098, un an avant la conquête de Jérusalem, était le plus ancien des États croisés. Assis sur les deux rives de l'Euphrate, il occupait une position cruciale en contrôlant le fleuve et représentait une menace sérieuse pour la principauté d'Antioche voisine et toute la Palestine chrétienne. L'enjeu était d'importance.

Le retour est moins joyeux. La croisade a été un

échec, l'objectif n'a jamais été atteint et le périple a été particulièrement éprouvant.

Eugène III n'ignore rien des difficultés rencontrées par les souverains francs. Suger, l'abbé de Saint-Denis qui assure la régence du royaume, l'en a régulièrement tenu informé. Le pape sait l'état de fatigue et d'épuisement dans lequel le couple royal a accosté en Sicile quelques semaines plus tôt après avoir évité un ultime danger. Le roi et la reine avaient en effet quitté l'Asie mineure sur deux navires séparés dans un convoi sicilien bientôt attaqué par des pirates byzantins au large des côtes du Péloponnèse — le roi normand de Sicile était en guerre avec l'empereur de Byzance. Le bateau où se trouvait Aliénor avait été capturé et la reine emmenée vers Constantinople, quand un nouveau coup de main des Siciliens l'avait délivrée. Entre-temps, Louis VII avait débarqué en Calabre et attendu trois semaines la nouvelle de l'arrivée d'Aliénor, saine et sauve, à Palerme.

Le roi et la reine avaient ensuite entrepris de regagner Paris. Aliénor, qui tout au long de la croisade avait fait preuve d'une remarquable endurance physique, était tombée malade. Aussi avait-on décidé de faire de petites étapes pour la ménager.

Durant ces quelques journées passées à Tusculum, on imagine volontiers que les sujets de conversation entre les souverains tournent autour des récits de la croisade, des problèmes politiques que son échec soulevait, de la fragilité des États chrétiens de Terre sainte — les Francs essayant de comprendre leurs erreurs, se reprochant certaines décisions, rappelant la duplicité de l'empereur de Byzance qui a joué un double jeu avec les Turcs, la vénalité et la fourberie des Grecs, les graves problèmes de ravitaillement, mais aussi l'admirable endurance, le courage et la bravoure dont les Francs ont su faire preuve. Eugène III les écoute avec compassion et essaie sans doute de leur redonner confiance.

Pourtant c'est sur un autre sujet que le souverain pontife doit exercer sa compassion. Autant, et peut-être même plus que des souverains déçus et meurtris de leur échec politique et militaire, c'est un couple au bord de la désunion qu'il accueille. Une très profonde querelle a éclaté entre les époux, pendant leur séjour à Antioche ; une distance s'est depuis installée entre eux. Mesurant la gravité de la situation, Eugène III, transformé en « conseiller conjugal », ne ménage pas sa peine pour réconcilier les époux. L'historien, philosophe et homme d'Église Jean de Salisbury — sans doute l'un des plus grands esprits du XIIᵉ siècle — qui relate le séjour à Tusculum dans son *Historia Pontificalis*, met précisément l'accent sur la mésentente entre Louis et Aliénor : « Quant à la querelle qui avait pris naissance à Antioche entre le roi et la reine, le pape l'apaisa après avoir entendu séparément les griefs des deux époux. [...] Ce mariage ne devait être rompu sous aucun prétexte. Cette décision parut plaire infiniment au roi. Le pape les fit coucher en un même lit qu'il avait orné de ses parures les plus précieuses. Pendant les quelques jours qu'ils demeurèrent là, il travailla, par des entretiens privés, à faire renaître leur mutuelle tendresse. Il les combla de cadeaux et, quand ils prirent congé, cet homme plutôt austère ne put retenir ses larmes. » Salisbury connaît bien les protagonistes. Il sera un temps conseiller d'Henri II Plantagenêt, roi d'Angleterre, et un intime de Thomas Becket dont il écrira la première biographie. Banni par le Plantagenêt, il se réfugiera plus tard en France avec l'aide de Louis VII et finira sa vie évêque de Chartres. S'il insiste sur l'état d'esprit des souverains français et l'intervention assez inattendue du pape, c'est qu'il a pu mesurer, au moment où il écrit, combien cette tentative de « réconciliation » était importante et combien son échec a pesé sur l'histoire.

Si l'on en croit Salisbury, Eugène III a donc écouté en tête à tête les griefs, les rancœurs et récriminations de chacun des époux. Qu'avaient-ils à se reprocher après douze ans de mariage ?

Louis VII, d'abord : bien qu'il aime profondément sa femme — tous les chroniqueurs de l'époque sont d'accord là-dessus ; Salisbury écrit même qu'il l'aimait « véhémentement et de manière presque enfantine » —, il ne l'a jamais vraiment comprise... et encore moins pendant cette affaire d'Antioche. Je veux croire que c'est de cela qu'il parla d'abord au pape, même si, comme toujours dans les mésententes conjugales, les problèmes sont généralement profonds et prennent racine des années avant d'apparaître au grand jour.

Que s'est-il donc passé à Antioche ?

Louis VII et Aliénor avaient débarqué à Saint-Siméon, le port de la principauté d'Antioche, le 19 mars 1148, avec un immense sentiment de soulagement. En dix mois d'expédition, rien n'avait été épargné aux croisés : problèmes permanents de ravitaillement aggravés par le flot quotidien de pèlerins ralliant la croisade ; duplicité et fourberie de l'empereur byzantin Manuel Comnène qui ne songeait qu'à leur soutirer de l'argent et à s'entendre avec leurs ennemis turcs en secret ; harcèlement des troupes turques dès que l'armée franque avait franchi le Bosphore, sans compter les inévitables dissensions entre barons du roi et de la reine.

À Antioche, ils étaient enfin en terre franque. Ils allaient pouvoir souffler, reprendre des forces et remettre en ordre l'armée durement éprouvée, avant de repartir pour libérer Édesse qui constituait le but de l'expédition.

La ville se présentait à eux comme un havre de paix et de félicité. Doucement inclinée vers la mer, Antioche, au nord de l'actuelle Syrie, était une oasis de verdure et de fraîcheur solidement protégée par douze kilomètres de remparts. On y vivait luxueusement, à l'orientale. Le contraste était saisissant pour des hommes qui venaient de traverser une longue période de privations · certains austères barons du nord de la France — dont Louis VII faisait sans doute partie — n'étaient pas loin d'être choqués. Du côté d'Aliénor et des Aquitains, au contraire, on se sentait parfaitement à l'aise, d'autant que de nombreux Poitevins se trouvaient là. Mais plus encore, ce qui réjouissait la reine était de retrouver Raymond de Poitiers, son oncle, devenu par une des bizarreries de l'histoire prince d'Antioche.

C'est lui qui accueille les souverains français à leur descente de bateau. Le chroniqueur Guillaume de Tyr, qui relatera l'épisode trente ans après, fait de Raymond un portrait dont se dégage une personnalité attachante, affable, pleine de légèreté et de charme : « Dans le maniement des armes et dans la science de la chevalerie, il se montrait supérieur à tous ceux qui l'avaient précédé, comme à ceux qui lui succédèrent dans la même principauté. Il cherchait les gens lettrés, quoique lui-même fût peu docte. [...] Il était sobre pour les aliments et pour la boisson, magnifique et généreux à l'excès, mais en même temps peu prévoyant et abandonné plus qu'il n'eût été convenable au jeu des dés et à tous les autres jeux de hasard. » Frère cadet du père d'Aliénor, Raymond n'a que quelques années de plus que sa nièce. Ils ne se sont pas vus depuis près de quinze ans.

Voilà plus de dix ans que Raymond de Poitiers gouverne la principauté. Très au fait des problèmes auxquels les royaumes francs de Terre sainte font face et des dangers qui les guettent, il attendait l'armée franque avec impatience. Très peu de temps après son arrivée, il soumet un plan ambitieux à Louis VII : s'emparer au plus vite de la cité d'Alep alors aux mains de Nûr al-Dîn, le propre fils du célèbre Zengi, celui-là même qui s'était rendu maître du comté d'Édesse et avait été assassiné quelques mois plus tard. Son fils lui a succédé, animé d'une haine encore plus virulente que celle de son père pour les chrétiens, qu'il compte bien chasser de Palestine. Pour les États chrétiens de Terre sainte et plus particulièrement pour Antioche, Alep représente le plus grand danger ; c'est là qu'il faut agir en premier. Raymond, sûr de lui, est persuadé qu'avec les croisés il n'aura aucune difficulté à prendre la cité. Mais le Prince aura beau déployer d'indéniables facultés d'analyse et de persuasion, Louis VII refusera le projet avec obstination : son vœu était de se recueillir à Jérusalem, c'est dans la Ville sainte qu'il se rendrait en premier. Le roi s'entêta d'autant plus qu'il avait l'impression que Raymond tentait de le manipuler pour asseoir son autorité sur la région. N'arrivant pas à convaincre Louis en privé, le Prince organisa une grande réunion pour tenter de rallier ses vassaux... mais là aussi il échoua.

Raymond utilisa alors sa dernière carte : Aliénor. Il eut de longs entretiens avec sa nièce et la persuada du bien-fondé de ses objectifs. Au cours d'une nouvelle rencontre avec les vassaux à laquelle cette fois la reine assistait, elle défendit le point de vue de son oncle avec toute la fougue dont elle était capable. Entre Louis VII et sa femme, le ton monta. Convaincue de la justesse de l'analyse de Raymond, Aliénor déclara que si le roi lui refusait son aide, elle resterait à Antioche avec ses propres vassaux. Louis la menaça d'user de son droit d'époux pour l'emmener de force, à quoi Aliénor répondit qu'il ferait bien de vérifier ces droits qui pourraient bien être nuls car ils étaient cousins à un degré de consanguinité prohibé par l'Église. L'intervention d'Aliénor bouleversa le roi. D'une part parce qu'il était un homme très pieux et qu'on agitait devant lui la possibilité qu'il pût vivre dans le péché depuis douze ans, et surtout parce que c'était sa propre femme qui le proclamait, montrant du même coup qu'elle pouvait envisager de se séparer de lui. Louis, dont la jalousie était aussi profonde que les sentiments qu'il éprouvait envers Aliénor, sentit dans les propos de la reine l'influence du « beau » Raymond ; on peut penser qu'il n'avait pas tout à fait tort. Jean de Salisbury relate l'incident avec beaucoup de retenue : « La familiarité du prince à l'égard de la reine, les conversations assidues et incessantes qu'ils eurent ensemble provoquèrent les soupçons du roi, lesquels se fortifièrent d'autant plus que, le roi s'apprêtant à quitter Antioche, le prince souhaita la retenir, si cela pouvait se faire en paix avec le roi. » Quelle que soit la réalité des intentions de chacun, un soupçon d'adultère pesait très sérieusement sur la reine. Le roi ne pouvait tolérer plus longtemps une telle situation. Ses conseillers le pressèrent de réagir et c'est Thierry Galeran, un ancien conseiller de son père, que Louis VII écoutait toujours avec attention, qui, selon Salisbury, « sut convaincre le roi de ne pas supporter plus longtemps que la reine demeurât à Antioche, en lui démontrant qu'un perpétuel opprobre menacerait le royaume des Francs si, entre autres infortunes, l'on pouvait proclamer que son roi avait été dépossédé de sa femme et abandonné ».

À peine dix jours après avoir débarqué dans le port de Saint-Siméon, Louis VII quittait précipitamment Antioche pour Jérusalem, emmenant Aliénor avec lui. La conclusion de l'épisode revient à Jean de Salisbury : « Dans le cœur des deux époux, la meurtrissure demeura profonde, même s'ils s'appliquèrent l'un et l'autre à la dissimuler. »

Quant à Raymond de Poitiers, l'avenir allait malheureusement donner raison à ses craintes. Quelques mois plus tard, l'oncle d'Aliénor devait trouver la mort à Maaratha dans un combat contre Nûr al-Dîn qui enverra la tête de son adversaire comme trophée au calife de Bagdad.

*

Revenons à Tusculum et à l'entretien privé entre Louis VII et le pape Eugène III. Si l'on peut supposer que l'affaire d'Antioche soit la première chose dont le roi parle au pape, il a également beaucoup d'autres griefs contre sa femme ; le souverain peut se plaindre autant que le mari. Leurs premières années de mariage et de règne ont été marquées par leur jeunesse — ils avaient à peine trente ans à eux deux le jour de leur mariage le 25 juillet 1137 —, leur incompétence, les caprices d'Aliénor et l'immaturité de Louis. Elle a « joué » à la reine, aussi bien à la reine de cour entourée de troubadours — une petite révolution dans l'ambiance austère du Palais de la Cité à Paris — qu'à la femme politique. Sous son influence, Louis a délaissé les anciens conseillers de son père et en particulier Suger, l'abbé de Saint-Denis, un des plus sages et des plus fidèles soutiens de sa couronne. Il s'est lancé dans des guerres qui auraient pu être catastrophiques pour l'avenir du royaume. Jamais il n'oubliera l'été 1143 et cette campagne militaire contre le comte de Champagne qu'il a lancée en grande partie parce que Aliénor soutenait sa jeune sœur, Pétronille, tombée follement amoureuse d'un homme ayant l'âge d'être son père, le sénéchal Raoul de Vermandois. Pétronille avait épousé le sénéchal. Le fait en soi ne motivait pas une expédition militaire, mais Raoul était déjà marié à la nièce du comte de Champagne ; afin que le mariage se fasse on trouva quelques prélats qui annulèrent le premier mariage. Furieux, Thibaud de Champagne en appela au pape, lequel excommunia les nouveaux époux et les prélats complices. Les choses s'étaient envenimées, d'où l'expédition de l'été 1143 au cours de laquelle Louis VII, à la tête de son armée, avait attaqué la ville de Vitry-en-Perthois. Les combats avaient été très violents, les troupes du roi avaient pénétré dans la ville jusqu'au cœur de la cité, le feu avait pris à quelques maisons, la population apeurée s'était réfugiée dans l'église tandis que le feu avait gagné le bâtiment, qui s'était embrasé. Louis VII, qui observait la scène hors de la ville, avait vu le toit en flammes s'effondrer, dans un bruit terrifiant, sur les mille cinq cents personnes rassemblées dans l'édifice. Il en était resté tétanisé. Régine Pernoud, dans sa biographie d'Aliénor d'Aquitaine [1], raconte : « Quand les familiers de Louis, inquiets de son immobilité, s'approchèrent, ils s'aperçurent qu'il était blanc et hagard et qu'il claquait des dents ; on l'emmena, on l'étendit sous sa tente. Quand il ouvrit la bouche ce fut pour demander qu'on le laissât seul. Pendant plusieurs jours, le roi demeura ainsi, refusant de s'alimenter et de parler à qui que ce soit, prostré, immobile sur sa couche. » Jamais Louis VII, homme profondément pieux et pacifique, n'oubliera cette scène effroyable.

Face à Eugène III, l'image lui en est sûrement revenue à l'esprit, le ramenant à sa propre culpabilité mais aussi à la responsabilité d'Aliénor. Cela également il ne l'avait jamais oublié, même si, grâce à l'intervention de l'abbé Suger et de Bernard de Clairvaux — le futur saint Bernard —, les choses étaient progressivement rentrées dans l'ordre. Louis avait ensuite peu à peu éloigné Aliénor du pouvoir, tout en demeurant passionnément épris d'elle et bien qu'elle restât la puissante suzeraine du duché d'Aquitaine et du comté de Poitou, territoire si vaste et si riche par rapport à la petite Île-de-France du roi.

Ensuite il y avait eu l'expédition en Terre sainte. Aliénor avait voulu accompagner Louis qui avait accepté. Il avait certes besoin des vassaux d'Aliénor mais il faut bien avouer aussi qu'il n'imaginait pas la

1. Le Livre de Poche, 2002, page 31.

laisser seule à Paris. À son exemple, bon nombre de barons avaient emmené leurs femmes. L'ost s'en était trouvé ralenti par un nombre incroyable de chariots transportant valets, chambrières, vêtements, bijoux, ustensiles divers... Dès le départ, on avait accusé Aliénor de transformer cette sainte entreprise en voyage d'agrément ; le roi avait laissé dire. Durant l'expédition, ses barons et ceux d'Aliénor ne s'étaient pas vraiment entendus. Rien de grave, rien d'important, mais un mauvais climat : il y avait ceux du Nord, il y avait ceux du Sud. Et il avait bien senti que, même s'ils respectaient l'autorité royale, après dix ans d'union avec la reine, les barons poitevins et aquitains restaient avant tout attachés à leur duchesse.

Louis VII a certainement reconnu devant le pape que l'allusion à leur consanguinité lancée par Aliénor à Antioche l'avait surpris et considérablement troublé. Jean de Salisbury rapporte : « Bien qu'il fût animé d'un amour immodéré pour elle, il aurait accepté de la quitter si ses conseillers et ses barons l'avaient permis. » La foi du roi est profonde, il n'imagine pas vivre dans le péché aux yeux de l'Église. Cette idée le hante depuis Antioche. Comme le hante le soupçon d'adultère qui a pesé sur la reine. Ce n'était pas la première fois : on avait souvent murmuré que l'évident plaisir pris par Aliénor à fréquenter ces troubadours la couvrant de compliments et de déclarations était suspect, tout comme sa préférence ostensible pour quelques-uns de ses barons aquitains... Il y avait eu des rumeurs. Louis avait toujours passé outre. Il savait bien ce que sont les jalousies de cour. Mais à Antioche, le coup était plus dur, il s'agissait de l'oncle d'Aliénor, ce Raymond si beau, si chevaleresque, si séduisant... Louis a toujours tout pardonné ou presque à sa femme parce qu'il l'aime et qu'il a dû accepter depuis longtemps de ne jamais vraiment la comprendre. Leurs tempéraments sont trop différents, presque opposés. Seul le pouvoir pourrait les rapprocher, s'ils le concevaient de la même manière. Or Louis a bien vu pendant l'expédition qu'Aliénor restait avant tout duchesse d'Aquitaine et comtesse de Poitou, qu'elle préférait ses barons occitans aux autres et que l'intérêt de son Aquitaine et de son Poitou passait avant ceux du royaume et de la dynastie capétienne.

À cause de cela également, le roi est inquiet. Ils sont mariés depuis douze ans et Aliénor ne lui a donné qu'une fille, Marie, née en 1145. Il lui faut absolument un héritier. La couronne ne doit se transmettre que par les hommes. C'est ainsi que les descendants d'Hugues Capet ont pu conserver le trône. L'assise de la dynastie est encore fragile, il le sait. Avoir un héritier est une obsession pour lui, comme ce le fut pour son père, son grand-père et tous ses ancêtres.

Eugène III a en face de lui un homme terriblement troublé mais aussi un homme différent de celui rencontré deux ans et demi plus tôt. Il se souvenait d'un être frêle, gauche, qui avait tout du moine timide, qu'on imaginait plus volontiers récitant des *Pater noster* que portant une couronne et conduisant une armée. Certes Louis reste malingre, en quelques mois il n'a pas acquis une stature de bûcheron, mais quelque chose a changé dans son physique qui traduit un changement moral. On a comme l'impression qu'il se tient plus droit, qu'il occupe plus d'espace. « Il ressemble déjà plus à un roi », a peut-être pensé Eugène III. Le souverain a pris, comme nous dirions aujourd'hui, la mesure de sa fonction. Les épreuves traversées l'ont endurci.

Le pape, en homme d'Église habitué à peser les âmes, a dû s'en apercevoir. Il comprend l'état d'esprit du roi de France, tiraillé entre ses sentiments pour sa femme, entre la puissance qu'elle représente — le Poitou et l'Aquitaine restent sa « propriété » ; Louis VII ne les gouverne qu'au nom de sa femme, en cas de séparation ils sortiraient du domaine royal qui ne serait plus que le huitième de ce qu'il est alors —, l'affront subi et cette histoire de consanguinité qu'il supporte mal.

C'est maintenant au tour de la reine de se trouver seule face au pape qui l'écoute avec, si l'on en croit Salisbury, la même attention et la même compassion.

Tout comme son mari, Aliénor a changé depuis leur première rencontre. Physiquement, elle est toujours la même, toujours aussi belle. Le soleil de Palestine lui a seulement rendu son teint hâlé d'adolescente qu'elle avait perdu en vivant sous la grisaille de Paris. Il me faudrait, à ce point du récit, tenter de décrire cette femme. Je dis « tenter » de décrire Aliénor, car nous n'avons rien, ou presque, sur son physique. Certains chroniqueurs la disent : *perpulchra*, c'est-à-dire « très belle ». Lors de son mariage avec Louis VII, on l'a qualifiée de « fougueuse ». Plus tard, un moine de Winchester, Richard de Devizes, dira de celle qui est alors la reine d'Angleterre qu'elle est « une femme incomparable, belle bien que vertueuse, énergique bien que douce, humble bien que vive en parole... » ; cela sent l'hagiographie ! À l'inverse Guillaume de Tyr, évoquant l'épisode d'Antioche, écrira vers 1180 : « ... elle était l'une de ces femmes folles. C'était une femme imprudente, ainsi qu'elle le montra avant comme après ces événements de façon manifeste ; elle offensa la dignité royale, négligea la loi, oublia le lit conjugal. » Lorsque Guillaume de Tyr rédige son *Historia rerum in partibus transmarinis gestarum* l'affrontement dure depuis plus de vingt ans entre les pouvoirs capétien et Plantagenêt pour la suprématie sur l'Ouest de l'Europe : le parti de Guillaume est clair. Le moins que l'on puisse dire, c'est que l'image d'Aliénor que nous lègue le XIIe siècle est contrastée et imprécise. L'imprécision est le lot commun à toutes les grandes figures féminines de cette période. Georges Duby le souligne dans l'introduction de ses *Dames du XII* *siècle*[1] : « Les dames de ces temps lointains n'ont pour lui (l'historien) ni visage ni corps. [...] Les artistes, en effet, pas plus d'ailleurs que les poètes, ne se souciaient alors de réalisme. Ils figuraient des symboles et s'en tenaient aux formules convenues. N'espérons donc pas découvrir la physionomie particulière de ces femmes sur les très rares effigies qui sont parvenues jusqu'à nous. [...] Elles ne seront jamais pour nous que des ombres indécises, sans contour, sans profondeur, sans accent. »

Le cas d'Aliénor est particulier. Pour des raisons politiques évidentes les différents chroniqueurs qui ont relaté les événements tant du côté capétien que du côté Plantagenêt, ont chacun servi leur « maître », leur souverain, avec plus ou moins de servilité. Or Aliénor a divorcé du roi de France et s'est opposée à son second mari, roi d'Angleterre, qui l'a fait emprisonner pendant quinze années. Elle a en quelque sorte « trahi » chacun des deux camps. Il faut donc ajouter, à la difficulté d'avoir peu de sources sur Aliénor, celle de devoir, lorsqu'on en trouve, en évaluer le parti pris.

Néanmoins, deux choses sont établies concernant Aliénor : sa beauté et son autorité naturelle. Et sans doute est-ce un changement dans l'affirmation de cette autorité que remarqua Eugène III, en octobre 1149. La reine lui apparaît peut-être moins déterminée, moins sûre d'elle-même, moins arrogante. Elle reste malgré tout « fougueuse » et lorsqu'elle s'emporte contre Louis, elle y met toute sa véhémence.

Que reproche-t-elle à son époux ? Finalement d'être ce qu'il est : un homme timide, renfermé, d'une piété insupportable. « J'ai épousé un moine », dira-t-elle à plusieurs reprises pendant ses années de mariage avec Louis VII. Les historiens ont même pu s'interroger sur

1. Gallimard, Paris, 1995, pages 7-8.

le vrai destinataire de cette pique : Louis ou l'abbé Suger, dont l'influence sur le roi est telle que la reine a souvent l'impression que c'est lui qui gouverne, peut-être jusque dans le couple royal. Quoi qu'il en soit, Aliénor ne supporte plus ce cléricalisme omniprésent autour de son mari. Elle ne supporte pas davantage la manière dont on l'écarte du pouvoir. Elle sait ce qu'elle représente, qui elle est. Sans l'Aquitaine et le Poitou, le domaine royal n'est rien : quelques champs de blé coincés entre les terres du comte de Blois et celles du comte de Champagne. Louis devrait s'en souvenir. Elle reconnaît les erreurs qu'elle a pu commettre dans sa jeunesse, ses caprices, ses entêtements... mais Louis était jeune aussi, il a sa part de responsabilité. Ils ont mûri maintenant.

L'expédition en Terre sainte a agi sur elle comme un révélateur. Elle a pu se rendre compte de la fidélité de ses barons occitans et elle a pris goût au commandement, à la stratégie, à la diplomatie. Elle aussi revient sur l'affaire d'Antioche, non pas pour évoquer une brouille entre époux mais parce que, à ses yeux, il s'agit d'une affaire politique. Louis a pris la mauvaise décision, Raymond avait raison. La suite des événements l'a montré. Malheureusement son oncle en est mort. Ce jour-là, à Antioche, Louis s'est trompé et son erreur a conduit l'expédition à l'échec et Raymond à la mort. Aliénor avait fait le bon choix. Elle le sait. Elle ne l'oubliera jamais.

Si les chroniqueurs ont insisté sur l'affaire d'Antioche, c'est parce que — plus que la consanguinité brandie et qui effectivement, deux ans plus tard, servira de prétexte à l'annulation du mariage — Aliénor a senti qu'elle possédait à ce moment-là un vrai sens politique. C'est Louis qui, par susceptibilité et jalousie, s'est montré capricieux en s'entêtant à vouloir aller faire son pèlerinage à Jérusalem, alors que la raison politique commandait l'action militaire. Si Aliénor a agité alors cette question de consanguinité, ce n'était sans doute pas — bien qu'elle fût indubitablement lasse de son mari — avec l'idée de suivre la menace d'effet mais plutôt parce que c'était le seul moyen de ramener le pieux Louis à la raison et de l'obliger à aller dans le sens de Raymond. Cela dit, si l'argument est venu, les conversations avec Raymond y furent sûrement pour quelque chose.

Lors du séjour à Tusculum, Aliénor a vingt-sept ou vingt-neuf ans — on ne connaît pas la date exacte de sa naissance [1], 1120 ? 1122 ? — et peut raisonnablement penser qu'il ne lui reste au mieux qu'une vingtaine d'années à vivre. Il est possible qu'elle ait tenté son va-tout à Antioche et que, de ce point de vue-là, elle ait échoué. Elle n'a pas pris l'ascendant sur Louis ; l'amour qu'il lui porte ne suffit plus, comme au début de leur mariage. Aliénor, elle, ne l'a jamais aimé. Elle a fait un mariage politique que la mort imprévue de son père avait rendu indispensable. Elle était née riche et puissante, elle avait tout, son mariage lui apportait une couronne, ce qui, dans la frivolité de ses quinze ans, l'avait séduite : le bijou lui allait merveilleusement bien. Elle était belle, elle le savait et avait trouvé normal que son mari l'aime. Douze ans ont passé, elle se rend compte des occasions manquées, des erreurs que son insouciance lui a fait commettre. Elle pense sans doute qu'il est trop tard pour changer de vie.

Contrairement au roi, la femme qui se trouve face à Eugène III, si belle et intelligente soit-elle, juge alors que l'existence ne lui réserve plus grand-chose. Elle n'a pas le pouvoir et ne l'aura probablement jamais, elle n'aime pas l'homme avec qui elle vit et elle sera bientôt vieille. Pour le roi, les choses sont très différentes, il

---

1. On connaît seulement le lieu de naissance d'Aliénor : le château de Belin, près de Bordeaux.

doit gouverner, maintenir son royaume, l'agrandir peut-être, affermir sa couronne pour la transmettre à l'héritier qu'il lui faut absolument avoir.

Salisbury nous dit que, durant le séjour à Tusculum, le pape « travailla, par des entretiens privés, à faire renaître leur mutuelle tendresse » et que le souverain pontife avait décidé que le mariage « ne devait être rompu sous aucun prétexte », précisant : « Cette décision parut plaire infiniment au roi. » Cette décision plut-elle à Aliénor ? Salisbury n'en dit rien et cette omission est assez révélatrice. Tentons d'observer la situation avec le plus d'objectivité possible : qui avait le plus « intérêt » à cette réconciliation ? Louis VII bien sûr mais aussi... Eugène III. Nous l'avons vu, Aliénor représente un pouvoir politique et économique considérable. Ce pouvoir et cette richesse sont aux mains du roi de France tant qu'il reste marié avec elle ; si leur mariage est annulé, le système de la féodalité fait qu'elle « reprend » son bien. C'est un des paradoxes de ce système : une femme reste propriétaire des terres qu'elle a reçues en héritage — dans la mesure où, comme c'est le cas pour Aliénor, elle n'a pas de frère dont les droits priment — mais elle ne peut les gouverner qu'avec un homme à ses côtés qui, parce qu'il a pour lui la force, la capacité de faire valoir ses droits par les armes, détient la matérialité du pouvoir. C'est donc Louis qui administre au nom de sa femme les possessions d'Aliénor ; il les perd en cas de séparation et on peut penser que cette perspective l'inquiète. Voilà déjà une excellente raison de vouloir la réconciliation. Une autre est l'amour qu'il porte à sa femme. Tous les chroniqueurs le soulignent, généralement pour s'en étonner car c'est très inhabituel dans ce genre de mariage où seule la politique compte. Dernière raison, Louis a besoin d'un fils qui lui succédera sur le trône et unira définitivement l'héritage d'Aliénor à la couronne.

Le roi ne peut avoir oublié comment son père, Louis VI, s'est battu avec acharnement pour conserver à la couronne de petits territoires, de simples châteaux quelquefois, ou conquérir quelques arpents de terre, assurant un peu plus à chaque fois le fragile pouvoir capétien... Il ne peut pas laisser filer l'Aquitaine et le Poitou !

Voyons la position d'Eugène III maintenant. Lui a besoin du soutien du roi de France. Depuis janvier 1146, il a été chassé de Rome par le mouvement insurrectionnel que dirige Arnaud de Brescia. La situation nuit gravement à l'autorité personnelle du pape et, au-delà, à l'autorité morale de la papauté. Si Eugène III avait appelé à la croisade, c'est en partie pour essayer de reconquérir du pouvoir. Dans cette action, il bénéficiait du soutien de Bernard de Clairvaux dont la personnalité domine toute la chrétienté de l'époque. C'est lui la véritable autorité morale de l'Église. Avant d'accéder au trône pontifical, Eugène III était moine à Clairvaux ; les liens entre les deux hommes sont étroits. On l'a vu lorsqu'il s'est agi de prêcher la croisade. Bernard y était bien évidemment favorable, mais il a fait savoir qu'il ne la prêcherait que si le pape lui en donnait l'autorisation, mettant ainsi en avant l'institution pontificale très malmenée à l'époque et lui apportant tout son crédit personnel. Pour que la croisade soit utile politiquement au pape, il aurait fallu qu'elle soit un succès, ce qui fut loin d'être le cas. J'imagine qu'Eugène III était un peu inquiet sur son sort. Tout le monde savait que Bernard de Clairvaux se posait des questions sur les « capacités » du souverain pontife à sortir l'Église d'une situation très préoccupante. On savait aussi que le roi de France, très chrétien, très pieux, aurait un rôle à jouer sur ce point et que Bernard avait beaucoup d'influence sur lui. Eugène III avait donc absolument besoin d'un roi de France rasséréné, oubliant cette expédition désastreuse et regardant l'avenir avec confiance. Il fit ce qu'il fallait pour.

Quant à Aliénor, je la crois à ce moment-là très désabusée. Nous avons vu quel avenir s'ouvrait devant elle. Elle a peut-être eu conscience d'être manipulée... Peut-être a-t-elle décidé de se sacrifier... Un élément reste troublant : cette maladie de la jeune femme dont parlent les chroniqueurs et qui obligea le couple royal à remonter vers Paris en faisant de courtes étapes. C'est pratiquement la seule fois où l'on signale une faiblesse de santé chez Aliénor. Toute sa vie, elle fera preuve d'une constitution physique extraordinairement solide. Elle mettra au monde dix enfants — à la naissance du dernier, le futur Jean sans Terre, elle a au moins quarante-quatre ans — sans jamais cesser de parcourir ses territoires dans tous les sens. À plus de quatre-vingts ans, elle traversera encore les Pyrénées à cheval. Pourquoi est-elle malade au retour de croisade alors qu'elle a suivi toute l'expédition sans difficultés ? Le contre-coup ? peut-être. L'annonce de la mort de son oncle a certainement joué aussi. Personnellement, j'ai envie de penser qu'à ce moment-là elle se résigne, et que cette faiblesse physique n'en est que la manifestation.

Grâce aux bons offices du pape, la tendresse renaît entre les époux. En les regardant s'éloigner, reprenant la route vers Paris, le souverain pontife peut bien verser quelques larmes avec le sentiment du devoir accompli. Et d'ailleurs l'avenir immédiat semble lui donner raison : il apprendra quelques mois plus tard que la reine est enceinte.

1

La rencontre

Août 1151. Les salles rénovées et agrandies du Palais de la Cité, à Paris, résonnent de la voix puissante de Bernard de Clairvaux. Du moine fondateur de l'abbaye de Clairvaux, Michelet, dans son *Histoire de France*, trace le portrait d'un ascète se nourrissant de la Bible et s'abreuvant de l'Évangile : « C'était un esprit plutôt qu'un homme qu'on croyait voir, quand il paraissait ainsi devant la foule avec sa barbe rousse et blanche, ses blonds et blancs cheveux ; maigre et faible, à peine un peu de vie aux joues. Ses prédications étaient terribles... » Si le saint homme a fait le voyage de Clairvaux à Paris, à l'âge de soixante et un ans, c'est que l'affaire réclamant son intervention est d'importance. Il s'agit d'arbitrer un différend entre Louis VII et le comte d'Anjou, Geoffroy le Bel. Outre le comte et le roi, sont également présents, dans le palais bâti sur les rives de la Seine, le fils de Geoffroy, Henri, à qui son père vient de transmettre la couronne ducale de Normandie, et la reine Aliénor. La jeune femme a accouché, l'année précédente, d'une seconde fille, Aélis. L'héritier tant attendu par Louis VII n'est pas encore venu. Les liens qui semblaient s'être resserrés entre les deux époux après Tusculum se sont de nouveau distendus. Le roi gouverne sans sa femme et Aliénor s'ennuie. Dans le conflit qui oppose le roi de France et son vassal, le comte

d'Anjou, Aliénor n'a joué aucun rôle et si elle est présente, en ce mois d'août, c'est uniquement parce qu'elle
vit là, et que, malgré tout, elle représente toujours une
part non négligeable du domaine royal.

Arrêtons-nous un instant. Il y a des moments dans
l'histoire où, tout à coup, semblent concentrés tous les
éléments qui vont marquer les années à venir, à la fois
les principaux protagonistes — Aliénor, Henri et Louis
qui se trouvent pour la seule et unique fois de leur vie
réunis dans le même endroit — et aussi les thèmes ou
les domaines sur lesquels ils vont s'affronter : l'utilisation du lien de vassalité, les rapports entre les pouvoirs
de la royauté et les pouvoirs de l'Église, et d'une
manière plus vaste, la conception même du pouvoir
royal. Deux ambitions s'affrontent déjà sous l'arbitrage
de saint Bernard, celle du Capétien, qui veut durer et
asseoir la prépondérance de son autorité sur tous les
grands féodaux — faire un exemple en quelque
sorte —, et celle des Angevins qui veulent s'en émanci-
per et bâtir leur royaume. À observer la scène avec le
recul de quelques centaines d'années, on se rend
compte qu'à cet instant-là tout aurait pu être différent.
Le cours de l'histoire s'est infléchi parce qu'une femme
qui s'ennuyait et qui voulait gouverner a croisé le
regard d'un jeune duc, de dix ans son cadet. C'est sans
aucun doute elle, tous les historiens s'accordent là-
dessus, qui a décidé de la suite des choses... mais j'anti-
cipe un peu.

Le simple fait que Bernard de Clairvaux se soit
déplacé montre que l'affrontement entre Louis VII et
Geoffroy d'Anjou recelait en lui de graves dangers. Bernard, avec l'intelligence politique qu'on lui connaît, en
avait probablement l'intuition. Pourtant le prétexte de
cette querelle est plutôt léger bien qu'il soit assez difficile d'en avoir une idée très nette ; les historiens ne sont

pas toujours d'accord sur certains éléments du problème.

Tout a commencé au début de l'année 1150, quelques mois seulement après le retour de Louis et Aliénor de Terre sainte. Le roi avait fait son entrée dans Paris à la mi-novembre 1149 en compagnie de l'abbé Suger ; Aliénor n'entrera dans la capitale que quelques jours plus tard. Par cette entrée le roi marquait la satisfaction qu'il avait de la régence de l'abbé. Suger avait écrit à Louis vers janvier-février de cette même année : « Votre terre et vos hommes, grâce à Dieu, jouissent d'une bonne paix. Vos revenus judiciaires, vos tailles, vos reliefs féodaux, les produits en nature de votre domaine vous sont réservés pour votre retour. Par nos soins, vos maisons et vos palais sont en bon état : ceux qui tombaient en ruine ont été réparés. » Un royaume « calme et tranquille » donc, grâce à la sage administration de l'abbé dont le roi fit proclamer partout qu'il méritait le nom de « Père de la patrie ». La plupart des grands féodaux accompagnant les souverains dans l'expédition, Suger n'eut pas de difficultés de ce côté-là. Deux étaient malgré tout restés en France : Thibaud de Champagne et, d'après certains historiens, le comte d'Anjou, Geoffroy le Bel. Selon Régine Pernoud, l'Angevin — surnommé « Plantagenêt [1] » — avait dans un premier temps accompagné Louis VII en croisade mais en était revenu plus tôt. Il serait entré en conflit avec le sénéchal du roi en Poitou, Giraud Berlai ou Bellay, lequel, bien installé dans son château de Montreuil-Bellay, l'aurait défié pendant de nombreux mois. Le comte avait fini par s'énerver, avait mis le siège au château dans un premier temps, le feu au donjon dans un

---

1. On connaît deux origines à ce surnom : soit parce qu'il fichait un brin de genêt dans son chaperon lorsqu'il partait à la chasse, soit parce que son amour de la chasse l'avait conduit à transformer de grandes superficies de terre en landes. « Plantagenêt » deviendra le nom de la famille au XVe siècle, pendant la période des luttes dynastiques.

deuxième si bien que Giraud avait été obligé de sortir avec toute sa famille ; Geoffroy l'avait alors fait prisonnier. Or, la loi interdisait de s'en prendre aux hommes et aux terres d'un seigneur qui avait pris la croix. Louis n'étant pas encore revenu de Palestine lorsque le comte avait attaqué le château où Giraud était réfugié, Geoffroy s'était mis gravement hors la loi ; cela méritait même l'excommunication.

Dans sa biographie de Louis VII, Yves Sassier [1] donne une version légèrement différente. Geoffroy Plantagenêt, qui n'a pas accompagné le roi en Terre sainte, se voit obligé de mettre au pas un de ses vassaux, Giraud, seigneur de Montreuil-Bellay, qui a déjà, par le passé, bravé l'autorité du comte et se livre cette fois-ci à de nombreuses exactions contre les possessions de l'abbaye de Saint-Aubin d'Angers. Le comte met le siège au château du trublion, mais le château résiste de nombreux mois. Il est toujours assiégé lorsque Louis VII revient de Palestine. Giraud cherche alors appui auprès du roi auquel sa famille a été longtemps liée. Il faut croire que ce lignage était solide puisque le roi, probablement vers l'été 1150, entend l'appel au secours du sire de Montreuil et envisage d'agir contre son vassal angevin.

Quelle que soit la réalité, le prétexte est des plus minces et ne mérite pas un affrontement armé. Pourtant, c'est très vite ce qui va se dessiner. Geoffroy Plantagenêt n'est pas n'importe quel vassal. Comte d'Anjou à sa naissance, il a épousé en 1128 Mathilde, fille du roi d'Angleterre Henri Ier Beauclerc, lui-même fils de Guillaume le Conquérant. Mathilde, qu'on appelait l'« Emperesse » parce qu'elle était veuve de l'empereur d'Allemagne Henri V, avait quinze ans de plus que Geoffroy. Cette femme d'une grande personnalité, intelligente, énergique, apportait en dot au comte d'Anjou

---

1. *Louis VII*, Fayard, Paris, 1991.

ses prétentions à l'héritage d'Henri Beauclerc dont elle était fille unique, lequel héritage n'était rien de moins que la couronne d'Angleterre et le duché de Normandie. La succession aurait dû se passer sans anicroche à la mort d'Henri Ier si un petit-fils de Guillaume le Conquérant — par sa fille Adèle qui avait épousé le comte de Blois — ne s'était interposé. Étienne de Blois avait devancé les Angevins et pris le pouvoir à Londres. C'était en 1135. Depuis les partisans des deux camps s'affrontaient et le pays était dans la plus totale anarchie. S'il n'avait pu ceindre la couronne d'Angleterre, Geoffroy, dont on disait qu'il était « grand chevalier et fort et bel », s'était emparé de la couronne ducale de Normandie. Il en avait porté le titre jusqu'en 1150, année où il avait solennellement remis le duché à son fils aîné, Henri, âgé de dix-sept ans.

Cette « abdication » de Geoffroy aurait dû se faire avec le consentement du roi, suzerain des Plantagenêt ; ces derniers s'étaient gardés de lui demander son avis. De même la passation de pouvoir entre le père et le fils aurait dû être suivie d'un hommage du jeune duc à Louis VII puis d'une investiture en bonne et due forme. À l'été 1151, la cérémonie n'avait toujours pas eu lieu ; le moins que l'on puisse dire, c'est que les Angevins ne se montraient pas très empressés de venir prêter ce serment qui reconnaissait l'autorité morale de Louis VII. Ils signifiaient clairement au roi de France qu'ils se situaient à un niveau différent de ses autres vassaux : ils prétendaient à une couronne qui ferait des Plantagenêt les égaux des Capétiens. Car à l'époque rien n'était encore joué. Le pouvoir du roi Étienne n'était pas solidement établi en Angleterre. Deux partis s'affrontaient toujours et on sentait que la situation pouvait basculer d'un camp à l'autre. De plus, dans les derniers mois de 1149, le jeune Henri avait mené une campagne de l'autre côté de la Manche où il avait montré d'indéniables capacités de chef militaire liées à une ambition que certains pressentaient déjà grande. Il était clair que, dans les années à venir, il faudrait compter avec lui.

La question anglaise est au fond le véritable enjeu du conflit qui oppose Geoffroy d'Anjou et Louis VII dans les années 1150-1151. Louis VII ne souhaite pas que la couronne d'Angleterre échoie aux Angevins ; avec la Normandie et l'Anjou, ils sont déjà très puissants. Sans oublier que le roi Étienne appartient à la famille de Blois-Champagne, dont les liens avec la couronne de France sont de plus en plus solides et ne cesseront de s'affirmer comme nous le verrons par la suite. On peut penser que, des deux côtés, on n'est tout d'abord pas mécontent de se tester : le Capétien pour calmer les velléités d'indépendance des Plantagenêt et ces derniers pour marquer leur volonté de jouer un rôle politique de premier plan.

À l'été 1150, Louis VII semble avoir pris la décision d'envoyer son armée vers la Normandie. L'opération doit se faire avec Eustache de Boulogne, fils d'Étienne de Blois. Le roi de France a ouvertement pris le parti d'Étienne et veut mettre son fils sur le trône normand. Suger intervient alors pour tempérer le roi. Bien qu'il soit officiellement retiré des affaires de gouvernement, le vieil abbé a conservé beaucoup d'influence sur Louis. On le voit pendant cette fin d'année, alors qu'il vit ses derniers mois, intervenir à plusieurs reprises. « Nous supplions Votre Majesté de ne pas vous précipiter dans une guerre contre le comte d'Anjou, que vous avez fait duc de Normandie, sans avoir au préalable pris le conseil des archevêques, des évêques et de vos grands. Ce qu'en effet vous aurez entrepris sans prendre conseil, vous ne pourrez ni le défaire avec honneur ni le parfaire sans grande peine. Et puisque vous avez déjà convoqué vos hommes, nous vous conjurons d'entendre leur conseil et de suspendre tout projet jusqu'à ce que vous ayez consulté vos fidèles, c'est-à-dire les évêques et les grands : ceux-ci, en vertu de la fidélité qu'ils doivent au royaume et à la couronne, vous aideront de toutes leurs forces à parfaire ce qu'ils vous auront suggéré », écrit le vieil homme. Comme le remarque Yves Sassier [1], « Suger considère que le *casus belli* n'est pas sérieux et qu'en cas d'action du roi contre son vassal, le tort serait du côté de l'agresseur. » Il est possible que l'abbé ait avant tout cherché à protéger le roi et n'ait pas senti tout ce que l'ambition des Angevins pouvait engendrer, et particulièrement celle du jeune Henri. Les interventions de Suger calment à l'évidence le roi mais le vieux sage meurt le 13 janvier 1151. Le texte de l'une de ses dernières lettres à Louis VII nous est parvenu : il sonne comme une ultime recommandation de celui qui aura été, jusqu'à son dernier souffle, un des plus intègres et des plus sages serviteurs que la royauté française eut à son service : « Que Votre Majesté se souvienne qu'elle quitta sa terre pour visiter l'Église d'Orient au prix de tant de périls et de morts, et qu'elle laissa le noble royaume des Francs dans les mains de l'Église de Dieu. Veillez à ne pas perdre les fruits d'un tel labeur ; ayez soin de l'Église de Dieu, défendez les pauvres et les veuves. En agissant ainsi vous pourrez, avec l'aide de Dieu, résister à toutes les puissances du monde et aux embûches de vos adversaires qui sont nombreux. »

Au printemps 1151, le conflit reprend. On en connaît mal la chronologie. C'est à cette période que Geoffroy fait prisonnier le fameux Giraud Bellay. Louis VII attaque par la Normandie, toujours accompagné d'Eustache de Boulogne. Le jeune Henri Plantagenêt réagit avec rapidité et se porte à la rencontre des troupes de Louis, à la tête d'une puissante armée. S'ensuit un face-à-face... où rien ne se passe. Du côté Plantagenêt on déconseille au jeune duc d'attaquer son suzerain ; de l'autre côté, Louis VII préfère se retirer. Un coup pour rien !

1. *Louis VII, op. cit.*, page 221.

Geoffroy le Bel, lui, est resté en Anjou et reprend le château de la Nue, près d'Alençon, tombé aux mains du frère de Louis VII, Robert de Dreux, un an auparavant. Le roi décide en représailles de lancer une nouvelle offensive vers la Normandie, et cette fois elle sera d'envergure. Il concentre un très grand nombre de soldats entre Mantes et Meulan ; les Plantagenêt font de même de l'autre côté de la frontière normande. La bataille semble inévitable quand Louis VII contracte une forte fièvre qui le cloue au lit. Il reporte sa décision d'attaquer. Un chroniqueur raconte : « Il s'ensuivit que, grâce à l'intervention d'hommes religieux et sages, une trêve fut conclue entre les deux parties jusqu'à la guérison du roi. »

En fait d'« hommes religieux et sages » il s'agit surtout de Bernard de Clairvaux. Il offre sa médiation et son autorité morale est telle que les deux parties ne peuvent qu'accepter.

Voilà qui nous ramène au mois d'août 1151, dans le Palais de la Cité sur les bords de la Seine.

*

Autour du roi et de la reine sont réunis quelques-uns des barons. Geoffroy le Bel et son fils ont amené avec eux Giraud Bellay, recouvert de chaînes comme un malfaiteur. Cette exhibition du prisonnier est très théâtrale et tient beaucoup de la provocation. Bernard de Clairvaux s'enflamme, exhorte le comte d'Anjou de libérer son prisonnier, affirme que le détenir ainsi est une faute grave et que s'il le libère, il lui donnera l'absolution... ! Geoffroy, dont la réputation de mauvais caractère n'est plus à faire, répond : « Je refuse de libérer mon captif et si c'est une faute de détenir un prisonnier, je refuse d'en être absous ! » L'assemblée est outrée ; on ne refuse pas l'absolution d'un moine que la chrétienté entière regarde comme un saint homme. Le saint homme en question le prend lui-même très mal et menace : « Prenez garde, comte d'Anjou, de la mesure dont vous avez mesuré on vous mesurera ! » Geoffroy considère alors que, précisément, la mesure est comble et, sous l'œil médusé des assistants, quitte la salle avec son fils. Juste avant de les suivre, le pauvre Giraud s'approche de Bernard de Clairvaux et lui demande sa bénédiction : « Ce n'est pas de mon sort que je me plains, mais je pleure sur les miens qui vont mourir comme moi.

— Ne crains pas, répond Bernard, sois sûr que Dieu va vous secourir, toi et les tiens, et plus tôt que tu n'aurais osé l'espérer. »

Effectivement, quelques jours plus tard, la rumeur court, bientôt confirmée, que Geoffroy le Bel accepte de libérer son prisonnier et que le jeune duc Henri va prêter hommage au roi pour la Normandie. La raison exacte de ce revirement ne nous est pas parvenue. Les historiens en sont réduits à des conjectures : les menaces de Bernard de Clairvaux ont peut-être porté à retardement — nous avons du mal aujourd'hui à mesurer justement, parce qu'il n'y a pas d'équivalent, le poids de l'autorité morale qu'il représentait —, ou le comte d'Anjou a préféré éviter un conflit direct avec le roi de France... En fin de compte, tout s'arrange et le sang n'a pas été versé. La cérémonie d'hommage se déroule à Paris dans les jours qui suivent.

Le roi de France a incontestablement remporté un grand succès diplomatique. Les Plantagenêt ont cédé sur tous les points et de plus l'hommage a lieu pour la première fois à Paris, siège du pouvoir capétien, et non à la frontière du duché comme c'était jusque-là l'usage. De nombreux historiens y ont vu la marque d'un renforcement du pouvoir royal. Mais pour les Angevins, ce n'est pas non plus une si mauvaise affaire. Louis VII, acceptant l'hommage d'Henri pour la Normandie, le confirme par le fait dans la possession de son duché. Le roi ne peut plus désormais défendre les prétentions d'Eustache sous peine de se mettre lui-même hors les lois de la féodalité. Les Plantagenêt ont de ce fait les mains libres dans leur lutte pour le trône d'Angleterre et sont assurés que Louis n'interviendra plus. Le coup n'est pas si mal joué !

Sur le plan personnel, Louis VII va payer très chèrement cette réussite. C'est durant ces journées d'été qu'Henri et Aliénor se sont rencontrés et que la reine est tombée amoureuse du jeune duc de Normandie. Nous ne savons pas comment la rencontre s'est effectivement passée. Ont-ils pu se parler en tête à tête ? Était-ce un coup de foudre ? N'ont-ils fait qu'échanger des regards au cours de banquets — il y en a certainement eu. Henri lui a-t-il fait la cour ? Ont-ils réussi à voler quelques instants, seuls, pour marcher dans les jardins du palais, bercés par la douceur d'un crépuscule d'été ? Belle image romantique... Encore une fois, on n'en sait rien. Les chroniqueurs ne se sont pas privés de laisser aller leur imagination. Je l'ai dit, ils écrivent tous longtemps après les événements et la suite de l'histoire influence leur récit. Pour Gautier Map, archidiacre d'Oxford, « Henri [...] fut l'objet des regards libidineux d'Aliénor, reine de France. Elle était mariée au très pieux Louis... ». Giraud de Barri écrira : « Le bruit court qu'Henri eut l'audace de déshonorer la reine de France par une liaison charnelle adultérine », ce que semble croire également un moine cistercien : « [...] au comble donc d'un énorme excès, le roi Henri, selon ce qu'on raconte, osa polluer la reine de France par une copulation adultérine », et le moine outré fait porter la responsabilité de la faute à Aliénor qui « ne se conduisait pas comme une reine, mais bien plutôt comme une courtisane ». Et au point où en sont les choses, pour faire bonne mesure, on prête à la reine une liaison antérieure avec le père d'Henri : « Le comte Geoffroy d'Anjou [...] avait été l'amant de la reine Aliénor. Aussi mit-il souvent son fils en garde, et tenta-t-il de toutes les façons — à ce que l'on raconte — de le dissuader de toucher à cette femme, tant du fait qu'elle était l'épouse de son seigneur, que du fait qu'elle avait naguère intimement connu le comte Geoffroy lui-même », nous dit Giraud de Barri. Quelle est la part de vérité, de ragots colportés ou de médisance volontaire ? La question restera à jamais sans réponse.

Dès la rencontre, Aliénor a-t-elle immédiatement songé au divorce et à épouser Henri qui, si l'on en croit l'*Historia rerum Anglicarum* de Guillaume de New-burgh, « conviendrait mieux à ses mœurs » ? C'est ce que semblent penser tous les chroniqueurs mais on a vu dans quelles conditions ils relatent les événements et on peut s'interroger sur la fiabilité de leurs analyses. Il est certain que quelque chose s'est passé entre Henri et Aliénor cet été-là et ce « quelque chose » est réciproque. Qu'Aliénor soit lasse d'un mari dont la manière de vivre s'apparente plus à celle d'un moine qu'à celle d'un époux, c'est évident et lui-même le sent ; mais de là à se précipiter à la tête d'un garçon de dix-huit ans qui n'est alors « que » le duc de Normandie et sous l'autorité de son père ; de là à abandonner une couronne royale ! Bien que « fougueuse » comme on le disait lors de son mariage avec Louis, j'imagine Aliénor femme de tête. Au moment où elle rencontre le jeune Henri, son père Geoffroy a trente-sept ans, il est dans la pleine force de l'âge. Il va continuer à se battre pour s'emparer de la couronne d'Angleterre et il a des chances de gagner. Henri en héritera sûrement, mais dans combien de temps ? Aliénor a trente ans, et elle n'a enfanté que des filles. Tout cela compte. Certains biographes ont prêté à Aliénor, dès l'été 1151, l'intuition de l'empire qu'elle allait fonder avec Henri, je n'y crois pas. Je vais même jusqu'à penser qu'elle ne va pas, à ce moment-là, envisager réellement de divorcer ; elle reste une femme résignée qui croit son heure passée, même si la rencontre avec le jeune Plantagenêt l'a fait « vibrer » comme jamais. Pour qu'elle décide de se séparer de Louis, il faut un autre événement, totalement inattendu.

Le 7 septembre 1151, à peine deux semaines après qu'il eut quitté Paris, on annonce la mort de Geoffroy le Bel. Sur le chemin de retour vers l'Anjou, il a fait une halte près de Château-du-Loir. La chaleur était étouffante et le comte a voulu se baigner dans la rivière. La fièvre l'a pris dans la soirée, et malgré tous les remèdes et les soins connus, il est mort quelques jours plus tard.

La nouvelle bouleverse tout le monde et surtout change la donne géopolitique. Henri devient un personnage de tout premier plan, et le trône d'Angleterre se rapproche de lui. Dans un premier temps, le jeune duc concentre entre ses mains l'Anjou, le Maine et la Normandie. Avant de mourir, Geoffroy le Bel a fait part de sa volonté à ses conseillers. Pour conquérir le trône d'Angleterre, Henri aurait besoin des ressources des deux domaines Normandie et Anjou. Une fois roi, il conservera la Normandie et devra remettre à son frère, Geoffroy, le Maine et l'Anjou ; l'aîné se trouvera ainsi investi de l'héritage maternel, et le cadet de l'héritage paternel. Mais le comte mourant connaissait l'ambition de son fils. Pour s'assurer qu'Henri respecte ses dernières volontés il avait fait jurer à ses fidèles de ne pas lui donner de sépulture tant qu'Henri n'aurait pas prêté serment de se conformer aux ultimes décisions de son père. Le jeune homme était en Normandie quand il apprit la mort de son père. Il hésita à prêter le serment que Geoffroy le Bel exigeait de lui, et puis, devant l'insistance des conseillers du défunt, s'y résolut sans grand enthousiasme. Nous verrons par la suite la manière dont il « honorera » sa parole.

Cela nous éclaire parfaitement sur les priorités politiques des Plantagenêt : en premier lieu le royaume anglais. Là est leur ambition, celle du père comme celle du fils, et tout doit être utilisé pour que l'objectif soit atteint.

De son côté, à partir de septembre, Aliénor n'a sans doute plus dissimulé les sentiments qu'elle éprouve pour le jeune duc de Normandie, maintenant comte d'Anjou. Les chroniqueurs nous décrivent, dans les derniers mois de l'année 1151, un Louis VII « enflammé par l'esprit de jalousie ». Ces mêmes chroniqueurs sont pudiquement silencieux sur la manière dont le couple a vécu la période qui va de septembre 1151 à mars 1152. Il semble que les deux époux aient décidé entre eux la séparation et probablement seuls quelques proches conseillers étaient dans la confidence. Nous savons simplement que le roi et la reine fêtent Noël à Limoges et sont ensemble à Saint-Jean-d'Angély pour la Chandeleur. Dans le même temps, sur les terres et les châteaux d'Aliénor, les Français faisant partie des garnisons sont remplacés par des Aquitains et Louis va jusqu'à faire démolir les fortifications en cours de construction.

Pour des esprits avertis, ce sont des signes qui ne trompent pas.

2

Le divorce et le mariage

Mars 1152. La cour royale est installée à Beaugency. C'est dans cette ville située en terre capétienne, mais proche du Poitou que Louis VII convoque un concile qui doit examiner la légitimité de son mariage avec Aliénor. Le 21 mars l'assemblée s'ouvre sous la présidence de Hugues archevêque de Sens dont dépend le diocèse d'Orléans. Sont présents des grands du royaume et quelques prélats importants : les archevêques de Rouen, Reims, Langres et celui de Bordeaux, Geoffroy de Loroux, qui avait marié le roi et la reine quinze ans plus tôt. Devant eux se succèdent des proches du couple royal qui tous jurent — « un serment plein d'artifice », écrira Gervais de Canterbury — que Louis et Aliénor sont parents à un degré de consanguinité prohibé par l'Église. Il n'y a pas de débat, comme on peut s'en douter. Le concile décrète l'annulation du mariage et les deux époux prononcent le serment requis pour la circonstance : « À partir de ce jour, je ne m'unirai plus avec ce parent ; je ne l'aurai ni par mariage ni par séduction ; je ne partagerai pas son repas, nous ne serons pas sous le même toit sauf à l'église ou dans un lieu public devant témoin. »

Bien évidemment la cause était entendue. Il n'y avait que deux manières de mettre fin au mariage :

l'adultère ou la consanguinité. L'adultère, c'était entacher l'image de la couronne, l'image du roi — et on se doute que, même s'il pouvait se poser des questions sur le sujet, Louis VII ne devait pas souhaiter passer officiellement pour « cocu » — et jeter une ombre sur la légitimité des deux filles qu'Aliénor et Louis avaient eu ensemble et qui, si le sort s'obstinait à ne pas vouloir donner d'héritier mâle à la couronne, pourraient avoir un rôle dynastique à jouer. Cette solution fut donc rapidement écartée ; restait la consanguinité. Aliénor l'avait déjà agitée à Antioche. Selon le droit canon de l'époque, l'argument était recevable. Les époux étaient en effet cousins aux quatrième et cinquième degrés à la fois du côté de Louis où ils avaient tous les deux Robert II le Pieux comme ancêtre, et du côté d'Aliénor par le comte de Saint-Gilles, Pons de Toulouse. Et pour faire bon poids, ils descendaient, au sixième degré, de Guillaume III, duc d'Aquitaine et beau-père d'Hugues Capet. Il faut tempérer les choses, ils n'étaient malgré tout parents qu'à un degré très éloigné et dont l'Église s'était jusque-là parfaitement accommodée. C'est plus la « politique » de l'Église et de la monarchie qui est en cause que la réalité de la consanguinité de Louis et d'Aliénor. Selon toute vraisemblance, cette consanguinité était connue lors de leur mariage, quinze ans plus tôt, et n'avait pas suscité de difficulté.

L'Église s'est intéressée tard au mariage. Elle n'en a véritablement codifié le sacrement qu'en 1137, pendant le second concile de Latran. Les lois sur la consanguinité qui vont servir à annuler le mariage de Louis et d'Aliénor, datent du concile de Rome en 1059 et sont très strictes. L'union est interdite entre cousins jusqu'au septième degré et cette interdiction s'étend à la parenté par alliance et à la parenté spirituelle issue du baptême (entre filleuls, parrains ou marraines). La grande majorité de la population ne connaît son ascendance que jusqu'au niveau des grands-parents, l'Église n'a donc pas les moyens d'intervenir. En revanche, la généalogie des grandes familles féodales est connue et c'est sur elles que l'institution ecclésiastique veut exercer un contrôle. Les interdits de l'Église en matière de consanguinité servent avant tout ses desseins politiques en obligeant les familles à négocier avec elle d'éventuelles exemptions ou, à l'inverse, lui donnant la possibilité d'user de l'arme de l'excommunication. Avant que le troisième concile de Latran, en 1215, ne vienne assouplir le droit canon sur le mariage et ne ramène l'empêchement pour consanguinité à quatre générations, le XIIe siècle marquera une forme d'apogée dans la dureté de ces lois dont l'Église s'est servie pour lutter contre l'essor de la chevalerie — un essor auquel Henri et Aliénor seront étroitement liés — et exercer son contrôle sur les alliances politiques entre puissants. Car le mariage est, pour les princes de l'époque, un « outil » diplomatique fréquemment utilisé et le mode d'alliance le plus sûr. À partir du XIe siècle, il a joué un rôle de premier plan dans la manière dont s'est établie la haute société féodale. « Le roi, les grands princes féodaux, resserrèrent le lien d'amitié vassalique en distribuant des épouses aux plus dévoués de leurs fidèles : le mariage fut instrument d'alliances », souligne Georges Duby dans « Le Chevalier, la femme et le prêtre [1] ». Et nous verrons qu'Henri et Aliénor, servis notamment par les nombreux enfants qu'ils auront ensemble, sauront très habilement user de cet instrument.

L'annulation du mariage entre Louis et Aliénor — et par extension le remariage de la duchesse d'Aquitaine avec Henri Plantagenêt — a beaucoup intéressé les historiens dès les premiers travaux sur l'histoire du Moyen Âge au XIXe siècle ; Achille Luchaire, dans l'*Histoire de*

1. *Féodalité*, Gallimard Quarto, Paris, 1996, page 1231.

France publiée sous la direction d'Ernest Lavisse, écrivait : « Le renvoi de la reine Aliénor fut une faute politique des plus graves, commise, il est vrai, à une époque où les souverains ne savaient pas encore sacrifier leurs convenances personnelles à la raison d'État [1]. » Luchaire se trompe sur les intentions qu'il prête à Louis VII, mais pas sur l'importance de l'événement. « ... à l'époque même, ce divorce provoqua d'amples remous. On en parla. On en écrivit beaucoup et longtemps », remarque Georges Duby [2]. Tous les chroniqueurs s'y attardent, quel que soit l'angle sous lequel ils racontent et la cause qu'ils défendent. C'est dire que la séparation entre le roi de France et la duchesse d'Aquitaine est l'événement à placer au centre même du XIIe siècle. Et ce divorce, c'est Aliénor qui l'a décidé. Guillaume de Newburgh dit très clairement qu'elle a *voulu* se séparer de son mari et que celui-ci y a *consenti*. Ce qui nous donne une indication utile sur le caractère même d'Aliénor. Peu de femmes ont, dans l'histoire, pris une décision qui pesa aussi lourdement sur le cours des événements à venir.

Dès la nullité du mariage prononcée, Aliénor quitte Beaugency. Il lui faut à peine quelques jours pour partir de la ville avec une petite escorte et se diriger vers Blois, première étape de son retour vers Poitiers, capitale de son Poitou. Elle laisse à Louis — ou plus exactement aux nourrices, comme c'est l'habitude dans les familles princières — leurs deux filles âgées de sept ans et dix-huit mois. Elles restent, en quelque sorte, « propriété » de la cour de France. On ignore si cette séparation fut douloureuse pour la jeune femme. Elle savait alors qu'elle ne reverrait pas ses filles de sitôt.

---

1. Cité par Yves Sassier, *op. cit.*, page 229.
2. *Féodalité*, « Le chevalier, la femme et le prêtre », *op. cit.*

Pour cette première étape à Blois, la duchesse avait sans doute projeté de dormir dans l'une des abbayes de la ville. On était à la veille des Rameaux et les abords de la ville s'emplissaient d'une foule joyeuse qui s'apprêtait à fêter l'événement. Au milieu de cette population, la petite troupe entourant Aliénor devait passer inaperçue, d'autant que la nouvelle de l'annulation du mariage royal n'était sans doute pas encore parvenue au peuple. C'est probablement cet anonymat qui permit aux hommes de la duchesse de se mêler à la foule, d'échanger quelques phrases avec les habitants et d'apprendre qu'on avait observé de nombreux et inhabituels mouvements d'hommes d'armes autour du château où résidait le jeune comte Thibaud, second fils de Thibaud de Champagne. Aliénor n'eut pas à réfléchir très longtemps pour comprendre qu'elle représentait pour ce cadet de famille, promis au mieux à une petite carrière militaire, une chance inespérée de fortune, qu'il avait sans doute l'intention de s'emparer d'elle, et de l'obliger, par tous les moyens possibles — et ce n'était pas chose impossible à l'époque —, à l'épouser. Il valait mieux ne pas s'attarder. Elle réunit ses hommes et quitta la ville au milieu de la nuit.

Le danger avait été écarté mais il était réel et rappelait à Aliénor — pouvait-elle l'oublier un instant ? — combien elle était un parti intéressant. Elle avait peut-être commis une erreur en décidant de voyager avec si peu de gens. La troupe pressa le pas mais le voyage vers les États poitevins ne pouvait se faire en une seule fois. La duchesse choisit de prendre une nuit de repos à Tours, sur les terres des Plantagenêt. Peut-être s'y sentait-elle déjà en sécurité ? Toutefois on ne commet pas deux fois la même erreur et, rendue prudente par l'enlèvement avorté de Blois, elle envoya des éclaireurs avant de reprendre la route. L'idée était bonne. On apprit que le frère cadet d'Henri, Geoffroy, attendait la duchesse avec la ferme intention de s'emparer d'elle et, lui aussi, de l'épouser de force. Décidément la belle duchesse excitait les ardeurs des cadets de famille ! Peut-être Geoffroy avait-il eu vent de bruits concernant un éventuel mariage de son frère avec Aliénor et aurait-il été ravi de lui « souffler » la dame ? Ou plus prosaïquement, mécontent du maigre héritage dont Henri lui laissait la jouissance, se sentait-il, du haut de ses seize ans, une âme de duc d'Aquitaine et comte de Poitou ? Toujours est-il qu'il avait installé une véritable embuscade à Port-de-Piles, là où Aliénor et son escorte devaient franchir la Creuse. Il fallut changer d'itinéraire et passer la Vienne à gué, en aval du confluent. On galopa ensuite vers Poitiers.

Aliénor entre dans sa ville le 1er ou le 2 avril 1152, sans aucun doute soulagée d'être à bon port. Elle peut rire maintenant des deux embuscades auxquelles elle a échappé et de la déconvenue des Thibaud et Geoffroy, mais l'alerte a été chaude. Si elle avait eu la tentation de jouir un peu de sa liberté retrouvée et d'attendre pour se trouver un nouveau mari, ces épisodes l'auraient sans doute fait réfléchir. Certes elle a repris ses terres et son indépendance vis-à-vis de Louis VII et de la couronne de France, mais une femme ne peut administrer seule un aussi vaste domaine. Surtout lorsqu'il est composé d'une bonne partie de petits seigneurs aquitains réputés pour avoir la tête frondeuse et le sang chaud, et qu'« administrer » veut dire souvent faire respecter son autorité les armes à la main !

Pour l'heure les Poitevins et leur comtesse sont tout à la joie des retrouvailles. Poitiers s'apprêtait à célébrer Pâques lorsque Aliénor franchit ses murs, et on imagine que cette année-là, la ville redoubla de fêtes.

Ce mois d'avril 1152 voit la jeune femme déployer une intense activité. Dans un premier temps elle reconstitue sa cour à Poitiers. C'est une tradition qui remonte au grand-père d'Aliénor, Guillaume le Troubadour. À peine la nouvelle du retour d'Aliénor dans ses terres est-elle connue que poètes, jongleurs, baladins, ménestrels accourent dans la capitale poitevine. Tous sont persuadés que la petite-fille du Troubadour ne peut que relancer une activité littéraire un peu endormie ces dernières années ; ils ont raison. Aliénor doit aussi reprendre en main l'administration de ses domaines. Non qu'elle en ait été exclue pendant son mariage. Je ne crois pas un seul instant qu'elle ait laissé Louis gouverner seul ses propres terres. Mais lorsqu'elle s'est mariée, elle avait quatorze ans, elle ne connaissait rien à la politique. Pendant ses années de mariage, elle a beaucoup appris, entourée, protégée en quelque sorte par un mari et des conseillers. Cette fois-ci, elle est seule, et c'est à elle de composer son entourage. Durant la croisade, on lui a beaucoup reproché de passer du temps avec ses barons aquitains. Maintenant ce temps lui sert, elle a appris à les connaître, à les estimer, et elle choisit. Des Sadebreuil de Sanzay, des Raoul de Faye constitueront désormais son conseil et ils lui seront fidèles. Tout au long de sa vie, Aliénor s'est rarement trompée sur les membres de son entourage. C'est une des premières qualités de l'homme ou de la femme d'État ; dès son retour à Poitiers, la jeune femme montre que cette qualité fait partie de celles qu'elle a su développer.

La duchesse d'Aquitaine et comtesse du Poitou n'a pas à se plaindre de l'état de son domaine quand elle le reprend. L'administration de Louis VII a été bonne. Il a donné la prépondérance au titre de duc d'Aquitaine par rapport à celui de comte de Poitiers, ce qui semble insignifiant mais qui en réalité a transformé en profondeur le maillage administratif des États. L'autorité des prévôts et du sénéchal a été accrue ; ils constituent le meilleur relais de l'autorité ducale. En 1138, le roi a réprimé une tentative de la ville de Poitiers de se constituer en commune libre ; la ville est rentrée dans le rang et l'exemple a porté. Dans le même registre Louis VII a su contenir les turbulents seigneurs de Talmont, de Comborn, de Châtelaillon. L'ordre règne et les terres sont prospères. Aliénor retrouve un domaine en meilleur état que lorsqu'elle l'avait apporté à la couronne. Elle aurait mauvaise grâce à se plaindre de Louis sur ce point.

En marge d'une activité officielle, visible, des observateurs attentifs peuvent remarquer des va-et-vient secrets de messagers autour du palais d'Aliénor. Il est clair qu'il se passe quelque chose de suffisamment important pour qu'on l'entoure de silence. Il ne faudra pas attendre très longtemps pour savoir. Le 18 mai, les cloches de la cathédrale résonnent à toute volée. Elles annoncent le mariage d'Aliénor d'Aquitaine et d'Henri Plantagenêt.

21 mars le divorce, 18 mai le remariage ; le moins que l'on puisse dire, c'est qu'Aliénor savait ce qu'elle voulait et qu'elle n'a pas traîné à mettre son projet à exécution. Gervais de Canterbury raconte : « Aliénor envoya secrètement au duc des messagers pour lui annoncer qu'elle était redevenue libre, le pressant de contracter mariage avec elle. On disait en effet que c'était elle, par son habileté, qui avait obtenu cette répudiation pleine d'artifice. Le duc, séduit par la noblesse de cette dame, et surtout envahi de désir de posséder les honneurs qui relevaient d'elle, sans hésiter davantage prit avec lui seulement quelques compagnons, suivit les chemins les plus courts, et, au bout de très peu de temps, il réalisa ce mariage qu'il avait, déjà auparavant, hautement désiré. » Les choses sont dites assez clairement : Aliénor a tout combiné, elle s'est arrangée pour divorcer, a proposé le mariage à Henri qui s'est empressé d'accepter parce qu'il faisait une très bonne affaire, que la duchesse était fort bien

dotée et qu'en plus — il serait désolant que le futur roi d'Angleterre passe pour un homme uniquement intéressé — il était séduit par son charme et sa dignité. Il n'est pas trop question d'amour dans tout cela, mais ce n'est pas forcément dans les attributions des chroniqueurs de se préoccuper des sentiments. Ou alors pour s'étonner qu'ils existent, comme nous l'avons vu concernant Louis VII et la passion qu'il portait à sa femme. Y avait-il de l'amour entre Henri et Aliénor ? Sans doute, mais pour le percevoir il faut essayer d'observer les choses en filigrane. Ce ne sont pas les événements qui nous le disent, c'est la rapidité avec laquelle ils se sont déroulés. Il est clairement établi que c'est Aliénor qui a décidé de tout, à la fois du divorce et du mariage. Il n'était pas absolument nécessaire que la duchesse se remarie aussi vite. À plus ou moins long terme, elle ne pouvait pas gouverner seule ses États, mais de là à précipiter les choses... Cette précipitation n'a rien à voir avec la politique. Aliénor a rencontré l'homme de sa vie, elle le sait, elle a trente ans, elle n'a pas de temps à perdre ! Et si Henri semble se laisser conduire, nous verrons que la passivité n'est pas dans son caractère. Il n'est pas homme à se laisser imposer quoi que ce soit. Il a voulu ce mariage tout autant qu'Aliénor, et la « rapidité » du déroulement des événements est aussi de son fait.

Lorsque la duchesse entre dans Poitiers, Henri est à Lisieux. Il prépare une expédition vers l'Angleterre. Le 6 avril, il préside dans la ville une cour plénière pour laquelle il a réuni tous ses barons normands. Le projet est donc sérieux, important, et va nécessiter toute son énergie. Mais dès l'appel d'Aliénor, il laisse les choses en plan et se précipite à Poitiers. On aurait pu s'attendre à ce que l'union de deux princes aussi importants se traduise d'abord par de longues tractations, comme c'est le cas lors d'un « contrat »... pas du tout ! Ils ne négocient rien et se marient le plus vite possible dès qu'ils sont réunis. L'un et l'autre sont des personnages politiques. Ils sont intelligents et ont le sens de leurs responsabilités ; ce sens des responsabilités précisément leur imposait le contraire de la précipitation. C'est pourquoi je veux croire que là se cache cette part de sentiments que les chroniqueurs de l'époque ont négligée.

Le mariage a lieu « dans l'intimité » comme nous dirions aujourd'hui. Henri et Aliénor n'ont pas eu le temps de convoquer tous leurs barons et d'organiser une grande cérémonie. Ils ne l'ont sans doute pas souhaité. Le divorce est trop proche. Il est évident que si Louis VII avait eu vent du projet, il aurait tout fait pour le contrarier ; Guillaume de Newburgh semble convaincu : « Elle et le duc de Normandie se rencontrèrent dans un lieu déterminé et scellèrent leur pacte matrimonial, moins solennellement que leur qualité ne l'aurait exigé, mais avec une grande circonspection, ne doutant pas que les préparatifs d'un mariage officiel ne soulèvent beaucoup d'obstacles. » C'est donc entourés seulement par quelques barons qu'Henri et Aliénor s'unissent dans la cathédrale Saint-Pierre. Ensuite, un banquet est donné au château de Poitiers. Le palais est envahi de jongleurs, conteurs et autres musiciens. C'est une joyeuse cacophonie qui se prolongera tard dans la douceur de la nuit poitevine, bien après que le couple nouvellement marié s'est retiré dans ses appartements.

3

Un couple

Un couple vient de se former. Pour l'instant, la nouvelle de cette union ne s'est pas encore répandue ; ce sera vite fait et elle fera grand bruit. Ce couple va dominer politiquement la seconde moitié du XIIᵉ siècle et créer une dynastie qui sera à l'origine d'un des événements majeurs de l'histoire du Moyen Âge en France : la guerre de Cent Ans. C'est dire l'importance de ce mariage, presque en catimini, et du couple formé par cet homme et cette femme qui s'étaient rencontrés à peine quelques mois auparavant et que rien ne destinait à s'unir.

Combien de temps l'annonce de leur mariage a-t-elle mis pour être connue et parvenir à la cour de France ? On peut penser que ce fut l'affaire de quelques jours tout au plus. La réaction du roi Louis VII sera violente, on peut s'en douter !

Profitons de ces quelques jours de « répit » pour tenter de mieux connaître le couple Henri et Aliénor. Du moins ce que l'on peut apprendre par les documents qui nous sont parvenus, chroniques et actes officiels essentiellement. Que représentent-ils politiquement et historiquement en 1152 ? Tous les deux sont issus de « très noble » lignée. Leurs familles respectives ont émergé dans la période qui a suivi l'éclatement de l'Empire carolingien. Autour de l'an mil et jusqu'à la moitié du

XIIe siècle, se sont créées des sortes de « principautés » comme la Champagne, les Ardennes, les comtés de Blois, de Toulouse, de Poitou, d'Anjou, la Bourgogne, l'Aquitaine, la Normandie... Plus ou moins riches, ayant toutes des velléités d'indépendance plus ou moins affirmées, elles se sont donné comme autorité supérieure un roi, Hugues Capet, le « duc des Francs ». Le roi n'est pas le plus riche — donc le plus puissant — des princes du royaume ; les hésitations de Louis VII à se séparer d'Aliénor et des terres qui lui appartiennent l'ont bien montré. Les premiers souverains de la dynastie capétienne — Louis est le sixième — ont sans cesse dû faire preuve de diplomatie pour maintenir leur autorité, considérablement aidés par le clergé qui joua un rôle déterminant dans l'affermissement du pouvoir capétien.

Lorsque Henri et Aliénor se marient, en 1152, les Capétiens portent la couronne depuis 165 ans. Durant cette période, aucune des grandes familles féodales n'a détenu autant de puissance qu'Henri et Aliénor après leur union ; et je ne me réfère qu'à leurs possessions continentales, il faudra ensuite y ajouter l'Angleterre et l'Irlande. Pour comprendre l'histoire de ce couple, il ne faut jamais perdre de vue que sa constitution même a influé sur le cours de l'histoire et, s'il s'agit bien sûr d'un homme et d'une femme, la puissance créée par la réunion de leurs territoires respectifs a engendré des possibilités inimaginables jusque-là. Au service de l'ambition démesurée d'Henri, partagée pour une grande part par Aliénor, cette union a permis la création de ce que l'on a quelquefois appelé l'« empire Plantagenêt [1] ».

1. Sur le terme « empire » Plantagenêt, les historiens anglais et français ont beaucoup discuté et discutent encore. Est-il impropre ? Le fond de la question reste l'unité réelle ou non de ces territoires divers placés sous l'autorité d'Henri et Aliénor. Je ne crois pas utile d'entrer dans cette discussion. Le point sur ce sujet a été remarquablement fait par Martin Aurell dans l'introduction de son livre précisément intitulé : *L'Empire Plantagenêt*, Perrin, Paris, 2003.

*

Que sait-on précisément d'Aliénor ? Qui est-elle ?
Nous l'avons vu, les textes de l'époque ne nous disent
rien. Elle était *perpulchra*, très belle, et débrouillons-
nous avec ça ! On ne sait même pas si elle était brune
ou blonde ; la plupart des historiens s'accordent à la
dire blonde sans que rien ne l'atteste. Elle était très certainement mince, car les canons de beauté de l'époque
ne prisaient pas particulièrement les formes arrondies.
On peut, sans trop craindre l'erreur, dire qu'elle était
élégante, « racée », avec beaucoup de charme — après
tout la légende en a fait une séductrice acharnée —,
avec une autorité naturelle, une présence innée. Qu'elle
ait été très intelligente ne fait aucun doute ; tout au
long de sa vie, ses actes, son sens de la politique et du
gouvernement nous le prouvent. Ce sont aussi ces actes
et les quelques textes émanant d'elle qu'il nous faut
interroger pour tenter de connaître un peu sa personnalité. Le travail du biographe est inverse de celui du
romancier qui crée des personnages, les structure psychologiquement avant de les faire évoluer dans une
situation qu'il a inventée. En histoire, il nous faut partir
des actes, de ce que l'on sait de leur contexte, les relier
de manière à dégager des constantes de comportement
qui permettent d'extrapoler et de se faire une idée plus
ou moins précise de la personnalité du héros... ou de
l'héroïne.

Aliénor passera à Bordeaux, la capitale aquitaine,
toute son enfance, au palais de l'Ombrière. À peine
mariée au roi de France, nous la voyons se mêler des
affaires de l'État en faisant preuve de caprice et de
légèreté. En 1138, les bourgeois de Poitiers — la ville
d'Aliénor — tentent de constituer une commune, la
jeune femme pousse le roi à organiser une opération

pour rétablir son pouvoir. Le habitants de la ville ne pèsent pas grand-chose contre les machines de guerre de Louis et d'Aliénor. Tout rentre vite dans l'ordre mais Aliénor ne supporte pas que l'on résiste à son autorité, elle exige, en plus de la dissolution de la commune, d'emmener en otage les fils et les filles des principaux bourgeois. Il faudra de longues tractations et l'intervention de l'abbé Suger pour que la jeune femme renonce ; elle en gardera rancune à l'abbé et aux Poitevins. À plusieurs reprises, au cours des premières années de leur mariage, le roi mènera de semblables expéditions pour faire rentrer dans le rang des seigneurs récalcitrants : ce sont toujours des vassaux d'Aliénor. La jeune femme est très sourcilleuse sur les questions d'autorité et principalement quand il s'agit de la sienne ! Il y a eu également l'affaire du mariage de sa sœur Pétronille et ses conséquences tragiques.

Hormis les classiques querelles entre belle-mère et belle-fille — Aliénor parviendra à ce que la mère de Louis VII, Adélaïde de Savoie, quitte la cour — et ses divergences avec le principal conseiller du roi, Suger, les années parisiennes d'Aliénor sont marquées par la transformation que la jeune femme imposa à la cour de France. On retrouve la fameuse opposition entre gens du Nord et du Sud ; plus qu'une opposition d'ailleurs, une fracture entre deux sensibilités différentes que le grand historien de l'amour courtois, Reto Bezzola, résumera ainsi : « ... à la civilisation cléricale et érudite du Nord, bornée, en dehors du monde de l'Église, sans doute à des milieux très restreints, le Sud opposait une civilisation toute profane, dont la mollesse et les extravagances choquèrent toujours le Nord. » Incontestablement Aliénor est du sud de la Loire, de ces régions ensoleillées où est née la poésie des troubadours. Elle aime le luxe, une certaine insouciance et aussi une certaine sensualité. Sous son impulsion, à Paris la mode change, les décolletés apparaissent, les corsages s'échancrent, dévoilant les épaules et la naissance des seins. Les étoffes dans lesquelles les vêtements sont taillés sont plus colorées, plus chatoyantes, plus précieuses. De leur côté, les hommes se rasent la barbe. Aliénor fait venir à la cour des poètes, ces troubadours dont les vers chantent les charmes de leur dame — et bien sûr le modèle en est la plupart du temps la reine elle-même. On « joue » aussi beaucoup à la cour depuis qu'Aliénor en est la maîtresse : des jeux de société comme le « Roi qui ne ment » ou le « Prêtre à confesse », où les indiscrétions sont de mise et maintiennent un certain climat d'érotisme. Tout cela nous montre une Aliénor féminine et cultivée — elle a été élevée ainsi, parlant au moins trois langues, la langue d'oc, la langue d'oïl et le latin —, soucieuse des arts, consciente de son pouvoir, aussi bien dans le domaine de la séduction que dans celui de la politique, et n'aimant pas le partager. Pour le moins, une forte personnalité !

La famille d'Aliénor règne sur l'Aquitaine depuis la première moitié du Xᵉ siècle. En 927, ce qui, à la suite de l'éclatement de l'empire carolingien, a été le seul « royaume romain d'Occident » passe dans l'escarcelle du comte de Poitou, Eble Manzer. Poitiers devient la capitale des deux fiefs réunis ; c'est là que les ducs d'Aquitaine seront désormais couronnés. En 1058, à la suite d'une crise de succession, la Gascogne rejoint les possessions des successeurs d'Eble. L'ensemble forme un territoire représentant un peu plus du quart de la France actuelle. C'est de cet immense domaine qu'Aliénor a hérité en 1137, à la mort de son père Guillaume X.

Le personnage le plus emblématique, dont le sang coule dans les veines de la jeune femme, est son grand-père, Guillaume IX, le Troubadour. Cet homme hors du commun était doté d'une personnalité pour le moins contrastée. Cultivé, fin lettré, poète, c'était aussi un paillard invétéré. La première biographie du duc, écrite au XIIIᵉ siècle, nous le décrit comme un « des plus grands tricheurs de dames et bon chevalier d'armes et généreux dans les affaires d'amour ». Profondément croyant, il eut pourtant toute sa vie des démêlés avec l'Église, la plupart du temps pour des affaires de femmes. En effet, le grand-père d'Aliénor était connu pour être un infatigable coureur de jupons. Un homme de tempérament, célèbre également pour son humour et ses reparties cinglantes. Il dépassait « en bouffonne-rie les histrions les plus bouffons » et le chroniqueur Guillaume de Malmesbury précise qu'à toutes les idées « il savait donner un tour si agréable, une enveloppe si naïve, si amusante même qu'on ne pouvait l'entendre sans éclater de rire ». À l'évêque d'Angoulême, Girard, qui un jour l'exhortait à un peu plus de tempérance et de soumission, il avait répondu quelque chose comme : « Compte là-dessus et passe-toi le peigne ! » ; le prélat étant chauve comme un œuf, l'assistance avait beau-coup ri.

Le comble de la tension dans les rapports entre Guillaume IX et l'Église avait été atteint lorsqu'il avait affiché sa liaison avec la vicomtesse de Châtellerault qui répondait au prénom magique de *Dangerosa* et dont le tempérament devait être volcanique pour susci-ter une telle passion chez le Troubadour. Car pour elle, Guillaume IX répudia sa femme, Philippa de Toulouse — grand-mère d'Aliénor —, et installa officielle-ment sa maîtresse dans le donjon nouvellement construit du château de Poitiers ; la tour s'appelait la Tour Maubergeon, et Dangerosa devint pour les Poitevins : la *Maubergeonne*. La légende raconte qu'il alla jusqu'à faire peindre sa maîtresse nue à l'intérieur de son bou-clier sous prétexte « qu'elle le portait dans le lit » et qu'il pouvait « la porter sur le champ de bataille ». Plus grave sans doute, il maria son fils, le futur Guillaume X, père d'Aliénor, à la propre fille de la Maubergeonne, Aénor de Châtellerault. Il s'ensuivit une brouille profonde et durable entre le père et le fils. L'Église ne pouvait pas être en reste devant les frasques de Guillaume IX : répudiation, « luxure » officielle, scandale du mariage... on trouvait que le duc poussait le bouchon un peu loin. Les exhortations et les menaces de tous les feux de l'enfer n'y faisant rien, l'Église eut recours à une de ses armes préférées : l'excommunication. La séance donna lieu à une des fameuses reparties dont le duc était coutumier. Cela se passait dans la cathédrale Saint-Pierre à Poitiers, l'évêque avait commencé à prononcer la formule d'excommunication quand le duc entra dans une rage folle et se précipita sur le prélat l'épée à la main en criant : « Si tu ne m'absous pas, je te tue ! » L'évêque avait fait semblant d'obéir mais tranquillement, à voix basse, terminé la formule d'excommunication, puis il avait tendu sa poitrine au duc en disant : « Frappe, maintenant, frappe ! » Guillaume en était resté interloqué, puis avait rengainé son épée et s'en était tiré avec une pirouette restée célèbre : « Tu serais trop content ! Ne compte pas sur moi pour t'envoyer au paradis ! »

Cet homme à la personnalité toute pleine d'excès était aussi un très grand poète, le premier des troubadours. Onze de ses œuvres nous sont parvenues, où s'exprime pour la première fois l'idéal courtois qui allait influencer toute notre poésie médiévale. Guillaume le Troubadour pouvait se vanter avec « délicatesse » de prouesses accomplies avec deux jeunes femmes « honorées en huit nuits cent quatre-vingt-huit fois, à s'en déchirer courroies et harnais » et dans le même temps se consumer d'amour pour une seule femme, la Dame d'amour, pure et inaccessible : *Pour elle je frissonne et je tremble car je l'aime d'un si grand amour ; et je crois que jamais femme semblable naquit de la grande lignée de sire Adam.* Guillaume IX finira ses jours pieusement réconcilié comme il se doit avec l'Église : *Je fus l'ami de prouesse et de joie. Maintenant je les abandonne et m'en vais vers Celui en qui tout pécheur met sa confiance. [...] Je quitte ici joie et liesse. Et vair et gris et zibeline...* Le duc qui tout au long de sa vie ne s'était guère soucié de faire des dons aux œuvres religieuses offre, quelques mois avant sa mort, une de ses terres, l'Orbestier, proche de ses terrains de chasse favoris, à l'ordre de Fontevraud pour y installer un prieuré. C'est dans cet ordre, fondé en 1101, que sa femme Philippa et sa fille Audéarde s'étaient retirées, probablement après sa mort.

Fontevraud tiendra une place unique et très importante dans la vie d'Henri et d'Aliénor. C'est là qu'ils reposeront tous les deux après leur mort et c'est là qu'Aliénor fera de nombreux séjours, séjours qui seront pour la duchesse autant de respirations, de périodes de réflexion, de retrouvailles avec soi-même marquant le rythme d'une longue vie, riche et trépidante. Fontevraud me semble comme une sorte de matérialisation du lien qui unit Aliénor à ses ancêtres et surtout à ce grand-père dont le sang fougueux coule dans ses veines. Si l'on se souvient que la mère d'Aliénor était la propre fille de Dangerosa, il y a, dans les gènes de la jeune femme, autant du Troubadour que de la Maubergeonne ; la fadeur et la mièvrerie lui étaient impossibles ! De son grand-père elle reçut en héritage la poésie des troubadours. Sur ce plan également, Fontevraud joue un rôle. Selon une théorie célèbre de Reto Bezzola, Guillaume IX avait inventé l'amour courtois comme une « réponse laïque » à la fondation de Fontevraud qui séduisait par sa particularité : moines et moniales étaient placés sous l'autorité d'une abbesse qui devait être veuve ; une femme ayant vécu sous la domination des hommes et qui maintenant commandait à des dizaines d'entre eux. Être veuve voulait aussi dire qu'elle avait été mère et qu'elle était ainsi la plus capable d'être la

« mère » des moines et des moniales. Aliénor représente à la fois l'histoire d'une famille puissante, un pouvoir ancien, des personnalités hors du commun et une tradition culturelle unique. Mieux que la représentation, elle est l'incarnation de tout cela. Et c'est tout cela qu'elle apporte à Henri dans sa corbeille de mariée.

*

Sur Henri, nous disposons d'infiniment plus de renseignements que sur sa femme. On serait tenté de dire que pour l'époque, c'est normal : c'était un homme et il était roi ! De plus, les Plantagenêt se sont montrés très vite soucieux de se construire une légende inscrivant leur lignée dans une continuité historique, comme nous le verrons un peu plus loin, et ont encouragé et favorisé les travaux de nombreux historiens et de chroniqueurs, plus ou moins hagiographiques.

Henri est né le 5 mars 1133. Nous ne disposons pas d'iconographie le concernant, comme c'est le cas pour tous ses contemporains, mais une description assez précise de son physique nous est parvenue sous la plume de Pierre de Blois, un familier du roi, dans une lettre écrite en 1177. Henri est alors âgé de quarante-quatre ans. Il est de taille moyenne mais puissamment charpenté, musclé, ses cheveux sont blonds tirant vers le roux, il a les yeux gris qui s'injectent de sang lorsqu'il se met en colère — ce qui lui arrive souvent ! —, un visage carré, une tête ronde et un nez proéminent ; Pierre de Blois insiste sur les « jambes équestres » du souverain : « Bien qu'elles soient affreusement blessées et couvertes de bleus par les ruades fréquentes des chevaux, il ne s'assied jamais, sauf sur une monture ou à table. » Il se dégage de la personne même d'Henri une impression de puissance et de mobilité ; là-dessus tous les chroniqueurs sont d'accord : le Plantagenêt semblait être une incarnation du mouvement perpétuel. Était-il beau ? Difficile de répondre à cette question, les canons de beauté sont très fluctuants. Il n'avait rien de la grâce éthérée qui plaisait aux romantiques, de la finesse poudrée et perruquée en vogue au XVIIIᵉ siècle ou des princes bouclés et bijoutés de la Renaissance. À une époque où l'on attend d'un seigneur aussi puissant que lui d'être avant tout un guerrier sans cesse sur la brèche pour faire respecter son autorité, ses intérêts, et ceux de ses vassaux — ce qui pour le moins nécessitait une santé de fer —, la puissance et la solidité qui se dégageaient de lui devaient être rassurantes. Et on peut avancer que le jeune homme était à l'époque pourvu d'un solide tempérament. Au moment de son mariage avec Aliénor — il a dix-neuf ans — Henri est père de deux bâtards élevés, selon l'usage du temps, dans sa maison. Comment une femme n'aurait-elle pas trouvé séduisant un tel prince ?

Le jeune homme était également un fin lettré ; tous ses contemporains, y compris ses détracteurs, sont d'accord sur ce point. L'éducation et la culture des princes sont une tradition dans la famille des comtes d'Anjou. Un des ancêtres d'Henri, Foulques le Bon, ayant appris que dans l'entourage du roi de France Louis IV on se moquait de lui parce que, pendant la messe, il chantait dans le chœur comme un moine, avait écrit : « Au roi des Francs, le comte des Angevins. Sachez seigneur qu'un roi illettré est un âne couronné. » La lettre avait dû être envoyée vers les années 950, mais la phrase était restée célèbre et on peut, sans craindre de trop s'avancer, penser que le jeune Henri l'avait très souvent entendue durant son enfance et son adolescence.

Sur l'éducation du jeune prince, nous en savons également plus que sur celle d'Aliénor. Les noms de ses principaux précepteurs nous sont parvenus ; ils montrent clairement qu'Henri reçut une éducation très poussée ; l'éducation complète d'un enfant destiné à porter une couronne, ce qui souligne l'ambition et la détermination des Angevins, de Geoffroy le Bel et de Mathilde, sûrs que l'Angleterre serait un jour à eux.

Enfant, Henri avait d'abord été confié à un maître de Saintes qui passait pour être le meilleur versificateur de son époque. Il avait ensuite poursuivi ses études en Angleterre auprès de son oncle, Robert de Gloucester, lui aussi fin lettré. Pendant quatre ans — jusqu'à l'âge de treize ans — son précepteur avait été un certain Maître Mathieu que des historiens identifient comme son futur chancelier et évêque d'Angers. Après son séjour anglais, Henri était retourné en Normandie où il avait poursuivi ses études avec Guillaume de Conches qui avait lui-même été élève de Bernard de Chartres, un grammairien très renommé. Jean de Salisbury, également élève de ce grammairien, faisait preuve d'une grande admiration pour cet homme qui avait eu cette phrase restée célèbre : « Nous ne sommes que des nains juchés sur les épaules de géants. » Voilà un aperçu des hommes qui avaient formé le jeune Henri.

Sa culture était unanimement louée, avec quelquefois un peu d'exagération. Il est clair que lorsque Gautier Map dit de lui qu'il parle le latin, le français et comprend toutes les langues de l'Atlantique au Jourdain, c'est évidemment très exagéré. Mais nous en retenons que, comme sa femme, Henri parlait plusieurs langues. Sa vie durant, le roi s'entourera de clercs et fera preuve d'une grande curiosité d'esprit ; il consacrera tous ses loisirs à la lecture. « Avec le roi d'Angleterre, écrira Pierre de Blois, on est chaque jour à l'école, en train d'engager une conversation constante avec les meilleurs maîtres et une discussion de problèmes intellectuels », et Giraud de Barri complétera le portrait en précisant que le Plantagenêt se consacre « aussi bien aux affaires des armes que de la toge, aux guerres qu'aux lettres ».

Martin Aurell, dans son ouvrage très détaillé sur

L'Empire des Plantagenêt [1], précise que pour les auteurs de son temps, Henri « apparaît aussi instruit et sage qu'il est habile et courageux au combat. Il opère, en sa personne, la parfaite synthèse du clerc et du chevalier ». En cela, le jeune comte d'Anjou s'inscrit dans la lignée angevine qui s'est cherché des origines dans l'exploit militaire alors que les grandes familles féodales de l'époque cherchaient leur légitimité dans une filiation carolingienne. Du vivant même d'Henri, la « légende » des comtes d'Anjou commence à être codifiée. Le premier ancêtre connu serait un certain Tertulle « le Forestier », préposé aux bois du roi Charles le Chauve vers le milieu du IXe siècle, originaire d'une famille bretonne sans noblesse. Remarqué pour ses prouesses militaires par un souverain qui préférait s'entourer d'hommes nouveaux lui devant leur fortune, Tertulle se serait frayé très rapidement un chemin vers la haute société. Le roi l'aurait récompensé en lui donnant pour femme une riche héritière. L'ascension sociale de la famille grâce aux vertus militaires aurait ensuite été confirmée par le fils de Tertulle, Ingelgerius, qui sera adoubé chevalier. Le premier à porter un titre comtal est Foulques le Roux vers 929. Le domaine de la famille s'étend alors autour d'Angers. Le fils de Foulques, Geoffroy Grisegonelle — son surnom lui venait de la couleur de son manteau —, donne la première impulsion d'extension en s'emparant du Loudunais. Cette impulsion sera ensuite amplifiée par son fils Foulques III qui le premier jette les bases de la dynastie Plantagenêt. Ce Foulques, surnommé « Nerra » à cause de son teint sombre, correspond au portrait caricatural du seigneur médiéval de nos vieux manuels d'histoire : sanguinaire, fourbe, violent, sans cesse en guerre avec ses voisins, brûlant les villages, massacrant les populations, violant, incendiant, pillant les monastères. Pour expier ses

1. *Op. cit.*

crimes, il se verra à trois reprises imposer le pèlerinage en Terre sainte. Homme d'excès aussi bien dans les horreurs commises que dans le repentir, on le verra lors de son dernier pèlerinage à Jérusalem avancer vers le Saint-Sépulcre torse nu, flagellé par deux serviteurs qui sur son ordre scandaient : « Seigneur, reçois le méchant Foulques, comte d'Anjou, qui t'a trahi, renié. Regarde Ô Christ son âme repentie. » On imagine la stupeur de la foule musulmane assistant à la scène ! Foulques Nerra meurt en 1040 après avoir agrandi ses terres du Saumurois, d'une partie de la Touraine et de la ville de Nantes. Son fils, Geoffroy Martel, continua la politique d'annexions sanguinaires de son père en s'emparant du Vendômois, de la Saintonge et des villes de Tours, Chinon et Le Mans.

Foulques Nerra est l'une des deux figures marquantes de la lignée angevine. L'autre est le grand-père d'Henri, Foulques V, dit « Foulques le Jeune », dont la personnalité est totalement à l'opposé de celle de son ancêtre. La quarantaine à peine atteinte, alors qu'il possédait l'un des plus riches comtés du royaume et venait de marier son fils Geoffroy avec Mathilde, qui apportait aux Angevins ses prétentions sur la Normandie et l'Angleterre, il avait abandonné toutes ses possessions pour se consacrer à la défense de la Terre sainte. Il était devenu roi de Jérusalem après avoir épousé la princesse Mélisende, fille de Baudouin II de Jérusalem. Respecté pour sa sagesse, craint pour sa bravoure et admiré pour ses exploits guerriers, il était un parfait exemple de roi-chevalier. Il était mort brusquement d'un accident de chasse en 1143 et ce n'est qu'un an plus tard que les Turcs avaient osé s'attaquer à Édesse, l'un des États francs de Terre sainte.

La violence de Foulques Nerra et la bravoure de Foulques le Jeune coulaient ensemble dans les veines d'Henri, alimentant une intelligence ambitieuse, une grande culture et un vrai sens du pouvoir. Cet homme était fait pour régner. Il ressemblait à s'y méprendre aux despotes éclairés du XVIIIe siècle et la personnalité historique dont il se rapproche le plus pourrait être Frédéric II de Prusse. Aliénor et lui allaient former un couple idéal, semblables et complémentaires, partageant les mêmes passions et les mêmes ambitions et disposant d'une richesse énorme pour les réaliser. Rarement l'union d'un homme et d'une femme offrira dans l'histoire un tel potentiel.

4

Lune de miel

Pour Aliénor et Henri s'ouvre la plus merveilleuse et la plus extraordinaire période de leur vie. Une période qui durera dix-huit ans et pendant laquelle ils construiront ensemble une famille et un empire.

Cette période commence par un voyage. Quelques jours après leur mariage, on les retrouve chevauchant en Aquitaine. Aliénor fait découvrir son domaine à son mari et Henri en profite pour évaluer la richesse des possessions de sa femme. Son objectif — son obsession presque ! — est la conquête de l'Angleterre. Il a besoin d'argent et les richesses de l'Aquitaine lui seront d'un apport indispensable.

Elles sont considérables, ces richesses. Aliénor est probablement le plus riche seigneur de France. Son domaine réunit le Poitou, l'Aquitaine et la Gascogne, soit l'équivalent de dix-neuf de nos départements actuels ; il s'étend de la Loire aux Pyrénées. Il faut toutefois distinguer les possessions propres de la duchesse et les domaines appartenant à un seigneur qui est son vassal. L'essentiel du patrimoine propre des ducs d'Aquitaine se trouve en Poitou, le berceau de leur famille. À titre d'exemple, en Gascogne, qui est tardivement tombée dans « l'escarcelle » de la famille d'Aliénor en 1058, la jeune femme ne possède que la ville de Bordeaux et son arrière-pays, c'est-à-dire peu de chose en termes de territoire, mais la ville en elle-même représente des ressources financières énormes grâce à son activité portuaire établie depuis l'Antiquité. L'ouverture sur l'Atlantique est une grande source de richesses pour Aliénor. Outre Bordeaux, elle tire bénéfice de deux autres ports importants : Bayonne, spécialisé dans la pêche à la baleine, et La Rochelle, créé en 1130 par Guillaume le Troubadour. Ville moderne, La Rochelle bénéficie des dernières évolutions en matière d'architecture portuaire, tout spécialement de quais parfaitement adaptés à un nouveau type de navires, les *koggens*, qui au cours de la seconde moitié du XIIe siècle domineront le commerce maritime de la Manche aux côtes de la mer du Nord et de la Baltique. Grâce à cet atout, le port connaîtra une prospérité grandissante en atteignant les marchés anglais et flamands. De La Rochelle sont exportés les vins blancs de Niort ou de Saint-Jean-d'Angely et le sel recueilli sur les côtes de l'Atlantique au nord, dans la baie de Bourgneuf, et plus au sud, le sel de Brouage récolté dans les marais salants des îles de Ré et d'Oléron.

La prospérité de l'Aquitaine fait l'admiration des chroniqueurs anglais de l'époque, comme Raoul de Diceto qui décrit une région débordante de « richesses de toutes sortes, surpassant à ce point les autres régions du monde occidental [...]. Ses champs sont fertiles, ses vignobles de bon rapport, et ses forêts regorgent de gibier. Des Pyrénées jusqu'au nord, la campagne tout entière est irriguée par la Garonne et par d'autres rivières ».

Le pouvoir des ducs d'Aquitaine tient autant de leur richesse propre que de l'autorité féodale qu'ils exercent sur une quantité de seigneurs dont certains sont eux-mêmes de puissants barons comme les Thouars, les Châtellerault, les Lusignan qui compteront dans leur lignée un roi de Jérusalem, ou encore les comtes Taillefer d'Angoulême dont les terres se situaient entre le Poitou et la Gascogne, ce qui leur donnait un contrôle sur une

partie de la circulation à l'intérieur même du territoire d'Aliénor et par là un pouvoir de nuisance non
négligeable. Tous ces vassaux, dont les fortunes et
les domaines sont très divers, forment autour du
duc d'Aquitaine une cour bigarrée au point que des
ancêtres d'Aliénor ont pu se baptiser « ducs de toute la
monarchie des Aquitains ». Aimery Picaud, contemporain d'Henri et d'Aliénor, a écrit un *Guide du pèlerin de
Saint-Jacques-de-Compostelle* [1] dans lequel, entre autres
précieux conseils et informations, il décrit les paysages
et les habitants que l'on rencontre entre Tours et
Bayonne en traversant le domaine d'Aliénor : « Après
Tours, l'on trouve le pays poitevin, fertile, excellent et
plein de toutes félicités. Les Poitevins sont des gens
vigoureux et de bons guerriers, habiles au maniement
des arcs, des flèches et des lances à la guerre, courageux sur le front de bataille, très rapides à la course,
élégants dans leur façon de se vêtir, beaux visages, spi-
rituels, très généreux, larges dans l'hospitalité. Puis on
trouve le pays saintongeais ; de là [...] on arrive dans le
Bordelais où le vin est excellent, le poisson abondant,
mais le langage rude. Puis pour traverser les Landes
bordelaises, il faut trois jours de marche à des gens fati-
gués. C'est un pays désolé, où l'on manque de tout ; il
n'y a ni pain, ni vin, ni viande, ni poisson, ni eau, ni
sources ; les villages sont rares dans cette plaine sablon-
neuse qui abonde cependant en miel, millet, panic et en
porcs. [...] Après avoir traversé ce pays, on trouve la
Gascogne, riche en pain blanc et en excellent vin rouge,
elle est couverte de bois et de prés, de rivières et de
sources pures. Les Gascons sont légers en paroles,
bavards, moqueurs, débauchés, ivrognes, gourmands,
mal vêtus de haillons et dépourvus d'argent ; pourtant
ils sont entraînés aux combats et remarquables par leur
hospitalité envers les pauvres. Assis autour du feu ils

---

1. Édition et traduction française J. Vieillard, Mâcon, 1960.

ont l'habitude de manger sans table et de boire tous au même gobelet. [...] le pays basque dont la grande ville, Bayonne, est située au bord de la mer vers le nord. Ce pays dont la langue est barbare, est boisé, montueux, pauvre en pain, vin et aliments de toutes sortes, mais on y trouve en compensation des pommes, du cidre et du lait. »

Si, de son côté, Henri est également riche et puissant, ses richesses sont loin de valoir celles de sa femme. Comme pour Louis VII en son temps, ce mariage avec la duchesse d'Aquitaine est une bonne affaire. Loin de posséder la magnificence — j'allais écrire ancestrale ! — des Aquitains, les comtes d'Anjou ont acquis patiemment leur puissance en s'emparant progressivement de la Touraine au cours du XIe siècle au détriment des comtes de Blois. La possession de Tours fut une charnière dans l'accroissement de la puissance angevine. La cité de saint Martin est un grand centre commercial, une croisée de routes qui joue un rôle économique et stratégique important. La ville était aussi renommée pour sa métallurgie. Autre source de profit pour Henri, les vins d'Anjou et de Touraine, très réputés. La Rochelle occupe d'ailleurs une place importante dans l'exportation des vins et de la métallurgie ; jusque-là, les Angevins ne possédaient pas d'ouverture vers la mer autre que les ports de Normandie beaucoup plus éloignés. Le duché de Normandie a été, après la Touraine, la deuxième « bonne affaire » des Plantagenêt. Ils s'en sont emparés en 1144 après le mariage de Geoffroy le Bel avec Mathilde, héritière du précédent duc-roi d'Angleterre. Une province riche et prospère en particulier grâce à ses liens commerciaux privilégiés avec l'Angleterre depuis l'invasion de l'île par les troupes de Guillaume le Conquérant en 1066 ; riche aussi de villes comme Rouen, Caen ou Bayeux.

Le mariage d'Henri avec la duchesse d'Aquitaine

constitue la troisième « bonne affaire » des Angevins. Ainsi, en un peu plus d'un siècle et demi, les comtes d'Anjou, par leur obstination et leur capacité à faire parler les armes, ont accru leur pouvoir pour en arriver à la situation que connaissent Henri et Aliénor et qui va leur permettre de créer un empire.

*

Pour cette période de quelques jours qui suit immédiatement le mariage, nous sommes curieusement mieux renseignés sur l'état d'esprit d'Aliénor que sur celui d'Henri. Peu avant le départ des deux époux pour l'Aquitaine nous voyons Aliénor se rendre, seule semble-t-il, dans plusieurs monastères. À certains elle accorde de nouveaux privilèges, à d'autres elle confirme les anciens. Les textes de ces donations nous enseignent deux choses essentielles sur la personnalité de la jeune femme : elle s'affirme comme la descendante des ducs d'Aquitaine montrant par là que son domaine lui appartient — c'est sans doute un signal à destination d'Henri —, et semble vouloir effacer les traces de son ancienne union avec Louis. Un grand nombre de concessions signées par Louis VII en tant que duc d'Aquitaine sont déclarées nulles et resignées ensuite par Aliénor ; c'est une pratique assez courante, une sorte de « passe-passe » administratif qui permet d'asseoir symboliquement un nouveau pouvoir. Il est cependant intéressant de souligner que tous les actes officiels faits par Aliénor au cours de cette période sont signés de son nom et non de celui d'Henri qui est pourtant le nouveau duc d'Aquitaine et pourrait légitimement vouloir marquer son arrivée.

Le 26 mai 1152, huit jours après le mariage, la duchesse est à l'abbaye de Montierneuf où elle se recueille sur la sépulture de Guillaume le Troubadour. Elle confirme aux moines tous les privilèges et donations faits par son père, son grand-père et ses aïeux, mais elle ne mentionne pas Louis qui lui aussi avait doté l'abbaye. Le lendemain, elle préside une cérémonie solennelle à l'abbaye de Saint-Maixent. La main sur un missel posé sur l'autel de l'église de l'abbaye, elle, « Aliénor, par la grâce de Dieu duchesse d'Aquitaine et de Normandie, unie au duc de Normandie, Henri, comte d'Anjou », confirme de vive voix le don d'un bois fait aux moines. Le texte de la charte précise : « Quand j'étais reine avec le roi de France, le roi a fait don du bois de la Sèvre à l'abbaye, et j'ai, moi aussi, donné et concédé ce bois ; puis, séparée du roi par le jugement de l'Église, j'ai repris pour moi le don que j'en avais fait ; mais sur le conseil d'hommes sages, et à la prière de l'abbé Pierre, ce don que j'avais d'abord fait comme à regret, je l'ai renouvelé de plein gré... une fois unie à Henri, duc de Normandie et comte d'Anjou. » Tout est dit dans ces quelques phrases.

Ce qui nous en dit plus encore sur les sentiments d'Aliénor, c'est le texte de la charte qu'elle dicte pour l'abbaye de Fontevraud quelques jours plus tard. Régine Pernoud, et avec elle tous les biographes d'Aliénor, soulignent l'émotion, bien loin d'une phraséologie officielle, que révèlent ces quelques lignes. Au travers des siècles, Aliénor semble nous parler et, par la légèreté qui se dégage de ses mots, nous laisser percevoir sa joie de femme amoureuse, pleine d'espoir dans sa vie à venir aux côtés d'Henri : « Après avoir été séparée, pour cause de parenté, de mon seigneur Louis, le très illustre roi de France, et avoir été unie par le mariage avec mon très noble seigneur Henri, comte d'Anjou, touchée par une inspiration divine, j'ai souhaité visiter la sainte congrégation des vierges de Fontevraud et, par la grâce de Dieu, j'ai pu réaliser cette intention que j'avais dans l'esprit. Je suis donc venue, conduite par Dieu, à Fontevraud, j'ai franchi le seuil où se rassemblent les moniales et là, le cœur plein d'émotion, j'ai approuvé, concédé et confirmé tout ce que mon père et mes ancêtres ont donné à Dieu et à l'église de Fontevraud, et notamment cette aumône de cinq cents sous de monnaie poitevine que le seigneur Louis, roi de France, au temps où il fut mon époux, et moi-même, nous avions donnée. » L'émotion de la jeune femme est d'autant plus remarquable, pour nous qui connaissons la suite de l'histoire, que ce texte est écrit lors de la première visite qu'Aliénor fait à cette abbaye qui deviendra son lieu de prédilection et où elle sera enterrée aux côtés d'Henri.

Cette rencontre avec Fontevraud est une sorte de matérialisation du tournant opéré dans la vie d'Aliénor et marque le début du couple formé avec Henri. Je parlais plus haut d'une période heureuse qui commençait ; Fontevraud accompagnera leur vie, de près ou de loin. Et comme pour mieux marquer un lien avec l'histoire — une continuité en quelque sorte —, l'abbesse qui reçoit Aliénor en mai 1152 est Mathilde d'Anjou, une tante d'Henri, fille du second Foulques, celui qui était devenu roi de Jérusalem. Très jeune elle avait ressenti la vocation religieuse et était entrée à Fontevraud pour y prendre le voile. Malheureusement, avant qu'elle ait pu prononcer ses vœux, la politique l'avait rattrapée et obligée à retourner dans le monde. Son père l'avait mariée à Guillaume Adelin, fils du roi d'Angleterre Henri Ier Beauclerc et héritier du trône. Peu de temps après le mariage Guillaume avait tragiquement trouvé la mort dans le naufrage de la *Blanche-Nef*. Mathilde devenue veuve était retournée à Fontevraud où elle avait pu mener enfin la vie religieuse qu'elle souhaitait. Par un de ces étranges raccourcis de l'histoire, en ce mois de mai 1152, elle qui avait failli devenir reine d'Angleterre recevait pour la première fois dans son abbaye celle qui allait le devenir moins de trois ans plus tard.

Après son passage à Fontevraud, Aliénor rejoint Henri et tous deux commencent une visite de l'Aquitaine. Imaginons-les entourés d'une petite escorte, chevauchant l'un à côté de l'autre, allant de ville en ville, de château en château, s'arrêtant pour parler à des villageois, à un petit seigneur ou à des bourgeois qui les accueillent dans leur ville ; admirant un paysage ou s'assurant de la bonne tenue de la récolte à venir. Sur ce point, ils ne devaient pas manquer d'inquiétude car les vendanges s'annonçaient mauvaises, aussi mauvaises que l'année précédente. Ne nous y trompons pas, un tel voyage n'a rien du romantique « voyage de noces » que nous pourrions imaginer aujourd'hui. Si la mobilité est la forme habituelle de gouvernement de l'époque, visiter les terres d'Aliénor est, pour les deux époux, une nécessité. Henri est un homme pressé. Il lui faudra retourner assez vite en Normandie préparer son invasion de l'Angleterre. Il doit s'assurer de la coopération de l'Aquitaine. Aliénor, de son côté, doit affirmer son pouvoir sur des vassaux traditionnellement turbulents et frondeurs vis-à-vis de leur duc. Sur ce point, la jeune femme n'a pas trop de souci à se faire. Le souvenir de la croisade est encore très présent dans les esprits. Deux ans durant la duchesse avait vécu au quotidien avec un grand nombre de ses vassaux. Cette promiscuité et les circonstances difficiles qu'ils avaient rencontrés avaient tissé des liens solides : Aliénor était incontestablement « la » duchesse des seigneurs aquitains ; il allait leur falloir maintenant accepter Henri. Aliénor aurait à travailler dans ce sens.

Cette chevauchée en Aquitaine comporte néanmoins une dimension plus sentimentale. Même si nous avons affaire à deux grands politiques, on peut penser que pendant ces quelques semaines — pas même un mois —, les jeunes époux se découvrent. Aliénor est amoureuse. Elle a trouvé l'homme de sa vie, mais elle se rend compte que la forte personnalité d'Henri n'en fera pas un compagnon facile. Bien que plus jeune de dix ans, il entend être le maître. Si Aliénor a imaginé le mener par le bout du nez... elle s'est trompée ! Mais l'a-t-elle imaginé ? Personnellement, j'ai du mal à le croire. Elle est trop fine pour cela. Elle veut exercer le pouvoir, certes, mais elle sait qu'elle ne peut le faire sans un homme à ses côtés, un homme qui doit être fort. Elle ne pouvait rêver mieux qu'Henri. Et puis il y a ce tempérament de feu que lui prêtent ses détracteurs. Ils ont sans aucun doute exagéré. La duchesse n'était pas la Mélusine, la mangeuse d'hommes qu'on a voulu montrer. Elle devait cependant être pourvue d'un certain tempérament que son précédent mari n'avait guère contenté. De ce côté-là, il semble que l'entente entre les nouveaux époux ait été parfaite.

Sur la question des sentiments, qu'en est-il d'Henri Plantagenêt, comte d'Anjou et du Maine, duc de Normandie, un jeune homme, promis à un brillant avenir ? Est-il amoureux ? Nous n'avons pas de textes qui nous permettent de connaître avec certitude, comme pour Aliénor, son état d'esprit. Et d'ailleurs, est-ce une question qu'il faut se poser ? Le mariage d'amour est une invention récente que l'on doit aux romantiques. À l'époque d'Henri et à ce niveau social, on ne se marie pas par amour, on s'allie. Il n'est pas question de nier la part des sentiments, des affects, dans la vie. Simplement on ne la place pas dans le mariage. L'exemple de Guillaume le Troubadour nous le rappelle, mais il n'est pas le seul, loin de là. En l'occurrence c'est Aliénor qui détonne en affichant autant de sentiments pour son mari ; tout comme Louis VII détonnait en aimant sa femme si profondément. S'il n'est pas possible de répondre précisément à la question sur la nature des sentiments d'Henri envers sa femme, il est possible d'imaginer que, s'il n'était pas amoureux au sens où nous l'entendons aujourd'hui, il devait pour le moins être séduit par Aliénor... comme tombé sous le charme ! À dix-neuf ans, Henri fait preuve d'une grande maturité. Il est sans contestation, depuis la mort de son père, le maître de la Normandie, de la Touraine et de l'Anjou. La manière dont il s'est arrangé pour déposséder son frère de la part de l'héritage paternel lui revenant en dit long sur les capacités, l'habileté et le degré de scrupules du jeune homme. Il a été élevé pour régner et il a bien appris de ses maîtres. Le mariage avec une femme plus âgée que lui et ayant porté une couronne n'est pas sans rappeler le mariage de son père, Geoffroy le Bel, et de sa mère, Mathilde, veuve d'un empereur d'Allemagne. Henri sait le prestige qu'en son temps ce mariage avait apporté à la famille d'Anjou et aussi la fortune qui en avait découlé puisque c'est par cette union que la Normandie s'était ajoutée au domaine des Plantagenêt et qu'Henri peut prétendre à la couronne d'Angleterre. Pourquoi ne pas supposer que l'exemple paternel ait joué dans le désir du jeune homme d'épouser Aliénor ? Le couple formé par ses parents est, pour lui, un modèle qu'il peut songer sans rougir à reproduire. Malgré la très grande différence d'âge qui les séparait — plus importante que celle existant entre Henri et Aliénor —, ils se sont toujours très bien entendus. Ensemble ils ont administré leurs territoires et tenté à plusieurs reprises de faire valoir les droits de Mathilde sur la couronne anglaise. L'Emperesse reste, après la mort de Geoffroy, un personnage à l'autorité certaine et qui conseille son fils, Henri, sans toutefois avoir une influence prépondérante sur lui ; il l'écoute, la respecte, éprouve sans doute une certaine admiration pour elle, mais désormais il est le « chef ».

Il n'en demeure pas moins que le couple formé par ses parents est un modèle auquel le jeune homme s'est sans doute référé, consciemment ou non, lorsqu'il a choisi d'épouser Aliénor. Il a pu se rendre compte de l'intelligence de la jeune femme, de son sens politique et je suis persuadé qu'il a très vite compris qu'elle serait un soutien moral pour réaliser les immenses projets que son ambition lui inspire. Tout comme sa mère avait été un soutien pour son père et le restait pour lui-même. Ce qu'il n'avait peut-être pas imaginé, c'est qu'intimement leurs deux personnalités s'accorderaient. Doit-on considérer que les huit enfants qu'ils ont eus ensemble en sont une preuve ? Plus significatif, on ne connaît pas de maîtresse à Henri pendant les dix-huit premières années de leur mariage. Il est un homme de pouvoir, ne pense qu'à gouverner, augmenter sa puissance, conquérir... À une époque où courir les dames, pour un seigneur, est un sport fréquemment pratiqué — il y a des exemples dans les familles des deux jeunes mariés dont le plus frappant est peut-être Henri Ier Beauclerc dont tous les chroniqueurs s'accordent à reconnaître qu'il aimait sa femme Mathilde d'Écosse mais a quand même eu pendant son mariage dix-neuf bâtards officiels, ce qui montre une conception assez particulière de la fidélité et de l'amour conjugal ! —, Henri fait preuve d'une « monogamie » qui semble indiquer que le couple là aussi a trouvé son équilibre. Du côté d'Aliénor, les vilaines rumeurs s'estompent après son mariage. Il y a bien quelques bruits à propos du troubadour Bernard de Ventadour, mais rien d'aussi violent que ce qui se disait sur elle durant son mariage avec Louis VII [1].

---

1. Régine Pernoud, dans un remarquable chapitre consacré à la lyrique courtoise et à la geste arthurienne — joliment intitulé « " Fin amor " au château de Tintagel » — de sa biographie d'Aliénor, nous dit

Pendant l'été 1152, parcourant les routes d'Aquitaine, Henri et Aliénor apprennent à se connaître. Je les crois trop intelligents pour ne pas avoir saisi les limites de l'autre, et les barrières à ne pas franchir. Henri a compris que sa femme resterait toujours « la » duchesse d'Aquitaine, qu'elle voudrait conserver la prédominance sur ses terres. C'est une chose dont le jeune duc pouvait parfaitement s'accommoder, dans un premier temps du moins. Aliénor, quant à elle, a sans doute appréhendé plus justement l'extraordinaire énergie de son mari, la précision de son ambition et aussi son indépendance ; Henri est un homme avec qui l'on peut discuter, à qui l'on peut s'opposer et même s'affronter le cas échéant, avec qui l'on peut également trouver des compromis mais à qui on n'impose jamais rien. Découvre-t-elle dès ces premières semaines les aspects noirs de la personnalité du jeune homme, ses colères violentes, difficilement contrôlées, son intransigeance, son autocratisme... ? La duchesse est amoureuse, elle a sans doute senti tout cela, mais, s'il n'est pas aveugle, l'amour est indulgent. Elle aura choisi de ne pas s'en préoccuper, de considérer cela comme la fougue de la jeunesse.

Un élément peut-être sur lequel ils n'avaient pas imaginé s'entendre aussi bien est leur passion commune pour la littérature. Tous les deux sont cultivés et amoureux des lettres. Cela aura une importance considérable sur le paysage littéraire de la seconde moitié du

que « si jamais quelqu'un a su "parler aux dames courtoisement d'amour", c'est bien Bernard de Ventadour ». S'est-il réellement passé quelque chose entre Aliénor et le poète ? Seul le biographe de Bernard de Ventadour l'affirme. On peut penser qu'il a un peu « exagéré » pour ajouter une conquête royale à son sujet. Je n'ai aucune difficulté à imaginer Henri sujet à de violentes crises de jalousie, cependant aucun des chroniqueurs de l'époque ne mentionne une quelconque affaire à propos d'Aliénor et d'un troubadour. Si elle avait été réelle, parions qu'ils ne s'en seraient pas privés !

xII^e siècle car ils entretiendront une cour brillante, attireront les écrivains, les poètes de leur temps, susciteront et inspireront même des œuvres.

Il faut souvent plusieurs mois, voire plusieurs années à un couple pour se former, se construire et s'équilibrer. Les circonstances, nous allons le voir, n'ont pas donné ce temps-là à Henri et Aliénor. Pourtant ils s'entendront parfaitement pendant plus de quinze ans. C'est dire combien ce qui s'est passé entre eux, en ces quelques semaines de l'été 1152, a été important. Nous ne pourrons sans doute jamais savoir si l'amour qu'Aliénor portait à son second mari était réciproque. Le sentiment que l'on peut en avoir, huit siècles après, est de l'ordre de l'intime conviction. Certes, pour Henri, ce mariage est une excellente affaire. Mais précisément, ne nous laissons pas aveugler par cet aspect des choses. Qu'il ait eu « intérêt » à épouser Aliénor ne lui interdisait pas de l'aimer. Personnellement, je crois que ces deux-là ont vécu une véritable histoire d'amour, de sentiment partagé. Qu'ils se sont « rencontrés » un été à Paris, qu'ils se sont « découverts » un été en Aquitaine et que la plus belle forme de déclaration d'amour qu'ils se sont faite est d'avoir ensuite partagé une même ambition qui les a fait devenir les souverains les plus puissants d'Occident.

5

Premier duel

À Paris, Louis VII apprend la nouvelle du mariage d'Aliénor et d'Henri avec un mélange de tristesse et de colère. Voici ce qu'en dit le chroniqueur Lambert de Wattrelos : « Le roi apprenant cela eut l'âme bouleversée, en éprouva une grave souffrance et se reprocha de s'être séparé de sa femme. » Il est certain que la nouvelle n'a pas dû le réjouir, mais Wattrelos exagère très probablement d'autant que, comme le remarque Yves Sassier[1], le même chroniqueur dépeint Aliénor « profondément affligée » par la décision du concile de Beaugency ; nous savons ce qu'il en était en réalité.

Louis VII a-t-il été surpris par la nouvelle du remariage de son ex-femme et par le nom de l'époux qu'elle s'est choisi ? Sans doute pas. Souvenons-nous de la rapidité avec laquelle la séparation avait été décidée après l'été 1151 où Henri était venu à Paris et avait rencontré Aliénor. La jeune femme n'avait eu de cesse, dans les semaines suivantes, de précipiter la séparation et certains chroniqueurs avaient noté l'état de jalousie permanent dans lequel le roi de France se trouvait. En revanche la rapidité avec laquelle Aliénor s'est remariée l'a probablement surpris. Humainement, il a sans doute

1. *Op. cit.*

été blessé. L'homme encore amoureux s'est senti trahi, bafoué.

Le roi, de son côté, a de quoi considérer la situation politique créée par ce mariage avec beaucoup d'inquiétude. Depuis plus d'un siècle une des constantes de la politique des souverains capétiens a été de maintenir un équilibre entre leurs deux riches et puissants vassaux : la famille d'Anjou et la famille de Blois-Champagne. Nous l'avons vu, le roi de France est un « petit » seigneur par rapport à ces deux vassaux puissants par leur richesse. Son autorité est avant tout morale et, tant bien que mal, les ancêtres de Louis VII étaient parvenus à la préserver. Son père, Louis VI le Gros, et le fidèle Suger qui le conseillait, avaient réussi un coup politique important en le mariant à Aliénor. Ce mariage avait considérablement enrichi la couronne et maintenu l'équilibre en évitant que l'Aquitaine ne tombe dans les mains des Angevins ou des Blésois, lorsque Aliénor — qui n'avait alors que quinze ans — avait hérité du duché.

La rivalité entre les deux familles, qui avait marqué tout le XIᵉ siècle, s'était un peu apaisée pendant le règne d'Henri Iᵉʳ Beauclerc, roi d'Angleterre et duc de Normandie, mais avait repris de plus belle après sa mort en 1135. La pomme de discorde était la couronne d'Angleterre. La fille du roi défunt, Mathilde, mariée à Geoffroy le Bel Plantagenêt, y prétendait ainsi que le neveu d'Henri Beauclerc, Étienne de Blois, fils de sa sœur Adèle, épouse du comte Étienne-Henri de Blois. Le jeune Étienne avait été le plus prompt à s'emparer du trône anglais. Il s'était fait couronner le 22 décembre 1135, à peine vingt et un jours après la mort de son oncle. Mais il n'avait pas su courir deux lièvres à la fois, et, trop occupé à asseoir son pouvoir sur l'île, il avait délaissé la Normandie dont les Plantagenêt avaient tenté de s'emparer. Le roi de France Louis VI avait observé pendant cette période un silence total, trop heureux que les deux familles se neutralisent en s'affrontant. Louis VI avait assisté à la formation autour des Angevins d'une coalition comprenant le duc d'Aquitaine, les comtes de Ponthieu, de Vendôme et l'héritier du comté de Nevers. En septembre 1136 l'armée angevine était entrée en Normandie qu'elle avait ravagée pendant plus d'un mois sans parvenir à s'emparer des principales forteresses, ce qui aurait permis à Geoffroy de ceindre la couronne ducale. Il s'était replié, laissant la désolation et l'anarchie derrière lui.

Le roi de France se manifesta en mai 1137, deux mois après qu'Étienne de Blois eut repassé la Manche et tenté à son tour de s'assurer du duché normand. Louis VI avait signé un traité d'amitié avec Étienne et reconnu son fils Eustache comme son vassal pour le duché de Normandie. De la part du Capétien, la manœuvre était habile, cela évitait que la Normandie ne vienne accroître les puissances angevine ou champenoise car, dans le même temps, Thibaud IV, comte de Blois et de Champagne, renonçait à tous ses droits sur l'héritage anglo-normand au profit définitif de son frère Étienne de Blois et de sa descendance. Émergeait ainsi une troisième puissance, contrebalançant les deux autres. C'était l'application par Louis VI et Suger du célèbre adage : diviser pour régner. Le roi qui sentait ses jours comptés par la maladie avait tenté d'assurer une relative tranquillité aux premières années du règne de son jeune fils Louis VII. Le mariage aquitain avait renforcé l'équilibre voulu par le Capétien. Le dispositif avait plutôt bien fonctionné pendant une quinzaine d'années même si, au cours de cette période, en 1144 les Plantagenêt s'étaient emparés de la Normandie.

L'union d'Aliénor et d'Henri bouleverse l'équilibre qui protégeait la couronne de France. Louis VII comprend qu'il lui faut agir très vite pour manifester son autorité. Sa première réaction concerne l'ordre féodal : Aliénor est vassale du roi. Elle aurait dû lui demander son consentement pour épouser un autre de ses vassaux. Il dénonce le mariage et les convoque devant sa cour. Inutile de préciser que les nouveaux mariés ne se préoccupent même pas de répondre à cette injonction. La deuxième réaction est d'ordre militaire : Louis VII veut frapper fort. Le non-respect de la coutume féodale en est le prétexte. Un maigre prétexte, et le roi le sait, car sa protestation et sa convocation ne sont pas juridiquement fondées ; il s'agit davantage d'une coutume relevant d'une sorte de *gentlemen's agreement*, que d'une loi intangible.

C'est une période où la féodalité se cherche encore ; bon nombre de ce qui deviendra ses lois, us et coutumes ne sont pas définitivement établis. Sur ce point, la seconde moitié du XIIᵉ siècle est une période charnière. Conçu au départ comme un système essentiellement militaire, le système féodal va devenir un outil de gestion de la société en termes juridiques, fiscaux et politiques. Henri et Aliénor pour l'empire angevin, Louis VII du côté français, joueront un rôle dans cette codification d'un droit féodal et nous verrons qu'Henri particulièrement saura en utiliser les vides juridiques.

À l'été 1152, la nécessité d'agir, pour Louis VII, ne se situe pas dans la simple volonté de faire respecter son droit de suzerain ; la vraie raison est ailleurs. Il réunit une coalition comprenant Eustache de Boulogne, le comte Henri de Champagne, le comte du Perche, Robert de Dreux — son propre frère — et le jeune Geoffroy d'Anjou — récemment fait chevalier par Thibaud de Blois — que son frère Henri avait sans scrupule écarté de l'héritage paternel et qui, on peut le comprendre, nourrissait contre lui une rancœur certaine. Le but des coalisés était de s'emparer de la Normandie, de l'Anjou et de l'Aquitaine, rien de moins ! Autrement dit : tordre définitivement le cou aux ambitions d'Henri.

Clairement, tout le monde comprenait le danger que représentait le jeune homme et l'on s'inquiétait de le voir mettre la main sur le trésor aquitain. Il semble même, si l'on en croit le chroniqueur Robert de Torigni, que les coalisés, sûrs de leur victoire, s'étaient déjà partagé les dépouilles du Plantagenêt. Informés des préparatifs menés dans le Cotentin par Henri pour traverser la Manche, ils avaient choisi d'attaquer à la fin du mois de juin, espérant qu'à cette date le duc de Normandie aurait pris la mer ou serait sur le point de le faire, ce qui l'empêcherait d'organiser rapidement une riposte.

Louis VII lance son offensive dans la dernière semaine de juin. La nouvelle parvient à Henri, alors à Barfleur, où il est arrivé vers le 20 juin. Il apprend qu'il est attaqué sur deux fronts. L'armée des coalisés a franchi l'Epte, un affluent de la Seine qui marque la frontière entre la Normandie et le Vexin français, et mis le siège devant la forteresse de Neufmarché. Dans le même temps, les partisans du jeune Geoffroy Plantagenêt attisent des révoltes en Anjou et en Touraine. Neufmarché finit par tomber entre les mains de Louis VII et de ses alliés mais a résisté suffisamment longtemps pour anéantir l'effet de surprise sur lequel le roi comptait. Contrairement aux prévisions des coalisés, Henri réunit en hâte des troupes et quitte Barfleur le 16 juillet. À marche forcée, il se dirige vers l'est du duché. Prudemment Louis VII décide de se retirer à Chaumont-sur-Oise. Il ne souhaite pas affronter directement l'armée du duc qui a surpris les coalisés par la rapidité de ses mouvements ; il avait pénétré dans le Vexin normand appartenant au roi, incendiant toutes les places fortes fidèles à Louis VII. Les coalisés tentent une riposte vers la mi-août en attaquant Pacy-sur-Eure mais Henri avait été informé de leurs intentions et les a devancés dans la ville. À nouveau Louis VII choisit d'éviter l'affrontement direct et bat en retraite vers Mantes. Dès la fin du mois d'août, Henri peut quitter la

Normandie pour l'Anjou où, en quelques semaines, il met fin aux rébellions fomentées par son frère qui se trouve contraint de capituler. Il en profite au passage pour récupérer Chinon, Loudun et Mirebeau, c'est-à-dire la maigre part d'héritage qu'il avait consenti à laisser à Geoffroy.

Du côté de la Normandie, les coalisés essayèrent d'attaquer les forteresses de Tillières-sur-Avre, Verneuil et Nonancourt, mais rien de très probant... Henri ne s'en inquiéta pas. En quelques semaines, il avait montré à ceux qui en doutaient encore qu'il possédait de réelles qualités d'homme de guerre et de tacticien. Son sens de la mobilité — qui avait surpris ses ennemis — était très moderne pour une époque où l'on avait encore tendance à préférer les batailles rangées. On peut malgré tout s'étonner des reculades de Louis VII. Je ne crois pas qu'il faille y voir de la pusillanimité ; le roi de France est un homme courageux, il l'a montré pendant la croisade. Considérons plutôt que, d'une part, la raison invoquée pour justifier l'attaque de la Normandie est faible et peut entacher l'autorité morale du roi. Or il « n'existe » que par là ; que pourraient penser les vassaux d'un suzerain qui ne respecterait pas la loi féodale et tenterait de s'emparer sans vraie raison des terres d'un homme ayant fait serment d'allégeance et n'ayant manifesté aucune agressivité à son égard ? D'autre part, certains historiens ont avancé l'hypothèse — tout à fait plausible — que l'attaque de la Normandie n'était en fait qu'une diversion pour empêcher Henri de traverser la Manche et donner un peu de répit à Étienne de Blois.

Nous ne saurons jamais ce qu'il en a vraiment été. Ce qui est sûr, c'est qu'en quelques semaines Henri a affirmé un peu plus encore sa personnalité. Est-ce le mariage avec Aliénor ? Le jeune homme a le sentiment que rien ne peut l'arrêter. Il n'a pas vingt ans mais ne doute pas un seul instant de son destin.

Pendant cet été 1152, la donne géopolitique change.

Les équilibres sont rompus. Une nouvelle ère commence, caractérisée par un duel permanent entre la couronne capétienne et les Plantagenêt. Ces derniers prennent la main dès la première manche ; ils la garderont long-temps. L'avenir est incontestablement prometteur pour Henri et Aliénor. La tentative royale de les faire rentrer dans le rang n'a abouti qu'à renforcer leur puissance. C'est dans ces moments-là que les réputations se font et celle d'Henri l'installe dans la position d'un homme brillant qu'il faut redouter.

Louis VII, de son côté, sort affaibli de l'affaire. Il se sent de plus en plus seul, replié sur sa petite Île-de-France. Autour de lui, le vide se fait, comme si, de ce point de vue également, une page se tournait. En un peu plus d'un an, il a perdu quelques-uns de ses princi-paux conseillers, ceux que son père lui avait légués pour l'aider à assumer sa tâche. Suger est parti en pre-mier, suivi quelques mois après par l'évêque Josselin de Soissons, puis par Thibaud de Champagne et, en octobre 1152, c'est le vieux et turbulent Raoul de Vermandois qui disparaîtra. Des personnalités qui ont marqué les règnes successifs de Louis VI et Louis VII, il ne reste que saint Bernard qui mourra à son tour pen-dant l'été 1153. Cette même année voit disparaître le pape Eugène III qui avait reçu l'ex-couple royal à Tusculum. En Allemagne, le pouvoir change de main. L'empereur Conrad III de Hohenstaufen meurt et c'est son neveu, Frédéric Ier Barberousse, qui lui succède. Le nouvel empereur est au moins aussi ambitieux que notre Plantagenêt et ses prétentions ne visent pas moins que le *dominium mundi*.

Autour de l'année 1152, c'est le XIIe siècle qui bascule. De nouvelles personnalités apparaissent qui vont s'af-fronter et marquer le cours de l'histoire. En France, l'opposition entre Louis VII d'une part, Henri et Aliénor de l'autre, sera le fait dominant des décennies à venir. De cette première opposition — de ce test en quelque sorte où chacun a jaugé la détermination de l'autre — Henri sort vainqueur. Dès septembre, des trêves sont négociées entre le roi de France et le duc de Normandie.

Henri, assuré de la tranquillité de son domaine, décide de passer la fin de l'année auprès d'Aliénor.

*

Nous avions laissé le jeune couple en pleine lune de miel en Aquitaine. La lune de miel en question n'a pas duré quatre semaines puisqu'on trouve trace de la présence d'Henri à Barfleur, nous l'avons vu, au moment des fêtes de la Saint-Jean. Aliénor de son côté avait regagné Poitiers, organisé sa cour et surtout repris en main le gouvernement de ses États.

Le couple est à nouveau réuni vers octobre 1152. Le duc a sans doute rejoint sa femme à Poitiers et ils ont repris le tour des États de la duchesse.

L'objectif premier du couple reste l'Angleterre. Henri ne s'attarde pas en Aquitaine. Dès le début de l'année suivante, il est à nouveau dans le Cotentin et s'apprête à embarquer son armée pour l'Angleterre. Le roi de France, ayant appris que le duc avait repris ses préparatifs d'invasion, annonce qu'il « rend les trêves », en d'autres termes qu'il rompt l'armistice. Henri comprend que la menace ne vise qu'à le pousser à rester sur le continent et retarder l'invasion. Mais le jeune duc est sûr de lui. Il ne tient pas compte du roi de France et, dans les premiers jours de janvier 1153, profitant d'une mer calme et d'une brise favorable, il traverse la Manche. Son destin est en marche.

Henri pose le pied sur le sol anglais le 6 janvier 1153, jour de l'Épiphanie, et pour marquer l'événement il entre dans la première église qu'il croise. C'est l'heure de l'office. Au moment où il pénètre dans l'église, le prêtre prononce l'antienne du jour : « Voici que vient le roi vainqueur. » Les témoins n'en doutent pas un seul instant : ce ne peut être qu'un présage très favorable.

Avant même que le gros de son armée ait entièrement débarqué, Henri, à la tête d'une poignée d'hommes, s'empare de la ville de Malmesbury. Pendant ce temps le roi Étienne, informé de l'arrivée du jeune duc, réunit en hâte une armée de mercenaires flamands. Les deux hommes et leurs troupes se retrouvent face à face, chacun sur une rive de la Tamise. Ils vont s'observer pendant quelques jours sous une pluie battante et aucun des deux ne prendra la décision de franchir le fleuve en crue. On ne sait pas lequel a décidé le premier de faire machine arrière, probablement Étienne ; du moins c'est à lui qu'à l'époque on attribuera la responsabilité de la reculade. Il retourne piteusement à Londres tandis qu'Henri s'en va délivrer un de ses partisans assiégé dans le château de Wallingford par une troupe de mercenaires flamands en mal de bataille.

Que s'est-il passé dans la tête du roi Étienne pendant ces quelques jours où les deux armées se sont observées, un fleuve déchaîné les séparant ? A-t-il été gagné par une sorte de lassitude, de fatigue d'avoir à toujours se battre pour conserver un pouvoir qu'il n'a jamais réussi à asseoir totalement ? A-t-il mesuré combien son rival était déterminé et que rien ne l'arrêterait dans son ambition de ceindre la couronne ? A-t-il pensé que l'avenir appartenait à ce jeune Henri ? Que lui n'était plus qu'un vieil homme malade dont les années étaient comptées, et qu'il n'avait pour lui succéder qu'un fils légitime, Eustache, incapable de gouverner, incapable de résister face au duc de Normandie et unanimement détesté par toute la population anglaise ?...

Il n'y aura pas de bataille. Trente années de guerre entre les familles de Blois et d'Anjou viennent de se terminer sous la grisaille d'une pluie britannique. Étienne propose la paix à Henri. Deux hommes sont envoyés auprès du jeune homme pour négocier les clauses de cette paix : le propre frère du roi, Henri de Blois, cardinal de Winchester, et l'archevêque de Canterbury. Eustache, soupçonnant une manœuvre qui ne lui est pas favorable, réagit en s'en prenant aux terres de l'archevêque : il pille et brûle tout ce qui lui tombe sous la main, biens d'Église, fermes ou châteaux, semant la terreur dans la population. Heureusement, à Saint Edmunds, il tombe soudain malade et meurt en quelques jours, accompagné du plus grand soulagement de ses contemporains.

La mort de son fils accable un peu plus encore le vieux roi Étienne. Il lui reste un autre fils, Guillaume, mais c'est un bâtard qui de plus n'a jamais manifesté un attrait particulier pour le pouvoir. Le roi se résigne alors à prendre la seule décision raisonnable : le 6 novembre 1153, par le traité de Wallingford, il reconnaît Henri Plantagenêt comme héritier. Son second fils, Guillaume, prend la place d'Eustache à la tête du comté de Boulogne. L'acte est solennellement ratifié à Winchester par une assemblée de seigneurs anglais et normands. Un mois plus tard, le roi Étienne et son héritier désigné font ensemble une entrée triomphale dans Londres. La population en liesse manifeste bruyamment son soulagement de voir ainsi se terminer trente années de déliquescence et de chaos. Le roi n'est plus qu'un vieil homme résigné attendant la mort. À côté de lui, Henri sait tout ce que cache la ferveur populaire, que redresser le pays sera une lourde tâche. Pour l'instant il n'a qu'à s'y préparer car il a été convenu entre les deux hommes qu'Étienne gouvernerait jusqu'à sa mort ; il conserve en quelque sorte la couronne en « viager ». Dès lors, le duc de Normandie n'a plus qu'à attendre patiemment la mort du roi.

Henri sait que le soutien de la population lui sera nécessaire dans les mois qui suivront son accession au trône, notamment face aux anciens partisans du roi

Étienne. Il « soigne » son image en faisant un geste spectaculaire. Il donne l'ordre à ses hommes de restituer aux populations les butins dont ils s'étaient emparés au cours d'une action menée dans la région d'Oxford : « Je ne suis pas venu pour me livrer à des rapines, mais pour soutenir les biens des pauvres contre la rapacité des grands. » Le futur roi ne se prend pas pour Robin des Bois — le personnage sera inventé bien plus tard —, il fait seulement preuve d'un sens très affirmé du symbole et du geste marquant.

6

Préparatifs

Henri ne s'attarde pas sur l'île. Tant que le roi Étienne est vivant il n'a rien à y faire. Il traverse la Manche et retourne sur le continent, pressé de rejoindre sa femme dont il est séparé depuis plus d'un an. Il est d'autant plus pressé que, depuis six mois, il a un héritier qu'il n'a pas encore vu. Le 17 août 1153, Aliénor avait mis au monde un garçon que l'on appelle Guillaume. Par le choix de ce prénom qui avait été celui du père et du grand-père de la duchesse et aussi celui du fameux conquérant, ancêtre d'Henri, l'union de leurs deux familles était scellée.

L'année 1153 avait apporté au couple tout ce qu'il pouvait désirer ; un héritier et la promesse d'une couronne. Que rêver de plus ? Dans les premiers mois de l'année, pendant qu'Henri guerroyait en Angleterre, Louis VII avait bien tenté quelques attaques de diversion en Normandie dans le but de soulager Étienne de Blois. À trois reprises, allié au comte de Flandres, le Capétien avait attaqué des places fortes, Vernon avait même fini par tomber entre ses mains, mais jamais ces actions n'avaient détourné Henri de son dessein. Il avait tout simplement dédaigné de répondre lui-même aux provocations de son rival français. Et pour comble d'humiliation, Louis VII avait appris que son ex-femme avait donné à Henri, à peine un an après l'avoir épousé, cet héritier qu'elle n'avait pas su lui donner pendant quinze ans de mariage.

Aliénor a passé l'année 1153 à Angers. Elle s'est installée sur les terres d'Henri probablement dès les premières semaines de l'année. Charge à elle d'administrer les terres continentales du couple — à l'exception de la Normandie « réservée » à Mathilde, la mère d'Henri — pendant que son mari s'occupe des affaires d'Angleterre. Cela nous montre la manière dont le couple s'est organisé et la confiance que le duc de Normandie a en sa femme. Ce n'est pas depuis chez elle, en Poitou, mais dans la ville de son mari qu'elle gouverne ses possessions personnelles ainsi que celles d'Henri. Le Plantagenêt lui confère ainsi une véritable autorité sur son domaine propre — l'Anjou, la Touraine et le Maine —, plus importante que celle qu'il a sur les territoires d'Aliénor. Autrement dit, il la fait accepter et reconnaître par ses vassaux, ce qui n'était pas encore vraiment le cas, le concernant, pour les vassaux aquitains de son épouse. Situation remarquable et moment privilégié dans la vie du couple qui va évoluer, Henri récupérant progressivement l'autorité sur l'ensemble des terres continentales y compris celles qui appartiennent à Aliénor. Il faut néanmoins rester prudent sur la réalité du pouvoir dont dispose la jeune femme. Nous n'avons aucun moyen de savoir si elle a la mainmise sur les finances, ce qui est bien évidemment le plus important. De même, rien ne nous permet d'affirmer qu'Aliénor détenait le pouvoir de justice, le plus essentiel après celui de l'argent et des armes. Marie Hivergneaux le remarque : « Les chartes qui nous sont parvenues montrent donc Aliénor agissant librement, bien plus librement que ne l'autorise *théoriquement* le droit de l'époque, mais uniquement en tant que duchesse d'Aquitaine... Elle n'apparaît guère cependant que face à des interlocuteurs ecclésiastiques, même s'ils ne sont pas des moindres, mais jamais, par exemple, au sein d'une assemblée judiciaire ou recevant l'hommage de ses vassaux. Faut-il alors conclure que malgré une assez grande liberté d'action et une légitimité affirmée et reconnue par ses vassaux — et pas seulement ecclésiastiques —, Aliénor ne gouvernait pas complètement l'Aquitaine, puisque nous ne saurions affirmer qu'elle contrôlait réellement les finances, la justice ou l'armée ? Cela est tout à fait possible. Mais peut-être faut-il tout simplement se résigner à ne porter qu'une conclusion partielle et regretter les lacunes de nos sources : l'absence de livres de comptes, par exemple, ne permet pas de savoir qui percevait alors les revenus du duché [1]... »

Malgré les réserves qui viennent d'être évoquées, les premières années du couple formé par Aliénor et Henri constituent une période remarquable dans le partages des fonctions gouvernementales. Le jeune homme a volontairement donné du champ à sa femme car, encore une fois, sa seule préoccupation est de conquérir la couronne anglaise ; pour cela il a besoin d'être soutenu financièrement et dégagé des tâches administratives sur les terres continentales.

À Angers, nous voyons se préciser l'entourage de la duchesse, sa cour. Autour d'elle, se trouvent réunis les principaux officiers des États aquitains et angevins, y compris Geoffroy, le frère d'Henri, sans doute placé là afin que la duchesse le « surveille » et s'assure qu'il ne fomentera pas de nouvelles rébellions de vassaux dans les territoires d'Henri pendant que celui-ci guerroie de l'autre côté de la Manche. Ces officiers militaires constituent en quelque sorte le deuxième cercle de l'en-

---

1. Marie Hivergneaux, *Aliénor d'Aquitaine : le pouvoir d'une femme à la lumière de ses chartes*, « La Cour des Plantagenêt », colloque sous la direction de Martin Aurell, Université de Poitiers, Centre d'études supérieures de civilisation médiévale, 2000.

tourage de la duchesse. Dans le premier cercle on trouve essentiellement des Poitevins et des gens de sa famille. En cela, Aliénor s'inscrit dans la tradition des comtes-ducs qui ont toujours trouvé leurs principaux et fidèles alliés dans la noblesse poitevine. Il semble également qu'Henri ne soit pas intervenu en exigeant, par exemple, que sa femme s'entoure pour partie d'Angevins ; cela aurait tout à fait pu se produire et n'aurait pas semblé exorbitant à l'époque. Au premier rang des proches d'Aliénor, il y a ses deux oncles le vicomte Hugues II de Châtellerault et Raoul de Faye. Ce dernier est un fidèle remarqué déjà pendant la croisade alors qu'elle était reine de France. Au précédent elle fait plusieurs dons cette année-là : le fief de Beaumont, le domaine de Bonneuil-Matours et les droits de chasse dans la forêt de Moulinière ; manière très habituelle de resserrer les liens et de manifester sa reconnaissance. Fidèle parmi les fidèles, Saldebreuil de Sanzay assume les fonctions de premier connétable de la cour. Il a été nommé l'année précédente, lorsque Aliénor est retournée en Poitou après son divorce, et occupera ce poste des plus stratégiques dans l'entourage de la duchesse jusqu'en 1172 ; soit vingt ans ! Autre proche de la duchesse, le panetier Hervé qui est à ses côtés depuis 1140 et qui recevra en récompense, vers 1156-1157, la prévôté de Poitiers. Enfin, toujours parmi les proches, on trouve Eble de Mauléon qui sera nommé sénéchal de Poitou, et de nombreux seigneurs poitevins comme Briand Chabod, les sires de Melle ou les Mauzé. Autant de noms qui apparaissent comme témoins dans des actes officiels et dont certains sont présents à la cour des comtes-ducs depuis le Xe siècle.

Très vite après le mariage, on voit se dessiner la spécificité des entourages propres de chacun des époux. Autour d'Henri, les fidélités seront avant tout normandes ; auprès d'Aliénor elles seront poitevines. Et cela perdurera tout au long de leur vie et particulièrement lorsqu'ils en viendront à une opposition armée.

*

Aliénor et Henri se rejoignent en Normandie au début de l'année 1154. Ils passent ensemble à Rouen les fêtes de Pâques. Le futur roi d'Angleterre peut enfin contempler ce bébé qui représente l'avenir de la dynastie. Aliénor, elle, rencontre pour la première fois sa belle-mère, la fameuse Mathilde, l'Emperesse, qui inlassablement, depuis trente ans, se bat pour retrouver un héritage que son fils va enfin recueillir. L'auteur anonyme de la *Gesta Stephani* trace de Mathilde un portrait apparemment sans complaisance : « Elle manifesta immédiatement les plus grands airs ; d'un orgueil démesuré, ne montrant ni dans ses mouvements ni dans sa démarche l'humilité d'une douceur féminine, mais marchant et parlant de façon plus hautaine et arrogante que d'habitude comme si, par là, elle se faisait reine de toute l'Angleterre et devait en avoir toute la gloire [1]. » Mathilde n'a jamais oublié qu'elle est fille de roi et femme d'empereur. Le portrait que le chroniqueur de l'époque trace de l'Emperesse est confirmé par une anecdote où l'on voit cette même Mathilde pendant la courte période où, en 1139-40, les Plantagenêt régnaient sur Londres, face à une délégation de bourgeois londoniens venus se plaindre du trop grand nombre de taxes qu'elle leur imposait : « Tandis que les citoyens parlaient, elle, l'œil farouche, le front barré d'une ride, sans rien sur son visage qui rappelât la douceur féminine, éclata d'une colère intolérable [2]. » À la

1. Cité par Pierre Aubé dans *Thomas Becket*, Fayard, Paris, 1988, page 46.
2. Également cité par Pierre Aubé, c'est toujours l'auteur de la *Gesta Stephani* qui parle et qui à l'évidence ne portait pas la mère d'Henri dans son cœur. On remarquera qu'il insiste à nouveau sur son manque

suite de cette colère, Mathilde fut obligée de quitter Londres précipitamment, menacée de la vindicte populaire ; elle n'y remit plus jamais les pieds. Le chroniqueur Gautier Map lui aussi donne une image négative de la mère d'Henri. Selon lui, elle était son « mauvais génie » et il est convaincu que « l'influence de sa mère était à l'origine de tous les travers du roi » : « J'ai entendu dire que c'était sa mère qui lui recommandait de faire traîner les affaires de tout le monde, de garder longtemps les bénéfices qui tombaient entre ses mains et d'en toucher les revenus, tout en donnant espoir à ceux qui les convoitaient. Elle justifiait cette politique avec une phrase cruelle : "L'épervier orgueilleux qui se voit souvent retirer ou cacher la viande qui lui est offerte devient plus aguiché, plus enclin à obéir et à se discipliner ¹". » On se souvient que c'est le même Gautier Map qui accusait Aliénor de regards « libidineux » sur Henri lors de leur première rencontre. À l'en croire, le jeune homme n'est responsable de rien, c'est sa femme qui le séduit et sa mère qui lui donne de mauvais conseils !

Si les deux femmes partagent une même conscience de leur haute naissance et des droits qu'elle leur confère, ce qui différencie Aliénor de sa belle-mère est le charme et un vrai sens de la diplomatie. La raideur a probablement coûté son trône à Mathilde ; la duchesse d'Aquitaine saura laisser d'elle une tout autre image. Aucun bruit de mésentente entre les deux femmes ne nous est parvenu. Elles étaient de la même trempe ; on peut penser qu'elles se sont reconnues comme telles. Toutes les deux ont porté une couronne leur donnant un prestige exceptionnel, toutes les deux sont intelli-

---

de féminité, ce qui tendrait à montrer soit que l'homme était particulièrement sensible à cet aspect des choses, soit qu'effectivement Mathilde en manquait de manière impressionnante.

1. Cité par Philippe Delorme dans *Aliénor d'Aquitaine*, Pygmalion/ Gérard Watelet, Paris, 2001, page 101.

gentes, ambitieuses, et toutes les deux n'ont qu'une seule envie, aider Henri à aller au bout de son destin. Le jeune homme peut mesurer, au printemps 1154, la chance qu'il a d'être entouré, épaulé, soutenu par l'amour de deux femmes de tempérament.

Henri et Aliénor séjournent quelques mois en Normandie. Il n'est pas très difficile d'imaginer l'ambiance autour d'eux à cette période où leur avenir s'annonce sous les meilleurs auspices. Leurs retrouvailles semblent se passer au mieux. Aliénor peut bientôt annoncer qu'elle est à nouveau enceinte ; ceux qui, du côté de la France capétienne, continuaient de la penser stérile, la naissance de Guillaume n'étant qu'un « coup de chance », commencent à déchanter.

La santé d'Étienne de Blois est très mauvaise. Le vieux roi se meurt, il n'y aura pas longtemps à attendre pour que le couple prenne possession de la couronne anglaise. Ils s'y préparent. Si pour les Plantagenêt ceindre cette couronne n'est après tout qu'une juste reconnaissance de leurs droits d'héritiers directs de Guillaume le Conquérant, c'est aussi pour Henri et Aliénor prendre en charge une lourde tâche. Ils n'ignorent pas l'état calamiteux dans lequel se trouve le royaume anglais. Ils n'ont pas trop de ces quelques mois en Normandie pour tenter de mesurer la situation et de réfléchir aux décisions qu'ils auront à prendre sitôt couronnés.

L'Angleterre est en guerre civile depuis vingt ans. Tout a commencé à la mort du père de l'Emperesse, Henri Ier Beauclerc, en 1135. Son règne avait été une période de prospérité pour le pays. L'homme était « bon », aimé et respecté. Né sur la terre anglaise, il aimait ce pays avec lequel il se sentait en totale communion. Henri Ier était un second de famille parvenu au trône à la suite de la mort accidentelle de son frère. Son autre frère, Robert Courteheuse, avait hérité du duché de Normandie. Beau soldat s'étant couvert de gloire en croisade, Robert était un piètre politique. Il avait contesté les droits de son frère au trône, une guerre entre les deux hommes s'était ensuivie à laquelle Henri avait mis fin en 1106 en battant son frère lors de la bataille de Tinchebray, petite ville de l'Orne. Robert fut enfermé jusqu'à la fin de ses jours. Henri réunit dans ses mains le duché de Normandie et la couronne anglaise. Plus anglais que normand, le roi accentua encore ses attaches en épousant Mathilde, fille du roi d'Écosse Malcolm III, s'assurant par là la tranquillité sur les frontières nord de son royaume. Henri Ier avait gouverné son pays avec sagesse. Il avait su ménager l'Église tout en dotant l'Angleterre d'une administration civile solide et efficace, placée entre les mains de son chancelier, Robert de Salisbury. Des commissions de juges itinérants sillonnaient le pays, chargées de contrôler les *sheriffs* locaux et d'assurer que les « petits » n'étaient pas lésés dans l'application de la loi. Il fallait tenir fermement toutes sortes de pouvoirs individuels toujours prêts à se servir au détriment du bien public. Le roi y avait parfaitement réussi, offrant à son peuple trois décennies de stabilité et de prospérité. Les Anglo-Normands aimaient ce duc-roi austère qui avait une conscience élevée de ce qu'il représentait et de sa fonction ; en cela il était différent des souverains de son temps.

Une anecdote dépeint assez bien le personnage qui n'était pas exempt d'une certaine « barbarie » — du moins telle que nous l'entendons aujourd'hui. Henri Beauclerc avait fait aveugler le chevalier Luc de la Barre, officiellement parce qu'il avait résilié un accord de paix passé entre eux. Le châtiment était sévère vis-à-vis d'un homme qui n'était pas son vassal mais avait juste reçu sa paix ; la rejeter était au plus un acte de défi, pas un crime. Le supplice qu'Henri Ier avait fait infliger au chevalier avait surpris ses contemporains — cela se passait en 1124 — pourtant habitués à des pratiques similaires car la cause profonde du courroux royal était ailleurs. Luc de la Barre se livrait à une activé très courante au XIIᵉ siècle, celle de la chanson satirique. Il avait pris le roi pour cible et sans doute avec un certain talent, si l'on en juge par sa réaction. Henri devait certainement manquer du fameux sens de l'humour britannique.

Souverain heureux, le roi était aussi un homme comblé, père de deux enfants, Mathilde, notre « Emperesse », et un fils aîné, Guillaume Adelin, destiné à lui succéder, sans oublier un nombre tout à fait remarquable de bâtards. Cette parfaite image de bonheur royal fut détruite tragiquement une nuit de traversée de la Manche. Au début de l'hiver 1120, le roi et sa famille — à l'exception de sa fille Mathilde, qui se trouvait en Allemagne, mariée à l'empereur Henri V — regagnaient l'Angleterre après quelques mois passés dans le duché normand. La suite prit la mer à Barfleur, répartie sur deux navires. Dans l'un se trouvaient le roi et sa toute jeune belle-fille de quatorze ans, Mathilde d'Anjou. Dans l'autre, la *Blanche-Nef*, avaient embarqué Guillaume Adelin et une grande partie de la jeunesse de la cour. Le bateau était aux mains d'un pilote chevronné, connu et respecté pour avoir été, en 1066, aux commandes du *Mora*, le vaisseau dans lequel avait pris place Guillaume le Conquérant pour envahir l'Angleterre. Un rapide calcul nous permet de considérer que l'homme devait friser les quatre-vingts ans, ce qui était un âge tout à fait inhabituel pour l'époque et aurait peut-être dû faire réfléchir l'entourage royal sur ses capacités physiques à mener le bateau de nuit. La traversée commença sans difficultés. La mer était calme. Du vaisseau royal on entendit au milieu de la nuit des cris venant de l'autre vaisseau mais on n'y prêta pas attention ; tout le monde savait que Guillaume Adelin avait fait embarquer une belle quantité de vin avec la ferme intention de passer une joyeuse traversée. Au matin, de tous les passagers de la *Blanche-Nef*, il ne restait qu'un boucher rouennais, incapable d'expliquer le drame en détail tant les choses s'étaient déroulées rapidement. Il semble que le navire s'était échoué sur un récif et avait sombré en à peine quelques minutes, entraînant dans la mort l'héritier du trône et les trois cents garçons et filles qui l'accompagnaient. Le récit du naufrage de la *Blanche-Nef* est un des passages célèbres de l'*Historia ecclesiastica* du grand historien normand de la première moitié du XIIe siècle, Orderic Vital. En quelques mots, il dit la stupeur et l'abattement dans lesquels le pays fut plongé en apprenant le drame :

> *Humiliée l'Angleterre, jadis gloire des terres :*
> *Sur les flots la voilà soudain noyée, noyée la nef.*
> *Celle dont la gloire rayonnait sur le monde entier*
> *Subit l'éclipse, son soleil l'ayant délaissée...*

On dit que plus jamais personne ne vit sourire le roi Henri Ier Beauclerc. Il continua d'exercer la fonction royale pour le bien commun, mais en lui quelque chose s'était brisé.

Cinq ans plus tard, en 1125, l'empereur d'Allemagne mourait, laissant Mathilde veuve. Elle ne pouvait rester sans mari, et c'est Henri Beauclerc qui se chargea de lui en trouver un. Ce fut le frère de son ex-belle-fille, Geoffroy d'Anjou. Le souvenir du mariage de son fils adoré avec une Plantagenêt a-t-il joué dans son choix ? Ou le souci de s'assurer la frontière sud de son duché normand tout en s'attachant un allié contre le roi de France Louis VI avec qui il était en guérilla quasi permanente pour le Vexin normand, éternelle querelle entre Capétiens et Normands ? Geoffroy Le Bel avait quinze ans à l'époque. Mathilde, dont nous avons entrevu la forte personnalité, l'avait sans doute trouvé un peu jeune mais elle s'inclina devant la décision paternelle. Veuf, Henri Ier, qui aimait sincèrement sa femme, Mathilde d'Écosse, s'était laissé persuader, après quelques années de célibat, d'épouser en secondes noces Adèle de Louvain qui ne lui avait pas donné d'enfant. Sa seule héritière étant l'« Emperesse », le roi, pressentant les difficultés à venir après sa mort, avait pris la précaution par deux fois de faire jurer fidélité à sa fille par tous ses barons. Il avait passé les dernières semaines de sa vie à Lyons-la-Forêt où il s'était éteint le 1er décembre 1135.

Avec lui se terminaient trente ans de prospérité anglaise. Tout bascula en quelques semaines. La mort du roi à peine connue, son neveu Étienne de Blois, malgré le serment qu'il avait jadis prêté à Mathilde, se précipita en Angleterre pour se faire sacrer au nom de sa filiation directe avec le Conquérant par sa mère Adèle. Étienne possédait de nombreuses terres sur l'île où il était populaire. Ces possessions, ajoutées aux comtés de Mortain, de Bellême et de Boulogne, en faisaient un riche seigneur. Membre de la famille de Blois, il nourrissait une haine « familiale » pour les comtes d'Anjou dont Mathilde avait épousé le tenant du titre. Il était prêt à tout pour que la couronne anglaise ne tombe pas entre les mains des Plantagenêt. L'accueil que lui firent les barons anglais fut assez mitigé, pas véritablement hostile mais pas enthousiaste non plus. Tout le monde sentait qu'on allait assister à une bataille sérieuse et la plupart attendaient de voir de quel côté le vent allait tourner. Étienne avait un atout dans sa manche : son frère, Henri de Blois, cardinal de Winchester, ville où se trouvait le trésor royal. Entre frères, on arrangea un tour de passe-passe : le cardinal assura que le vieux roi Henri avait relevé Étienne de son serment à Mathilde et dans la foulée il se porta garant du respect que son frère portait à l'Église.

Le 22 décembre 1135 — vingt et un jours à peine

après la mort d'Henri Beauclerc — Étienne de Blois était sacré roi d'Angleterre en l'abbaye de Westminster par Guillaume de Corbeil, archevêque de Canterbury. Seuls deux autres grands prélats étaient présents, les évêques de Winchester et de Salisbury, ce qui montrait assez le caractère litigieux de ce couronnement.

Mathilde et Geoffroy d'Anjou n'avaient pas l'intention de se laisser faire. On imagine aisément dans quelle rage la nouvelle du couronnement d'Étienne a dû mettre l'Emperesse. Immédiatement les Angevins rameutèrent leurs partisans dans l'île et en Normandie, lesquels étaient nombreux ; tous n'avaient pas oublié les serments prêtés à l'instigation d'Henri Ier. Cette situation, avec d'un côté un pouvoir fragile, celui d'Étienne, et de l'autre la volonté farouche et obstinée de Mathilde à faire valoir ses droits, allait en quelques mois conduire le pays à une situation de guerre civile qui devait durer vingt ans. Il est intéressant de s'interroger sur le côté inéluctable de cette situation elle-même au regard des usages de l'époque, et sur sa part humaine, les erreurs, les maladresses... Incontestablement les droits de Mathilde sont réels, mais il est vrai aussi qu'elle est une femme et qu'on privilégie la succession directe par les hommes ; ne perdons pas de vue que si le vieux roi Henri a pris la précaution par deux fois de faire prêter serment à Mathilde et obligé Étienne à prononcer ce serment, c'est bien qu'il savait que la légitimité de la transmission de la couronne à sa fille — et par voie de conséquence « féodale » au mari de sa fille — n'était pas totalement incontestable. Les droits des femmes sont en quelque sorte des droits par défaut. Le cas de figure qui se présente à la mort d'Henri Beauclerc — deux héritiers potentiels : une fille en droite ligne et un neveu — est exactement le même que celui qui se présentera à la mort du dernier fils de Philippe le Bel qui ne laissait pas d'héritier. On se trouve alors face à deux héritiers possibles, une fille en droite ligne, Isabelle, reine d'Angleterre, et un neveu, Philippe de Valois. Les Français ressortiront alors une loi dite « salique » interdisant toute possibilité de succession par les femmes, et Philippe montera sur le trône de France. Le résultat en sera la guerre de Cent Ans.

Il y a donc à cette guerre civile anglaise de la première moitié du XIIe siècle des causes historiques liées aux balbutiements mêmes de la loi féodale, mais aussi des motifs en étroite relation avec les personnalités qui s'affrontent. Mathilde et Étienne sont également intelligents et volontaires, et pourtant tous les deux, chacun à leur tour, vont commettre des erreurs et avoir des comportements qui les empêcheront de remporter totalement la partie. Ces maladresses auront pour conséquence de maintenir le pays dans un chaos dont seuls Henri et Aliénor sauront le sortir. Et avec le recul du temps on voit parfaitement l'engrenage s'installer et la mécanique d'évolution se mettre en marche de manière inéluctable.

Il est utile de revenir sur cette période de guerre civile, car c'est elle qui conditionnera l'état dans lequel les nouveaux souverains anglais vont trouver le pays. C'est à cela qu'ils ont réfléchi pendant cette période normande d'attente, et nous verrons que la rapidité de leur action dès leur prise effective du pouvoir montre combien ils s'y sont préparés. Et quelques années plus tard, cette même situation créée par la guerre civile sera une des causes de l'opposition entre Henri II et Thomas Becket. Affrontement qui sera une des grandes affaires du règne du Plantagenêt.

Tout commence avec les rapports qu'Étienne est obligé d'entretenir avec l'Église. Dès le début, son pouvoir est fragile. Mathilde et Geoffroy s'agitent. Le nouveau roi a besoin du soutien de l'Église, il va donc négocier avec elle et, c'est assez logique, elle va en profiter pour obtenir de grandes libertés. Au printemps 1136, Étienne accorde une charte dont les premières phrases sont édifiantes : « Je, Étienne, par la grâce de Dieu, par l'assentiment du clergé et du peuple, élu roi d'Angleterre, consacré par Guillaume, archevêque de Canterbury et légat de la Sainte Église romaine, et confirmé par Innocent, Pontife du Saint-Siège, concède par respect et amour de Dieu que la Sainte Église soit libre et je lui confirme la révérence qui lui est due. » Difficile d'être plus obséquieux ! Par l'accumulation des « cautions » citées, on mesure la fragilité du roi et le besoin impérieux qu'il a de cette garantie cléricale. Littéralement, l'Église et la papauté sont « complices » de ce qu'un grand nombre de barons de l'époque considèrent comme une usurpation. Pierre Aubé [1] y voit même un « aveu ». Étienne de Blois avait été obligé d'accorder des immunités, impensables pour ses prédécesseurs, comme d'admettre que les clercs ne relèvent plus que des seules juridictions ecclésiastiques, de renoncer à son droit de regard sur les élections épiscopales, de reconnaître tous les biens possédés par l'Église et de lui permettre de les accroître sans difficulté. Par cette charte, Étienne concède énormément de choses à l'Église d'Angleterre, revenant sur l'action de son prédécesseur qui était parvenu à contenir les velléités d'indépendance des barons et des prélats. Le pouvoir royal montrant sa faiblesse, une brèche s'ouvrit dans l'édifice d'Henri Beauclerc où l'Église s'engouffra mais aussi quantité de petits potentats locaux. Les *sheriffs* royaux perdirent leurs pouvoirs et on vit des barons s'empresser de reprendre leur indépendance administrative, judiciaire et militaire ; certains allant même jusqu'à battre leur propre monnaie. Le pays n'avait plus qu'une apparence de domaine royal.

Pour reprendre les choses en main, Étienne engagea une armée de mercenaires flamands dont la réputation de rançonneurs et de pillards n'était plus à faire. Le

1. *Op. cit.*, page 45.

remède s'avéra presque pire que le mal. Partout les seigneurs se soulevaient.

De son côté, Mathilde ne manquait pas de partisans qui s'agitaient, particulièrement en Normandie sur laquelle son mari, Geoffroy le Bel, avait de sérieuses visées. Elle avait deux alliés de poids. Le premier était son demi-frère, le comte Robert de Gloucester ; un fils naturel qu'Henri Beauclerc avait eu avec une aristocrate de l'Oxfordshire. Robert était très richement possessionné en Angleterre et jouissait de la réputation d'un homme cultivé — il fut le mécène de Geoffroy de Monmouth, le créateur de la geste arthurienne — et d'un politique avisé. L'autre soutien de poids était le roi d'Écosse, David Ier ; on se souvient que la mère de Mathilde était écossaise. Le 22 août 1138, les armées d'Étienne et de David s'affrontèrent à Standard, dans le Yorkshire : c'est le roi d'Angleterre qui l'emporta. Fort de ce succès il commit une grave faute en rompant le lien féodal par la confiscation des terres de Robert de Gloucester. Et pour faire bonne mesure, il s'attaqua à l'Église en faisant emprisonner les évêques de Lincoln et de Salisbury. L'Église étant son soutien le plus important, cela équivalait à scier la branche sur laquelle il était assis. La réaction de l'épiscopat anglais ne se fit pas attendre. Le 29 août 1139 Étienne de Blois était convoqué devant un concile réunit à Winchester par son frère Henri. Sentant le vent tourner, Mathilde débarqua dans l'île le 30 septembre de cette même année. Les deux camps s'affrontèrent pendant plus d'un an, période au cours de laquelle Mathilde reprit la main et s'entendit avec l'Église. Le 2 février 1141, Étienne de Blois était fait prisonnier à Lincoln et enfermé au château de Bristol. Un mois plus tard, le 3 mars, Mathilde et le cardinal de Winchester, Henri de Blois, se rencontraient. Le 7 avril, un concile reconnaissait la fille d'Henri Ier Beauclerc pour légitime héritière de la couronne anglaise : « La Divinité ayant été d'abord, comme il convient, appelée à l'aide, nous élisons Dame d'Angleterre et de Normandie la fille du roi pacifique, du roi glorieux, du roi riche, du roi bon et sans égal dans notre temps et nous lui promettons fidélité en maintenance. » Le message était clair. Plus que Mathilde elle-même, c'étaient les mânes d'Henri Beauclerc qu'on appelait à travers elle. La population n'en pouvait plus de ce chaos dans lequel le pays était plongé depuis sept ans et aspirait au retour de la prospérité qu'elle avait connue du temps du vieux roi.

De ce point de vue-là, le recours à Mathilde n'était pas des plus judicieux. Elle se montra, comme on l'a dit, arrogante, coléreuse, autoritaire et se mit beaucoup de monde à dos y compris au sein de ses plus fidèles soutiens. Avant même qu'une date de couronnement ne soit arrêtée, certains commencèrent à penser qu'ils avaient commis une erreur et, de fait, Mathilde ne sera jamais couronnée. La guerre civile redoubla et le pays se trouva partagé en deux : l'Ouest restant fidèle à Mathilde et l'Est à Étienne. Dans le même temps, Geoffroy Plantagenêt, laissant sa femme s'occuper de « son » île, grignotait à son profit les terres du duché de Normandie.

Mathilde ne fit pas seulement preuve de maladresses dans ses rapports aux autres. Elle prit des mesures impopulaires, leva des impôts exorbitants au regard de la situation chaotique du pays, peu propice, comme toujours, à la bonne marche de l'économie. Elle commit la même erreur qu'Étienne en contestant les possessions continentales d'Eustache de Boulogne, son fils, montrant, elle aussi, le peu de cas qu'elle faisait du lien féodal. Le cardinal de Winchester, qui n'en était pas à un retournement de soutane près, se rapprocha de son frère l'ex-roi Étienne. Apprenant cela, Mathilde, furieuse, se déchaîna sur la ville de Winchester qui fut mise à feu et à sang. Henri de Blois fut obligé de fuir mais il emmena avec lui un prisonnier de choix, Robert de Gloucester, capturé pendant la bataille. Mathilde tenait Étienne, le cardinal tenait Robert : on négocia. Le 7 décembre, le cardinal de Winchester, légat pontifical, rétablissait Étienne sur le trône et excommuniait les partisans de Mathilde. Cette dernière était obligée de quitter définitivement le sol anglais. À partir de là, le roi Étienne passa son temps en guérillas permanentes pour maintenir dans l'île un pouvoir sans cesse contesté par les tenants des Angevins et les barons trop heureux d'avoir retrouvé une autonomie par rapport au pouvoir central. Il ne pouvait maintenir deux fers au feu et délaissa la Normandie dont Geoffroy Plantagenêt s'empara définitivement en 1144.

Jamais Mathilde n'accepta son éviction du trône. Elle continua avec vigueur à clamer ses droits. Quinze ans plus tard, son fils s'apprêtait à récolter les fruits de cette obstination, et c'est une autre femme, sa belle-fille Aliénor, qui porterait la couronne de reine d'Angleterre.

*

Nul doute qu'au cours de l'année 1154 la reprise en main de l'Angleterre est la tâche primordiale que se sont fixée Henri et Aliénor. Ils ont besoin d'avoir les coudées franches du côté du roi de France. Depuis qu'il a résisté à la tentative d'invasion de la coalition réunie par Louis VII et qu'il est assuré de monter sur le trône anglais, le duc de Normandie est en position de force. Il propose une paix au roi de France qui ne peut que l'accepter. Le Capétien restitue les deux places fortes de Vernon et de Neufmarché dont il s'était emparé l'année précédente contre une indemnité de deux mille marcs. Il renonce également au titre de duc d'Aquitaine qu'il s'obstinait à porter sous prétexte que ses deux filles, nées de son mariage avec Aliénor, étaient les héritières du duché. La naissance du petit Guillaume en août 1153 avait repoussé ses filles dans l'ordre de succession et la nouvelle grossesse d'Aliénor allait encore modifier les choses. Il semble que le roi de France n'ait pas demandé d'autre contrepartie aux Plantagenêt que les deux mille marcs. Il aurait raisonnablement pu demander que son rival lui prête serment ; c'était tout à fait courant à l'époque, et même logique. Qu'il ne l'ait pas fait montre à quel point il se sent impuissant face au pouvoir qu'Henri et Aliénor vont détenir. Il a compris qu'il doit renoncer à la solution militaire pour contenir l'ambition des Plantagenêt. Il lui reste deux moyens d'action : la diplomatie et l'autorité morale que lui confère sa couronne. Si le roi de France ne doit retenir qu'une chose de l'héritage de Suger, c'est le conseil de s'appuyer sur la force symbolique que représente l'onction divine au moment du couronnement. Cette réflexion sous-tendait déjà l'action politique de Louis VI ; Louis VII continua. La survie de la dynastie capétienne est passée par là.

Louis va progressivement s'installer dans un rôle qui lui convient admirablement, celui d'arbitre, de *rex pacificus*, comme le remarque Yves Sassier [1], garant de la paix et protecteur de l'Église, et resserrer les liens avec la famille rivale des Angevins, les comtes de Blois-Champagne. Dans cette optique, les deux filles qu'il a eues d'Aliénor épouseront respectivement un Blois et un Champagne. Dès l'année 1154, Louis VII se prépare à un affrontement inéluctable avec les Plantagenêt. Il sait que son infériorité financière et militaire l'empêchera, du moins dans un avenir proche, de s'opposer frontalement aux futurs souverains anglais. C'est pourquoi on le voit nouer des alliances et la première d'entre elles, la plus significative, avec le comte de Toulouse, Raimond V de Saint-Gilles. Alliance qui, des deux côtés, est motivée par les craintes que les ambitions des Plantagenêt inspirent. Pour le Toulousain, il ne fait pas l'ombre d'un doute qu'Henri

1. *Op. cit.*

réveillera, à un moment ou un autre, les prétentions d'Aliénor sur le comté de Toulouse et ce avec d'importants moyens militaires. Il ne pourra pas y faire face seul, il lui faut des alliés. Pour le Capétien, la donne est à peu près semblable — il doit trouver des alliés pour l'aider à s'opposer à Henri — mais l'alliance toulousaine est en plus un très bon coup diplomatique et féodal. Depuis la fin du Xe siècle, les comtes de Toulouse se considéraient comme indépendants du pouvoir royal et n'avaient fait aucun acte d'allégeance vis-à-vis de la couronne ; le roi faisait donc revenir ce puissant comté du sud de la France dans le giron capétien. L'alliance prit la forme d'un mariage entre la sœur de Louis VII, Constance, veuve depuis quelques mois d'Eustache de Boulogne dont la mort avait ouvert le chemin de la couronne anglaise aux Plantagenêt, et le comte Raimond V. Pour consolider cette alliance, Louis VII, vers la fin de l'année 1153 ou au début de la suivante, demande en mariage Constance, la fille du roi de Castille Alphonse, lui-même allié du comte de Toulouse. On se souvient qu'une des préoccupations essentielles du roi de France est d'avoir un héritier. Il était évident qu'il ne resterait pas longtemps célibataire après la séparation d'avec Aliénor. Le mariage fut célébré à Orléans dans la première moitié de l'année 1154. Lorsque, à la fin de l'année, Louis VII quitte Paris pour accomplir le pèlerinage de Saint-Jacques-de-Compostelle — il quitte l'Île-de-France pour la première fois depuis son retour de croisade —, c'est avec le sentiment d'une année bien remplie au cours de laquelle il aura préparé l'avenir par son mariage et en créant une sorte d'« axe » Paris-Toulouse-la Castille, qui pourra lui être utile, le cas échéant, pour contrer les ambitions des Plantagenêt. Pour se rendre à Saint-Jacques-de-Compostelle, sur ce lieu saint qui attire chaque année un nombre considérable de pèlerins, Louis VII doit traverser les terres d'Aliénor. Les usages veulent qu'il lui demande son autorisation. Il s'en garde et la duchesse ne réagit pas. Elle comprend que ce n'est pas là une provocation mais plutôt le signe que Louis a encore besoin de maintenir une certaine distance avec son ex-femme. C'est l'homme qui agit là, l'amoureux bafoué, non le souverain...

Le pèlerinage est pour Louis l'occasion de faire le point et de tourner la page Aliénor. Une autre page s'ouvre pour le Capétien, celle d'Henri, son vassal, qui va devenir son égal en recevant la couronne d'Angleterre.

7

Une couronne

Aliénor et Henri n'attendront pas une année la mort d'Étienne de Blois. Dans les premiers jours de novembre 1154, la nouvelle leur parvient du décès du vieil homme survenu à Douvres le 25 octobre précédent. Selon son vœu, la dépouille du roi va rejoindre celles de sa femme et de son fils dans l'abbaye de Faversham, appartenant à l'ordre de Cluny, qui l'a fondée dans le Kent. Henri se trouve à Thorigny-sur-Vire lorsqu'il reçoit le message lui annonçant la mort d'Étienne. Il assiège dans la ville le fils de Robert de Gloucester. Les historiens ignorent la raison de cette action mais nous supposons qu'elle devait être sérieuse car le comte de Gloucester avait été un des plus solides partisans des Angevins contre Étienne de Blois ; si proche de monter sur le trône anglais, le futur roi n'avait pas intérêt à se mettre à dos une puissante famille de l'île. Henri abandonne l'opération militaire et retourne précipitamment à Rouen. Immédiatement le duc et la duchesse décident de partir pour l'Angleterre. Ils réunissent rapidement une escorte dans laquelle se trouvent Geoffroy, le frère d'Henri, ainsi que les principaux évêques et barons normands. Quelques jours plus tard, Henri, Aliénor et le petit Guillaume quittent Rouen, laissant leurs possessions continentales sous l'administration de Mathilde qui séjourne près de la capitale normande, à l'abbaye Notre-Dame-des-Prés, où elle s'est retirée.

Ils se rendent à Barfleur pour embarquer quand une énorme tempête se lève sur la Manche. Ils devront patienter un mois. La mer ne « décolère pas », Henri non plus. La nature impatiente du jeune homme est mise à rude épreuve. Il est furieux de devoir ainsi attendre. Les éléments sont trop déchaînés, pas un marin ne veut prendre le risque d'emmener le roi et sa famille ; le souvenir du naufrage de la *Blanche-Nef* est sans doute encore dans les esprits. D'une nature plus calme et plus posée, Aliénor se résigne d'autant plus facilement qu'elle est enceinte de bientôt sept mois et qu'une traversée dans des conditions aussi dures est dangereuse pour elle et l'enfant qu'elle porte.

Le 6 décembre 1154 est jour de Saint-Nicolas. Le célèbre évêque de Myre est, entre autres, patron des mariniers et des voyageurs. Est-ce cela qui poussa Henri à forcer le destin ? Passant outre les conseils de patience renouvelés d'Aliénor et de son entourage, il prend la décision d'appareiller coûte que coûte le lendemain matin. La traversée de la Manche durera deux jours dans des conditions épouvantables. La mer n'épargne rien aux navires de la suite royale : flots déchaînés, pluie battante, brouillard à couper au couteau... Malgré cela, tous les bateaux arrivent à bon port, disséminés un peu partout sur la côte, mais entiers, avec des avaries minimes et surtout sans pertes humaines. L'audace d'Henri a payé. La nouvelle de ce débarquement « à la hussarde » se répand aussitôt dans tout le pays et sera immédiatement portée au crédit du jeune roi. Voilà un règne qui commençait de manière fracassante, ce qui n'était pas pour déplaire aux Saxons. On ne manqua pas de rappeler que le sang du Conquérant coulait dans les veines du jeune homme.

Le navire sur lequel Aliénor et Henri ont pris place touche la côte à Lymington, aux environs de Southampton. Le couple royal ne s'attarde pas et se dirige au plus vite vers Winchester située à une vingtaine de kilomètres plus au nord. C'est là que le roi a donné ordre à ses hommes de venir le rejoindre. C'est surtout dans cette ville qu'est conservé le trésor royal dont Henri veut s'emparer au plus vite.

La nouvelle de l'arrivée du roi s'est répandue comme une traînée de poudre dans la population. Les gens se massent sur le passage du couple royal, faisant fuser des « Vive le roi ! » enthousiastes. Le chroniqueur Guillaume de Newburgh écrit que le roi « prit son royaume héréditaire aux acclamations de tous ». Tandis que l'entourage royal se regroupe à Winchester, on voit arriver des représentants de toute la noblesse anglaise venus prêter serment d'allégeance au nouveau roi. Plus de contestation, pour tous il est le roi d'Angleterre. Sans aucun doute les anciens partisans d'Étienne devaient s'inquiéter du sort que le nouveau roi leur réserverait. Ils seront assez vite rassurés : Henri, en souverain pragmatique — et on peut deviner dans cette attitude très politique les conseils avisés de sa femme —, ne se livrera à aucune représaille. Tout le monde a intérêt à la paix civile : les nouveaux souverains, dont la tâche essentielle allait être de redresser le pays, et les barons, dont beaucoup possèdent des terres dans le duché de Normandie, solidement tenu par les Plantagenêt, et dont ils espèrent récupérer la jouissance.

Le 19 décembre 1154, onze jours à peine après qu'Henri et Aliénor ont débarqué sur l'île, Thibaud du Bec, archevêque de Canterbury, dépose sur leur tête les couronnes de roi et reine d'Angleterre. Henri Plantagenêt peut enfin savourer cet instant qu'il attend depuis sa naissance. Ni sa mère Mathilde, ni son père Geoffroy n'ont douté qu'un jour cette couronne leur revienne. Henri a été élevé comme l'héritier. Il est né pour cet instant, né pour endosser ce pouvoir qu'il considère comme son dû et pour lequel il a été éduqué dès son plus jeune âge. Car contrairement à l'image longtemps enseignée d'un Moyen Âge barbare, gouverné par des hommes essentiellement préoccupés de la satisfaction immédiate de leurs plus bas instincts, les Princes de la fin du XIIᵉ siècle sont pour la plupart des hommes conscients de la charge que représentent leur fonction et le gouvernement d'autres hommes. Les violences, les « barbaries » sont plutôt le fait de petits seigneurs de guerre sans foi ni loi que des grands féodaux. Henri est l'archétype du Prince de son époque.

De son côté, Aliénor mesure, avec un certain humour, l'ironie d'une situation qui la voit pour la deuxième fois de sa vie porter une couronne. A-t-elle une pensée « émue » pour Louis VII en cet instant ? On peut l'espérer. Autour de la reine commence à flotter un parfum de légende. On murmure que, quinze ans plus tôt, en 1140, lors du concile de Sens où l'on avait condamné le célèbre théologien Pierre Abélard, Jean d'Étampes, un vénérable prélat, aurait dit à celle qui était à l'époque la reine de France : « Noble dame, on parle de vous depuis longtemps et on en parle encore plus encore. Vous êtes celle qu'annonçait le prophète Merlin, il y a six cents ans, lorsqu'il vous représentait comme un grand aigle, ses deux ailes à la fois sur la France et sur l'Angleterre. » La reine, un peu surprise, aurait répondu : « Je ne vois pas le roi, mon époux, rééditant dans cette île les exploits de Guillaume le Conquérant. — Il ne s'agit pas du roi Louis, aurait enchaîné Jean d'Étampes. Cet Aigle dont il est question dans la prophétie de Merlin, c'est vous, belle reine Aliénor. — Il ne me reste plus qu'à être veuve pour donner raison à Merlin », aurait conclut la reine [1]. Elle

---

1. Cité par Jean Markale, *Aliénor d'Aquitaine*, Éditions Payot, Paris, 1979.

n'est pas veuve, elle est mariée à un homme qu'elle aime et elle porte désormais cette deuxième couronne. Elle avait reçu la première avec l'insouciance d'une belle jeune fille de quinze ans. Elle n'en avait compris que les droits. Elle l'avait mal portée, cette première couronne. Mais elle a appris et tout ce qu'elle sait maintenant de l'exercice du pouvoir, elle va l'appliquer aux côtés d'Henri.

Une personne manque à ce couronnement : l'Emperesse Mathilde. Il eût été normal qu'elle y assistât. Son absence montre combien elle avait attiré d'antipathie par sa morgue et ses maladresses. Cette absence a probablement été négociée avec Henri et Aliénor. Certes, ils ont besoin de quelqu'un pour tenir la Normandie pendant qu'ils séjournent dans l'île, mais un sénéchal bien choisi aurait fait l'affaire aussi bien que la reine mère. Aux Anglais, il faut montrer de manière frappante que la période de guerre civile est terminée ; que Mathilde soit restée sur le continent procède de cette volonté des nouveaux souverains. Nous avons affaire à des « politiques » déterminés, qui ne laissent rien au hasard.

La cérémonie du couronnement se déroule en l'abbaye de Westminster, érigée cent ans plus tôt par le saint roi Édouard le Confesseur, en présence de nombreux prélats et d'une grande partie de la noblesse anglo-saxonne. Il ne s'agit plus du couronnement « à la sauvette » d'Étienne de Blois. La couronne qu'Henri reçoit ce jour-là est parfaitement légitime. Pour tous les participants, la cérémonie marque un tournant de l'histoire de l'Angleterre. La page de la guerre civile est définitivement tournée. Cette période se referme comme une parenthèse que chacun tentera d'oublier au plus vite. Chacun ? Peut-être pas. Le peuple qui souffre depuis si longtemps, victime des guerres que se livrent de petits seigneurs de guerre ? Certainement. Les marchands, bourgeois, commerçants, qui aspirent à une tranquillité civile source de prospérité ? Certainement aussi. Ces petits seigneurs de guerre qui ont profité de la faiblesse du pouvoir d'Étienne pour acquérir une réelle indépendance ? C'est moins sûr. Et ce d'autant plus qu'il est clair qu'Henri va prendre les choses en main et tout faire pour réinstaller un pouvoir central fort. L'Église anglaise ? Elle a soutenu la cause d'Henri. Indéniablement, c'est elle qui a amené Étienne à accepter l'adoption de son jeune rival. Malgré tout, on peut douter du désintéressement de son enthousiasme. Elle a profité de la situation créée par la période de chaos social pour acquérir un poids politique considérable que les nouveaux souverains ne manqueront pas de vouloir brider. Il va lui falloir négocier et elle sait qu'elle devra abandonner certaines de ses prérogatives. Elle ne l'envisage pas de gaieté de cœur et a bien l'intention de se défendre avec acharnement en « monnayant » son soutien affiché et efficace des dernières années.

À peine la cérémonie terminée, Henri publie une charte par laquelle il indique ses intentions avec netteté : « Henri, par la grâce de Dieu roi d'Angleterre, duc de Normandie et d'Aquitaine et comte d'Anjou, à tous ses comtes, barons et fidèles français et anglais, salut. Sachez que, à l'honneur de Dieu et de la Sainte Église, et pour le commun amendement de tout mon royaume, j'ai concédé et rendu, et par ma présente charte confirmé à Dieu et à la Sainte Église et à tous mes barons et comtes et à tous mes hommes, toutes les concessions et donations, libertés et libres coutumes que le roi Henri mon aïeul leur a données et concédées. Semblablement encore, je fais rémission et concède abolition, pour moi et mes héritiers, de toutes les mauvaises coutumes qu'il a abolies et remises. C'est pourquoi, je veux et prescris fermement que la Sainte Église et tous les comtes et barons et tous mes hommes aient et tiennent toutes ces coutumes et donations et libertés et libres coutumes librement et tranquillement, bien et en paix intégralement, de moi et de mes héritiers, pour eux-mêmes et leurs héritiers, aussi librement et tranquillement et pleinement en tout que le roi Henri mon aïeul les leur a données et concédées et confirmées par sa charte. Témoin : Richard de Lucé, à Westminster. »

Le message est clair. Tout ce qui a été fait, donné, concédé, pendant le règne d'Étienne de Blois, est nul et non avenu. On revient au *statu quo ante*, c'est-à-dire au règne d'Henri Beauclerc. Henri II affirme la validité de sa filiation, la légitimité de ses droits à occuper le trône et se place comme le successeur direct de son grand-père. On efface Étienne, et par la même occasion... Mathilde. Le cours de l'histoire anglaise reprend là où il s'était arrêté : fin de la parenthèse !

Le nouveau roi indique les règles du jeu. Bien sûr il va y avoir négociations — Henri et Aliénor sont suffisamment fins pour savoir que les « nobliaux » et le clergé ne vont pas se laisser faire facilement — mais elles se feront selon la charte. Et la fermeté du ton montre que le nouveau roi est déterminé et qu'il saura être également ferme dans ses actes, si besoin est.

*

Pour le Noël de l'année 1154, les souverains anglais séjournent au prieuré de Bermondsey, un village situé sur la rive gauche de la Tamise. Un unique pont en bois relie cette cité à Londres. Des fenêtres du château, on distingue clairement les appontements de l'autre côté du fleuve et le va-et-vient incessant des dockers qui chargent et déchargent des marchandises venues de toute l'Europe. Au moment où Henri et Aliénor prennent possession de la ville, celle-ci est en pleine mutation. Un incendie, en 1136, avait fait des ravages considérables, détruisant la plus grande partie des maisons en bois et en torchis. La ville a été reconstruite en « dur », murs de briques et de pierre, toits de tuiles. On commençait maintenant à paver les ruelles. Selon les conceptions urbanistiques du moment, ces ruelles étaient légèrement incurvées avec au centre une rigole par où s'évacuaient vers le fleuve toutes les immondices ; en marchant sur les côtés on évitait de se salir mais on n'évitait pas les odeurs. Londres, comme la plupart des villes de l'époque, puait !

Avec une population approchant des quinze mille habitants, Londres est la cité la plus peuplée du nord de l'Europe. Protégée par de hauts murs percés de six portes, la ville déploie une intense activité commerciale autour de son port. On y débarque de la laine et des toisons de Flandres et d'autres produits venus de très loin — les marchands anglais, aventureux et bons marins, vont chercher des épices jusqu'en Asie mineure — et on y charge notamment de l'étain dont on fait un usage fréquent à l'époque. Depuis l'invasion de l'île par Guillaume le Conquérant, Londres est progressivement devenue une plaque tournante entre la Normandie et l'Angleterre. La Manche est en permanence traversée par des navires qui font l'aller et retour entre les deux pôles du royaume anglo-normand, apportant notamment de Rouen des draps, du cuir et des salaisons. Sous le règne d'Henri Ier Beauclerc, Londres faisait office de capitale du royaume anglo-normand, même si elle n'en avait pas le titre officiel. La ville bénéficie de statuts particuliers qui datent d'Édouard le Confesseur, avant même la venue du Conquérant. Ces statuts lui donnent une très large autonomie administrative et financière que le duc de Normandie n'a pas pu remettre en cause et que son fils Henri Ier a étendue en octroyant à la ville une charte de libertés permettant aux bourgeois de porter le titre très envié de « barons de la cité ».

Cette ville fourmillante et riche attire les ambitieux et les aventuriers venus y faire fortune de toute l'Europe et avec eux une population interlope qui forme une pègre hétéroclite : coureurs de filles, noceurs, eunuques, rôdeurs, vendeurs de drogues, sodomites, mages, diseuses de bonne aventure, mimes, baladins, mendiants, parasites, assassins, sans oublier les incontournables filles publiques. Le chroniqueur Richard de Devizes en dresse un inventaire qui ressemble à un concentré de tous les vices connus et trace de la population londonienne un portrait peu encourageant : « Venus de tous les pays connus sous le soleil, toutes sortes d'hommes s'y trouvent réunis. Chaque peuple a apporté dans cette cité ses vices et ses habitudes. Personne n'y vit sans commettre de crimes, chaque quartier ruisselle de sinistre indécence. »

À la lecture de ces quelques lignes, on pourrait croire que la ville est essentiellement un lieu de perdition. Il n'en est rien Londres présente toutes les caractéristiques d'une grande ville de l'époque. On y trouve notamment une élite intellectuelle qui se livre à de longues disputes de grammaire ou de rhétorique autour de la cathédrale Saint-Paul ou de Saint-Martin-le-Grand. Une fois par semaine des courses de chevaux sont organisées, et pendant les périodes de carnaval les cours d'école abritent des combats de coqs. Les célèbres combats navals — qui se déroulent encore de nos jours — ont lieu pendant les fêtes de Pâques, attirant une foule nombreuse qui se masse sur les bords de la Tamise. L'amateur peut pratiquer toutes sortes de sports : lutte, lancer du javelot, parties de ballon... et l'hiver faire des glissades sur les marais gelés au nord de la ville. Une ville fourmillante, bruissante, comme la plupart des ports, mais avec cette particularité que tout semble démultiplié par l'une des plus fortes densités de population pour l'Europe de l'époque.

Sous le règne débutant d'Henri II, Londres aspire à redevenir la capitale « virtuelle » de ce qui était le royaume anglo-normand et va bientôt devenir l'empire Plantagenêt. Entre les territoires apportés par Aliénor, l'Anjou et la Touraine de la famille d'Henri, la Normandie et l'Angleterre, une activité commerciale croisée et complémentaire va très vite se mettre en place, elle fera la richesse des Plantagenêt. Londres sera l'axe de ce commerce. C'est de la situation d'échanges commerciaux créée pendant la seconde moitié du XIIᵉ siècle que naîtront, par exemple, les liens particuliers unissant les Anglais avec la Gascogne et faisant de l'Angleterre, encore aujourd'hui, un pays où le vin de Bordeaux est très apprécié. Henri aura toute sa vie une prédilection « affective » pour l'Anjou et la Touraine de son enfance, et un attachement profond et raisonné pour la Normandie qui lui sera toujours d'une fidélité indéfectible ; Aliénor préférera son Aquitaine et son Poitou, avec une tendresse toute particulière pour sa douce ville de Poitiers. Pourtant ce n'est ni Tours, ni Angers, ni Rouen, ni Bordeaux, ni Poitiers qui deviendront le poumon économique de l'empire Plantagenêt, mais bien cette froide ville anglaise pour laquelle ses nouveaux souverains ne manifesteront jamais une grande passion.

La question se posera de savoir s'il existe entre tous les territoires placés dans les mains d'Henri et Aliénor une véritable unité politique. Or, sur le plan économique, cette unité existe. Il faut imaginer les navires chargés des marchandises les plus diverses effectuant d'incessants allers et retours entre les grands ports atlantiques des Plantagenêt : La Rochelle, Bordeaux, Bayonne et Londres. Henri et Aliénor vont régner sur un vaste territoire économique qui fera d'eux les souverains les plus riches et les plus puissants de leur temps ;

un territoire qui s'agrandira par la suite de la Bretagne et d'une partie de l'Irlande.

Pour l'heure, le couple est à Bermondsey. La grossesse d'Aliénor se déroule normalement. À la toute fin de décembre 1154, après les fêtes de Noël, les souverains réunissent la première grande assemblée de leur règne. Barons, prélats, clercs, officiers royaux, tous ceux qui détiennent un peu de ce qui reste d'autorité dans l'île ont été convoqués. Il ne s'agit pas d'une décision prise dans l'instant. Henri et Aliénor avaient mûrement réfléchi leur prise effective de pouvoir et cette assemblée avait certainement été convoquée avant le couronnement.

C'est très probablement lors de cette assemblée qu'Henri rencontre un homme qui l'aidera considérablement dans sa tâche de restauration de l'autorité royale en Angleterre et deviendra l'un des personnages clés des quinze ans à venir : Thomas Becket.

8

Inspecter et surprendre

Le début de l'année 1154 est un tournant dans la vie du couple royal. Une première époque se termine qui aura duré deux ans et s'est caractérisée par une grande indépendance des deux époux l'un par rapport à l'autre. Cette indépendance est surtout remarquable du côté d'Aliénor, assez exceptionnelle compte tenu des usages de l'époque. Une fois couronné, Henri change la donne. Il a atteint l'objectif qu'il s'était fixé et pour lequel son père et sa mère avaient vécu pendant près de trente ans. Et, ce qui n'est pas négligeable, il a réussi sans trop verser de sang, en exploitant habilement la situation. Il dispose d'un réel crédit auprès de la population anglaise et d'une bonne partie de l'aristocratie normande. Son autorité, son énergie et son sens politique attirent autour de lui des personnalités de premier plan qui comprennent vite tout le bénéfice aussi bien matériel que de notoriété qu'il y a à s'attacher à lui. Et Henri sait adroitement jouer des avantages que lui donnent son nouveau statut de roi couronné et son crédit pour amener à lui certains barons, soutiens du roi Étienne qui avaient tout à craindre de l'arrivée du Plantagenêt. Sur ce point, un des cas les plus typiques est celui de Richard de Lucé, que nous avons vu signer, en tant que témoin, la charte promulguée par le roi au lendemain même du couronnement. Lucé a été l'un des fidèles d'Étienne de Blois dont il a servi les intérêts avec loyauté et compétence. Il est probable que c'est lors des négociations qui ont abouti à l'adoption d'Henri que ce dernier a rencontré Richard de Lucé et a pu se rendre compte de ses qualités. À peine couronné, le jeune roi le nomme justicier du royaume. C'est un choix qui s'avérera judicieux. Lucé lui sera d'une fidélité exemplaire jusqu'à sa mort. Il servira l'État sous Henri II avec les mêmes compétence et loyauté qu'il avait manifestées sous Étienne, restant jusqu'au bout ce que nous appellerions aujourd'hui un grand commis de l'État.

De même, lors des négociations de 1153, Henri avait pu mesurer l'intelligence et les qualités humaines de l'archevêque de Canterbury, Thibaud, qui était parvenu à convaincre Étienne de Blois d'accepter une solution apportant la paix au pays. Aussi, quand il est question de trouver un chancelier pour seconder le roi dans sa tâche de redressement de l'Angleterre, Henri écoute avec intérêt les arguments de l'archevêque qui propose son archidiacre, Thomas Becket. Là encore, le choix sera, du moins durant les premières années du règne du Plantagenêt, des plus judicieux, même si la collaboration entre les deux hommes se terminera de manière sanglante.

Henri et Aliénor savent s'entourer. Ils ont compris que l'immensité et la diversité des terres qu'ils gouvernent imposent, sinon de déléguer les pouvoirs, du moins d'avoir des relais sûrs et efficaces. En Angleterre, Thomas Becket et Richard de Lucé seront ces relais par lesquels le roi va asseoir son pouvoir ; un troisième homme viendra bientôt les rejoindre : Robert de Leicester qui fera également fonction de justicier.

Pour Henri, Aliénor devient également un de ces relais indispensables. À partir de cette année 1154, il n'est plus un comte-duc à l'égal de sa femme qui, par ailleurs, détient des richesses supérieures à celles de son époux. Il est maintenant le roi, le maître absolu. C'est du moins ainsi qu'il l'entend. Henri II est un autocrate, conscient de ce qu'il est et de ce qu'il représente. Dorénavant, Aliénor est « au service » d'une couronne qu'elle partage, certes plus que symboliquement, et d'un pouvoir dont seul le jeune homme détient la réalité. Ce changement dans leurs rapports se manifeste d'une manière assez curieuse ; jusque-là, les déplacements entre eux se font dans un seul sens : Henri rejoint Aliénor là où elle se trouve : à Poitiers, à Limoges, à Angers, à Rouen... Cette mécanique est inversée à compter de 1154 : c'est la reine qui ira désormais vers le roi. Gardons-nous malgré tout de voir là une attitude « machiste » de la part d'Henri. Ce serait poser sur leur relation un regard de notre temps. Aliénor a un rôle important et le conservera toute sa vie mais c'est une époque où la femme, si hautement née soit-elle, ne peut pas détenir les attributs du pouvoir. Il est malgré tout exceptionnel pour l'époque de voir Aliénor conserver une autonomie aussi importante. Par exemple, dans les comptes royaux, elle apparaît à plusieurs reprises pour donner elle-même des ordres de paiement : *per breue reginae* (par bref de la reine). Ses dépenses personnelles sont détaillées et donnent une indication sur ses goûts et la manière de vivre d'une souveraine. Elle reçoit également des terres sur le sol anglais, qu'elle administre seule et dont elle perçoit directement les revenus, ce qui lui confère une grande autonomie financière.

Chaque fois que c'est nécessaire, la reine intervient dans la conduite des affaires du royaume mais « au nom du roi ». Henri II, dans la tâche colossale qu'il s'est fixée de redresser le pays, est obligé de parcourir l'Angleterre dans tous les sens accompagné de son chancelier. Dans l'administration courante, Aliénor le remplace. Le ton de ses ordonnances et de ses chartes est très ferme, péremptoire même, et nous montre à la fois l'aisance et la sûreté avec lesquelles elle exerce le pouvoir. Par exemple les moines de Reading se plaignent d'avoir été dépouillés de certaines terres. La reine envoie une lettre à un dénommé Jean Fitz Ralph, vicomte de Londres : « Les moines de Reading se sont plaints à moi de ce qu'ils ont été dépouillés injustement de certaines terres à Londres que leur avait données Richard Fitz B. quand il s'est fait moine. [...] Je vous ordonne de rechercher sans délai s'il en est ainsi et, si la chose s'affirme vraie, de faire rendre sans retard ces terres aux moines de telle sorte qu'à l'avenir je n'entende plus de plaintes pour défaut de droit et de justice ; je ne veux pas souffrir qu'ils perdent injustement quoi que ce soit qui leur appartienne. Salut. » Une autre fois, c'est l'abbé d'Abington qui se plaint que ses vassaux n'accomplissent pas les services qu'ils lui doivent. Ces derniers reçoivent un lettre sans appel d'Aliénor : « Aux chevaliers et aux hommes qui tiennent des terres et tenures de l'abbaye d'Abington, salut. J'ordonne qu'en toute justice et sans délai vous rendiez à Vauquelin, abbé d'Abington, les services que vos ancêtres lui ont rendus au temps de nos ancêtres, du roi Henri, grand-père du sire roi ; et si vous ne le faites, la justice du roi et la mienne vous le feront faire. » Sur le document est précisé : « par acte du roi d'au-delà de la mer. »

Ces lettres sont rédigées par le chancelier personnel de la reine, un certain Mathieu, très probablement un ancien précepteur d'Henri. Elles nous enseignent que le roi et la reine se complètent mais qu'une hiérarchie — somme toute logique pour l'époque — s'est installée entre eux. Aliénor est probablement très à l'aise dans cette situation qui s'inscrit dans le cadre de l'éducation qu'elle a reçue. Elle n'a sans doute jamais imaginé qu'il pouvait en être autrement. Ce qui est remarquable n'est pas qu'Henri ait « pris le pas sur sa femme » mais que cette dernière ait conservé autant d'autonomie et un rôle si important. J'irai même jusqu'à penser qu'Aliénor, après l'expérience malheureuse de son mariage avec Louis VII alors que le Capétien l'avait, dans les dernières années, éloignée de l'exercice du pouvoir, devait se sentir parfaitement heureuse et épanouie du partage des tâches et des fonctions qui lui sont attribuées dans ce « tandem » avec Henri. Aliénor aime le pouvoir autant que son mari. Le jeune monarque a sans doute compris que l'expérience de sa femme lui était précieuse mais surtout qu'elle serait beaucoup plus utile à la réalisation de ses ambitions en exerçant ce pouvoir qu'elle affectionne, plutôt qu'en étant réduite au rôle de « génitrice » pour assurer l'avenir de la dynastie, ce qui n'aurait pas manqué de la frustrer.

La première tâche du couple est donc de restaurer le pouvoir royal. Ils vont s'y atteler immédiatement après le couronnement. Bien qu'elle soit enceinte, et même en fin de grossesse, Aliénor n'est pas inactive. Les comptes royaux nous renseignent sur leurs rôles respectifs. Henri va se mettre à parcourir le pays en tous sens. Aliénor se charge de restaurer la pompe royale. Parmi ses tout premiers achats, on trouve des nappes, des tentures, des coussins ainsi que des bassins de cuivre qui servaient entre autres à se laver les mains au cours des banquets. Elle fait également acheter de l'or pour faire dorer sa vaisselle. Selon toute probabilité, Aliénor se livre à ces activités domestiques tranquillement installée à Bermondsey, attendant sa « délivrance », pour employer un terme dont l'usage est apparu quelques années à peine avant la naissance d'Aliénor. Le 28 février 1155, la reine d'Angleterre donne naissance à un second fils que l'on baptise du même prénom que son père, Henri, et qui en conséquence sera pour l'histoire Henri le Jeune. L'enfant est baptisé à l'abbaye de Westminster par l'archevêque de Canterbury, celui-là même qui avait sacré Henri et Aliénor. Le choix n'est pas innocent. C'est d'un enfant royal qu'il s'agit, peut-être d'un héritier car on dit que l'aîné, Guillaume, est de santé fragile ; le lieu et l'officiant du baptême marquent la solennité et l'importance du moment ainsi que le montre la foule nombreuse venue acclamer les souverains et leurs enfants.

Dans ces premiers mois de 1155, le château de Westminster est réhabilité. Le couple royal n'avait pu s'y installer en décembre 1154 en raison de l'état de délabrement dans lequel se trouvait le bâtiment qui n'était plus entretenu depuis plusieurs années. Étienne de Blois n'aimait ni Londres ni Westminster dont il s'était totalement désintéressé. La restauration du palais est menée de main de maître par le nouveau chancelier Thomas Becket. De même, Thomas fait restaurer la Tour de Londres, siège de la monarchie, qui menaçait ruine : « Le travail fut conduit avec une telle vigueur, nous dit Guillaume Fils Étienne, qu'on l'acheva durant le petit nombre de semaines qui séparent Pâques de la Pentecôte. Il y avait tant de charpentiers et d'ouvriers de toute sorte, et il régnait parmi eux tant d'animation et de bruit qu'il eût été impossible de se faire entendre... Jamais Londres n'avait eu le spectacle d'une telle activité. » Le nouveau chancelier tient à montrer son zèle et son efficacité et il faut reconnaître qu'il réussit parfaitement. Thomas Becket a compris les intentions des souverains et l'importance symbolique que revêt la restauration des édifices liés à la monarchie pour manifester de manière forte le « retour » du pouvoir royal dans la ville.

Henri de son côté s'emploie à reprendre en main le pays. Il y consacre toute son énergie. Henri a conservé auprès de lui des membres de l'entourage du roi Étienne. Celui-ci n'avait jamais été un grand adminis-

trateur. Il se souciait peu des affaires courantes, délé-
guait à ses commis et ne les contrôlait pas ou peu.
Inutile de préciser qu'ils en profitaient et que la vie
auprès du précédent roi se déroulait assez calmement,
encore plus calmement pendant les dernières années de
son règne.

À l'arrivée de leur nouveau souverain, ils comprennent vite que les choses vont changer du tout au tout.
Pierre de Blois, qui fut au service d'Henri pendant
plusieurs années, nous a laissé une description pleine
d'humour et très édifiante sur la manière dont le Plantagenêt pratiquait l'exercice du pouvoir : « Si le prince a
dit qu'on partirait de bon matin pour telle ville, on peut
être sûr que ce jour-là il dormira jusqu'à midi. S'il fait
publier partout qu'il a l'intention de résider plusieurs
jours à Oxford ou ailleurs, il se mettra en chemin dès
l'aube. » S'ensuit une description pleine de verve des
hommes assoupis un peu partout dans la cour du château, au milieu des chevaux harnachés et des chariots
chargés, attendant l'apparition du roi qui déclenchait
immédiatement une agitation brouillonne, les garçons
d'écurie courant dans tous les sens, les chevaux piaffant... Pierre de Blois raconte comment, d'autres jours,
le souverain ayant décidé de se lever à l'aurore, il fallait
réveiller tout le monde en hâte, domestiques, palefreniers, chevaliers, clercs, étriller rapidement les chevaux,
charger tant bien que mal les chariots, les atteler, le tout
dans une cohue indescriptible. « Je crois réellement
qu'il prenait plaisir à voir l'embarras dans lequel il nous
mettait. Après avoir erré durant trois ou quatre miles
dans un bois inexploré, et souvent en pleine nuit, nous
nous estimions heureux si, par hasard, nous trouvions
une vilaine petite cabane. Il y avait souvent d'opiniâtres
et amères querelles à propos d'une cahute, et l'on tirait
des épées pour obtenir un logement que les cochons
eux-mêmes n'auraient pas jugé digne d'une dispute... »
Ne nous y trompons pas, comme le remarque Pierre

Aubé, une « intention politique profonde » [1] se cache derrière cette manière de vivre. Pierre de Blois à l'époque l'avait parfaitement compris : « Tandis que les autres rois se reposent dans leurs palais, il peut surprendre et déconcerter ses ennemis et tout inspecter. » Et pas seulement ses ennemis, on s'en doute. « Il inspecte tout le monde et juge spécialement ceux qu'il a institués pour juger les autres... » Bonne méthode pour maintenir tous les relais d'administration du pouvoir dans un état de veille permanent.

Inspecter et surprendre : avec ces deux mots, la méthode de gouvernement d'Henri II est résumée. Le roi a su mettre au point son propre style d'exercice du pouvoir, totalement en accord avec sa personnalité. Ce qui, chez d'autres, aurait pu apparaître comme une instabilité chronique, voire même pathologique, chez lui devient un style de vie en harmonie avec ses fonctions. C'est à cette époque qu'il adopte de manière quasi permanente une tenue composée d'un chaperon drapé, de bottes longues, et surtout d'un manteau court pratique pour les longues chevauchées qu'il affectionne. Ce manteau lui vaudra le surnom de « Henri Court Mantel » qui ne tardera pas à se répandre dans le pays. Enfin, ce qui pour l'époque passe pour une marque d'originalité, le roi ne porte jamais de gants sauf pour la chasse au faucon.

Le roi et la reine avaient réuni une vaste assemblée, fin décembre 1154, afin de connaître de manière précise l'état du pays. Ce qu'ils avaient appris n'était pas réjouissant. L'Angleterre se trouvait dans un état d'anarchie complète et de nombreux problèmes étaient à résoudre. Tout se présentait pêle-mêle : restaurer les relais de l'autorité royale dans les comtés en nommant de nouveaux *sheriffs* et de nouveaux justiciers ; restau-

1. *Op. cit.*, page 83.

rer la collecte de l'impôt car depuis des années l'argent ne rentrait plus et les caisses de l'État étaient vides ; se débarrasser des milliers de mercenaires flamands appelés dans le pays par Étienne de Blois qui, d'une part avaient obtenu de celui-ci de nombreuses possessions territoriales prises sur le domaine royal, et d'autre part ruinaient les campagnes ; rétablir la sécurité aussi bien dans les villes que dans les campagnes ; mettre au pas les barons qui avaient profité de la guerre civile pour faire construire nombre de châteaux dits « adultérins », spolier bon nombre de familles et installer des zones de pouvoir personnel, totalement indépendantes du pouvoir royal, et où certains entretenaient de petites armées... La tâche est particulièrement rude et le résultat s'obtiendra sans doute au prix d'une répression implacable. C'est la seule manière d'agir possible ; Henri et Aliénor en sont tout à fait conscients. Apparemment le travail est herculéen, pourtant ils vont réussir en à peine une année, sans verser de sang ou presque.

Un premier problème, celui des mercenaires flamands, se résout de lui-même. La réputation de fermeté et de détermination du nouveau roi joue son rôle. Les Flamands n'ont plus rien à faire en Angleterre. Leur métier est la guerre et le pays entre dans une période de paix. Ils savent qu'ils ne bénéficient d'aucun soutien dans la population et que, s'ils s'obstinent à rester, cela pourrait se terminer en massacre dont, pour une fois, ils risqueraient d'être les victimes. Aussi préfèrent-ils quitter le pays rapidement avec armes et bagages. Habilement, Henri propose à leur chef, Guillaume d'Ypres, un vieil homme aveugle, de conserver jusqu'à sa mort les revenus des domaines très importants que le roi Étienne lui avait concédés dans le comté de Kent. Ensuite, ces territoires reviendraient à la couronne. Le vieil homme préférera quitter l'Angleterre avec ses hommes et on raconte qu'en embarquant, il avait les larmes aux yeux.

Autre souci et celui-là des plus importants, faire rentrer à nouveau l'argent dans les caisses royales. Pour cela il fallait entièrement réorganiser, ou plus exactement rétablir, l'administration. Du temps du grand-père du Plantagenêt, Henri Ier, le royaume était un modèle d'organisation administrative hérité de Guillaume le Conquérant. Les Normands, administrateurs-nés, avaient appliqué à l'Angleterre le système de gestion des domaines qu'ils avaient installé en Normandie et qui avait fait leur fortune. Peu de temps avant sa mort en 1187, Guillaume le Conquérant avait commandé une grande enquête sur l'état de l'Angleterre qui est encore aujourd'hui l'exemple historique le plus connu illustrant le mode de gouvernement des Normands. Cette enquête est le fameux *Domesday Book,* établi en 1088, qui décrit les fiefs, les villages et les manoirs (seigneuries) anglais avec le nombre d'habitants — chevaliers et paysans —, les moyens d'exploitation, la répartition entre forêts et terres cultivables, etc. L'administration anglo-normande était beaucoup plus précise et efficace que celle des rois capétiens durant la même période ou celle des grandes principautés continentales, comme l'Aquitaine d'Aliénor. Après vingt ans de guerre civile et de pouvoir royal faible, il ne semblait plus rester grand-chose de la remarquable machine administrative normande. C'était compter sans l'imprégnation que le règne du Conquérant et de ses descendants avait eue sur la société anglaise. Les nouveaux souverains ont-ils senti qu'il suffisait d'une étincelle pour que la machine endormie se remette à fonctionner ? Peut-être. En tout cas la rapidité avec laquelle la société fut redressée semble l'indiquer.

Le nerf du système anglo-normand est le corps des *sheriffs* ; ils sont appelés ainsi en Angleterre et « vicomtes » en Normandie. Les *sheriffs* reçoivent à ferme les seigneuries du roi, les forêts ou les fiefs sans seigneur. Ce sont eux qui représentent le roi dans les comtés. Nommés directement par le souverain, ils disposent de pouvoirs très étendus, tant administratifs que judiciaires et financiers. Ils sont garants de la paix sociale et pour cela détiennent à la fois les pouvoirs de police — ils arrêtent des criminels relevant de la justice royale, c'est-à-dire non ecclésiastique, avec l'aide de sergents et de quelques informateurs — et de justice — au cours de sessions ordinaires de la cour du comté, ils jugent les crimes et délits relevant de la justice royale comme le vol ou les coups et blessures. Leur autre fonction très importante est la collecte pour le trésor royal des taxes ordinaires — essentiellement sur le commerce et les transactions — et extraordinaires, par exemple lorsqu'il s'agit de financer une campagne militaire. Les *sheriffs* sont régulièrement inspectés et rendent compte de leur gestion. En cas de malversation ou de corruption, ils doivent payer une amende du double des sommes qu'ils ont illicitement récoltées.

Comme si l'Angleterre n'attendait qu'une impulsion pour se remettre en marche, le produit de l'impôt se met rapidement à retrouver le chemin des caisses de la couronne. La reddition des comptes donnait lieu à la tenue de la fameuse « séance de l'Échiquier » qui avait lieu deux fois par an, à Pâques et à la Saint-Michel, soit à Londres, soit à Winchester où était entreposé le trésor royal. Le nom de cette séance provenait de la nappe à damier faisant penser à un échiquier qui recouvrait une grande table placée au centre de la salle où se déroulait la séance. Une foule de petits fonctionnaires se présentaient pour rendre des comptes devant un aréopage de barons, hauts fonctionnaires et prélats qui constituait une sorte de « tribunal administratif ». Nous connaissons en détail le déroulement des séances par le récit qu'en a fait Richard Fils-Néel, évêque de Londres et trésorier d'Henri II, dans son célèbre *Dialogus de Scaccario* — Le Dialogue de l'Échiquier — que la plupart des historiens considèrent comme le premier manuel administratif connu en Occident. « Sous leurs yeux, le trésorier et son clerc, aidés de deux chambellans et de deux chevaliers, cochaient sur des tailles de bois les sommes reçues et disposaient les jetons sur la table qui jouait le rôle d'une machine à calculer : un même jeton, suivant la place qu'il occupait, signifiait un denier ou, à l'autre extrémité des sept colonnes entre lesquelles la table était partagée, dix mille livres. On vérifiait ainsi les comptes rendus par les *sheriffs* et, une fois le contrôle achevé par les grands officiers du royaume — chancelier, justiciers, connétable et maréchal —, l'argent était disposé dans des coffres tandis qu'une armée de clercs s'occupait à transcrire sur des rouleaux de parchemin les relevés des comptes ainsi opérés... » Ces rouleaux étaient les fameux *Pipe's Rolls* — les Rôles de la pipe — qui se présentaient sous forme de longs vélins cousus bout à bout. Le Public Records Office de Londres conserve encore de nos jours la collection presque complète de ces *Rolls* pour le règne d'Henri II ; une des sources de documentation les plus anciennes, les plus riches et les plus complètes dont les historiens disposent sur cette époque. Comme le remarque Martin Aurell [1], le *Dialogue de l'Échiquier* « fait la démonstration de ce que devraient être les bonnes orientations financières du royaume : "L'argent semble aussi nécessaire en temps de guerre que de paix. D'une part, il est versé pour renforcer les enceintes des villages ou pour payer les soldes et autres gages en fonction de la qualité des personnes ; le tout pour conserver le bon état du royaume. D'autre part, alors que se tait le bruit des armes, des églises sont construites par les princes pieux, le Christ est dans la

---

1. *Op. cit.*, page 39.

personne du pauvre et Mammon est distribué par la pratique des autres œuvres de miséricorde." Ce programme donne la priorité à la défense militaire par la construction castrale et par la rémunération des guerriers ; il encourage le patronage des églises, l'assistance et la charité. Héritier de la vieille tradition augustinienne, il présente le roi menant une guerre juste et défensive, favorisant le culte chrétien et soulageant la misère de ses sujets. » Mais M. Aurell précise également que la modernité du système administratif des Plantagenêt n'est vraie que pour l'héritage anglo-normand, c'est-à-dire l'Angleterre et le duché de Normandie. Cette modernité « contraste avec le caractère embryonnaire de l'administration en Anjou ou en Aquitaine, où quelques prévôts exploitent les seigneuries du comte et tentent d'imposer, tant bien que mal, sa justice autour d'elles ».

Le principal problème que les nouveaux souverains anglais ont à affronter au cours de l'année 1155 reste, malgré tout, la mise au pas des barons et de leurs habitudes d'indépendance. Henri est un roi centralisateur dans la tradition des souverains anglo-normands. Mais il pousse les choses plus loin que ses prédécesseurs. Il a une conception très personnelle et autocratique du pouvoir qui, par ailleurs, ne fera que se radicaliser tout au long de sa vie. Dans ce domaine, il est tout à fait à contre-courant de l'évolution politique de son époque marquée par une tendance au développement de principautés dont les seigneurs manifestent une nette volonté d'émancipation vis-à-vis du pouvoir royal. C'est très précisément le cas en France où Louis VII et son fils, Philippe Auguste, auront à lutter contre ces velléités indépendantistes. Pour Henri, il n'est pas question de laisser les barons n'en faire qu'à leur tête. Maintenir une certaine liberté, lâcher la bride, oui !... mais tenir la laisse. Sa « profession de foi » lors du couronnement était claire : retour à l'administration ferme et centralisée de son grand-père. Et il a l'intention de l'obtenir par tous les moyens.

Le rappel de la filiation d'Henri II à Henri Beauclerc est d'une importance capitale. Lors du traité de Westminster qui faisait du Plantagenêt l'héritier d'Étienne de Blois, un an et demi auparavant, Henri avait été obligé de faire une concession très importante aux barons : l'hérédité des fiefs au profit des familles aristocratiques. Ce qui avait fragilisé d'autant le pouvoir royal car jusque-là, du moins jusqu'à Henri Beauclerc, les barons détenaient leurs terres du roi qui les leur « concédait » mais pouvait les récupérer à tout moment si le vassal montrait des signes de faiblesse dans sa fidélité. Les choses avaient changé du temps d'Étienne, et Henri, pour consolider son accession au trône, avait dû accepter cette concession de taille dont la contrepartie était la reconnaissance par les barons de l'hérédité du pouvoir royal... donnant-donnant ! D'où l'importance de la mention « Henri, mon aïeul » dans la charte du couronnement, d'autant qu'en même temps le roi avait dû confirmer, comme c'était l'usage, les termes du traité de Westminster.

Dès les premières semaines de l'année 1155, il est assez clair qu'une fronde est en train de s'organiser parmi les barons. Tout le monde s'apprête à en découdre. Pour venir à bout de cette aristocratie vindicative, Henri choisit d'agir simultanément de trois manières : le symbole, l'alliance et la fermeté.

Les Plantagenêt ont le sens du symbole. Ils vont donc l'utiliser à nouveau pour marquer le caractère désormais héréditaire de la monarchie anglo-normande. Le 10 avril, quelques jours après les fêtes de Pâques, le roi et la reine convoquent tous les évêques et les barons d'Angleterre au château de Wallongford, dans le Berkshire. Le choix du lieu est en lui-même un symbole. La cité est restée fidèle aux Plantagenêt durant toute la guerre civile. Bien que le roi Étienne ait plusieurs fois tenté de s'en emparer, elle a toujours résisté. À Wallongford, les plus grands personnages du royaume prêtent serment à l'héritier du trône, le petit Guillaume, et à son frère Henri âgé de quelques semaines. Ce serment aux deux enfants semble montrer que l'on n'avait pas grande confiance en la santé de Guillaume et qu'on « prenait des précautions » pour assurer la fidélité à la dynastie et non à un individu seul ; en l'occurrence un enfant. De fait, Guillaume mourra l'année suivante.

Parallèlement, Henri noue des alliances. Il a besoin du soutien de membres de l'aristocratie. Nous avons vu son choix très politique de Richard de Lucé comme justicier. Dès l'année 1154, Henri II gratifie de terres et de prébendes tous ses partisans, dont ledit Richard. Le roi est contraint pour cela de se défausser d'une partie de ses possessions propres. Nous en trouvons trace dans la section *Terra data* des *Pipe's Rolls*. Martin Aurell [1] précise que les distributions foncières « portent principalement sur des propriétés de la vallée de la Tamise ou du Wessex central, régions d'une fidélité inébranlable à Henri II, où la densité du patrimoine foncier du roi est remarquable. Richard de Lucé, Ranulf de Glanvillle ou encore les chambellans Garin et Henri Fitz Gerald se taillent ainsi des seigneuries imposantes. Mais le nombre de ces inféodations n'atteindra plus jamais les niveaux de l'année 1154. Au fur et à mesure qu'il renforce son pouvoir, le nouveau roi réduit en effet ces cadeaux qui nuisent à l'intégrité de ses possessions. Il préfère consolider et agrandir le domaine royal plutôt que d'en céder des pans à ses courtisans et guerriers... » Le calcul n'est jamais très loin, chez le Plantagenêt. Il sait lâcher du lest quand il faut, mais il est toujours prêt à reprendre ce qu'il a donné comme ce fut le cas,

1. *Op. cit.*, page 66.

par exemple, pour les terres de Guillaume d'Ypres dans le Kent.

Dans la tradition de l'administration à la normande, Henri décide de « fixer » légalement les titres de propriété, en particulier sur la terre. C'est une manière de sortir du chaos de la guerre civile, de mesurer l'étendue des pertes de la couronne dues aux largesses d'Étienne, et d'éviter que des querelles durent des dizaines d'années à propos de la possession de telle ou telle terre par telle ou telle famille. Une procédure, basée sur le témoignage direct, permettant à chacun de faire valider de manière équitable et définitive sa propriété sur un bien, est mise sur pied. Pour établir cette propriété, quatre chevaliers du comté en désignent, sous le contrôle du *sheriff*, douze qui garantissent par serment qu'une terre appartenait bien à la personne « demanderesse ». Si les douze chevaliers sont unanimes, l'affaire est close et enregistrée. Sinon, une nouvelle commission nommée de la même manière prend l'affaire en main jusqu'à ce qu'un accord se fasse qui reconnaisse officiellement la propriété du bien en question. La méthode est simple et efficace ; un compromis habile entre tradition et droit. Orchestrée par Thomas Becket, cette campagne de légalisation de la propriété terrienne permet de faire redémarrer l'administration de la terre anglaise sur des bases nouvelles, saines et claires. Cela permet aussi — et peut-être est-ce là l'essentiel pour le roi — de définir exactement qui doit quoi en matière d'impôt, et de faire rentrer l'argent sans contestation. L'argent sera pour Henri, peut-être plus que pour tout autre souverain de son temps, l'élément fondamental de son pouvoir, alors que Louis VII, pour ne citer que lui, appuiera le sien sur la force du symbole moral que lui confère l'onction royale. L'argent est au centre du pouvoir Plantagenêt et les territoires anglo-normands — duché de Normandie et Angleterre — seront les principales sources d'approvisionnement financier grâce au système hérité de l'organisation mise en place par le Conquérant et ses fils et qu'Henri rétablit et affine. Les premiers mois de règne des Plantagenêt sont, sur ce point, déterminants et auront une influence certaine sur le développement ultérieur de leur politique.

Malgré la cérémonie de Wallongford où une grande partie de l'aristocratie anglaise avait prêté serment aux deux jeunes héritiers du trône, personne n'est dupe : le feu couve sous la braise. Les rumeurs de fronde sont tout à fait fondées. Les barons, du moins les plus puissants, ne vont pas laisser rogner leur indépendance. La menace de soulèvement est réelle. Au premier rang des « rebelles » on trouve même des familles qui ont toujours été des soutiens solides et fidèles des Plantagenêt dans leur lutte contre Étienne de Blois, comme les Gloucester. Les terres et les places fortes de Milon de Gloucester et de son fils Roger, comte de Hereford, se situaient entre les Midlands et le pays de Galles depuis toujours hostile à la monarchie anglo-normande. Il s'agit donc de positions stratégiques cruciales pour Henri. Roger de Hereford entre en rébellion ouverte quand le roi décide de réduire les contingents de soldats entretenus par les barons. Le ton monte encore quand le roi menace, dans la mesure où il serait obligé de faire respecter ses décisions par la force, de confisquer les places fortes de Gloucester et Hereford. À ce moment, un autre grand féodal entre dans la danse : Hugues de Mortemer, voisin de Hereford, qui commence à fortifier ses châteaux. Troisième, et non le moindre, des barons à entrer en rébellion, Guillaume d'Aumale, comte de Yorkshire. Ses terres sont proches de l'Écosse dont le roi, Malcolm IV — monté sur le trône en 1153, un an avant Henri —, pourtant apparenté au Plantagenêt par la grand-mère d'Henri, peut à tout moment s'avérer une menace.

Henri doit agir, et vite, sur trois fronts différents. Il

choisit de s'occuper d'abord de Guillaume d'Aumale au nord. C'est très subtilement vu car le comte de Yorkshire est, en quelque sorte, le maillon faible du trio de tête des rebelles. Si, à l'ouest, l'opposition des Gallois est avérée, au nord, celle des Écossais n'est pas certaine. Le père de Malcolm, David, avait soutenu Mathilde lors de la succession d'Henri Ier Beauclerc et les deux cousins, Henri et Malcolm, pourraient parfaitement s'entendre ; dans ce cas, les terres de Guillaume d'Aumale seraient prises en tenaille entre deux armées puissantes.

Le Plantagenêt quitte Oxford avec son armée, passe rapidement par Northampton pour assurer ses arrières en nommant un de ses partisans, le comte de Norfolk Hugues Bigot, sénéchal du royaume, et marche vers York où il rencontre Guillaume d'Aumale. Avant d'en venir aux armes, on discute. Henri est sans doute particulièrement convaincant. Guillaume comprend que sa position est plus fragile qu'il ne le pensait, que les temps ont changé et qu'il va désormais falloir compter avec ce jeune roi qui, décidément, est à la hauteur de sa réputation. Le comte de Yorkshire rengaine et s'incline. Pour gage de sa bonne foi, il abandonne la forteresse qu'il avait fait construire au sommet du rocher de Scarborough et dont on peut encore aujourd'hui voir les ruines.

Tranquillisé au nord, Henri II, au printemps 1155, se porte à l'ouest, vers les Gloucester. L'exemple de Guillaume d'Aumale est peut-être contagieux car de ce côté-là aussi on réfléchit et on hésite. L'évêque de Hereford, Gilbert Foliot, cousin de Roger de Hereford, s'entremet. On négocie. On s'entend et le comte Roger remet au Plantagenêt les places fortes qu'il demandait. Le roi gagne la deuxième manche également sans faire parler les bombardes. Pour la troisième, ce sera moins simple. Il fallait bien qu'il y en ait un qui s'entête ; ce sera Hugues de Mortemer. Henri attaque avec la rapidité et la violence qui caractérisent sa conception de l'action militaire. Il met le siège à la forteresse de Cleobury qui tombe en juillet. Hugues comprend qu'il ne sert à rien de s'obstiner, le roi est le plus fort. Il se soumet et rend au souverain deux châteaux : Bridgenorth et Wigmore.

L'été n'est pas terminé et le jeune roi Henri peut considérer que son royaume est pacifié. À la suite des trois grands barons rentrés dans le rang, c'est toute l'aristocratie anglo-normande, ban et arrière-ban, qui se soumet. On détruit quelques centaines de châteaux dits « adultérins », c'est-à-dire bâtis sans l'autorisation du souverain, les milices féodales sont dissoutes, l'autorité des *sheriffs* n'est plus contestée. Sans pour autant minimiser les talents de négociateur d'Henri ni même sa détermination, l'élément « normand » a joué un rôle important dans la rapidité avec laquelle le pouvoir Plantagenêt s'est installé. Jacques Boussard le remarque : « Si Henri fut facilement accepté comme roi par les barons malgré leur mécontentement de voir remises en question les faveurs d'Étienne, ce fut surtout parce que le pouvoir était fermement établi en Normandie. Or tous les barons anglais avaient dans cette province des terres auxquelles ils tenaient beaucoup. Certains d'entre eux, qui avaient pris le parti d'Étienne, avaient été dépossédés en Normandie, au moment de la victoire de Geoffroy Plantagenêt. D'autres, après cette victoire, avaient perdu l'espoir de recouvrer leurs fiefs normands et avaient traité avec le vainqueur, grossissant ainsi le nombre de ses partisans en Angleterre. Une révolte des barons anglais contre Henri II aurait certes pu lui coûter le trône ; mais elle aurait signifié, pour les barons, la perte définitive de leur héritage normand [1]. »

1. Jacques Boussard, *Le Gouvernement de Henri II Plantagenêt*, Paris, Librairie d'Argences, 1956.

Aliénor et son époux peuvent se féliciter de la politique menée par le père d'Henri qui, en s'emparant de la Normandie, a posé une des toutes premières pierres à l'édifice que sera l'empire Plantagenêt ; ils peuvent aussi se féliciter de la fermeté de Mathilde qui tient le duché avec poigne depuis vingt ans.

Enfin pour mettre en quelque sorte un point d'orgue à cet été de reconquête, faire bonne mesure, et bien montrer qu'il ne craint plus grand-chose, Henri lance une opération contre les Gallois en guise d'avertissement. Rapide et violente, l'opération est un succès ; sur les frontières de l'ouest, les choses s'arrangent également.

À l'automne 1155, le roi rejoint sa femme à Winchester. Ils passeront ensemble la fin de l'année, sans doute avec le sentiment d'avoir tenu les engagements qu'ils s'étaient fixés alors qu'ensemble ils réfléchissaient à la manière dont il leur faudrait agir après la mort d'Étienne. Une ère nouvelle de prospérité s'ouvre pour eux.

Le pays se remet à vivre, et sans doute la rapidité du changement est-elle le signe des aspirations profondes de la population à sortir au plus vite de la période chaotique de la royauté blésoise. Le pays se réveille d'un cauchemar, c'est du moins l'impression qu'en donne Guillaume Fils Étienne : « Dans toute l'Angleterre, c'était comme un nouveau printemps [...]. Le roi réussissait dans toutes ses entreprises. Le royaume s'enrichissait comme par magie : les collines étaient cultivées, les vallées se couvraient de blé, les troupeaux abondaient au bercail et dans les pâturages. » Enfin l'Angleterre va pouvoir redevenir ce pays à la terre généreuse où il faisait si bon vivre, comme le décrivait Geoffroy de Monmouth : « Sa richesse inépuisable subvient à tous les besoins de l'homme. Et de fait, elle est riche en minéraux de toutes espèces. De vastes

champs la recouvrent, des coteaux également, très pro-
pices à une culture intensive. [...] On trouve également
en Angleterre des forêts où abondent toutes sortes de
gibier et où l'herbe des clairières nourrit les animaux
tandis que des fleurs de toutes couleurs offrent leur
nectar aux abeilles tourbillonnantes. Il y a également
au pied des hautes montagnes des prairies verdoyantes,
endroits charmants où des sources limpides s'écoulent
en un doux murmure dans des ruisseaux d'argent et
assurent un doux repos à qui vient s'allonger sur leurs
rives. Cette terre est irriguée par des lacs et des rivières
poissonneuses, et hormis le bras de mer qui, au sud du
pays, permet de naviguer vers la France, on trouve trois
grands fleuves... Et c'est par ces voies d'eau que des marchandises d'outre-mer en provenance de tous les pays
peuvent être acheminées. » On trouve cette description
idyllique dans l'*Historia Regum Britanniae* dont les historiens s'accordent à estimer la rédaction vers 1136,
soit quelques mois après la mort d'Henri Beauclerc et
au moment où commence la guerre civile. L'auteur a
figé une image de l'Angleterre qui va disparaître pour
de longues années et c'est cette Angleterre-là, inscrite
dans leurs mémoires, que les Anglais attendent de voir
revenir sous le règne d'Henri et Aliénor.

9

Thomas Becket

On peut être étonné qu'il n'existe aucune biographie en France consacrée à Henri II Plantagenêt. L'homme a mauvaise presse, il fut pourtant un personnage essentiel de l'histoire médiévale, une remarquable intelligence politique et un homme très en avance sur son temps, ce qui devrait séduire les historiens contemporains. Quant à Aliénor, si depuis la magistrale biographie de Régine Pernoud elle connaît une certaine fortune livresque, elle reste dans l'imaginaire de beaucoup l'incarnation de Mélusine, une sorte de sorcière folle de son corps et gouvernée par ses affects. Aliénor, la femme par qui le scandale arrive, et Henri, le despote égocentrique et mégalomaniaque... Il suffit pourtant de regarder les hommes qui les entourent pour s'interroger sur le bien-fondé de leur réputation dans l'histoire.

Nous avons vu l'entourage d'Aliénor et la manière dont Henri avait su s'attacher des barons qui avaient servi la couronne du temps de son prédécesseur et ennemi. Nous verrons plus loin apparaître un personnage remarquable dont l'histoire a conservé la trace : Guillaume le Maréchal. De tous les membres de l'entourage du couple royal, le plus célèbre, le plus emblématique et aussi celui dont la destinée sera la plus tragique est Thomas Becket. Une des particularités de

Thomas est la place « affective » qu'il va occuper dans la vie d'Henri, et par conséquent dans celle de la reine.

La rencontre entre Henri et Thomas s'est très probablement faite à Bermondsey en décembre 1154. Thomas est alors archidiacre de Canterbury. Il a une dizaine d'années de plus qu'Henri. C'est un homme remarqué dans les hautes sphères de l'Église anglaise et du pouvoir royal. Il est ce que l'on pourrait appeler un pur produit de la cléricature, repéré très jeune et que l'Église s'est chargée d'éduquer. Autrement dit, il y a de l'« énarque » chez cet homme brillant, séduisant et redoutablement efficace.

« Tout est romanesque dans l'histoire de Thomas Becket. Gilbert Becket, bourgeois de Londres, va en Terre sainte au commencement du siècle ; il y devient esclave d'un musulman, dont la fille le délivre par amour. Il revient, et la jeune fille, qui ne peut vivre sans lui, trouve le moyen de le rejoindre, du Jourdain à la Tamise, avec les deux seuls mots chrétiens qu'elle sait : *Londres* et *Gilbert*. Elle se convertit et met au monde Thomas. L'enfant, protégé par un riche baron, devient habile dans les exercices du corps et de l'esprit, est ordonné diacre dans l'église de Cantorbéry, et se fait remarquer du fils de Mathilde, qui le prend en vive affection. Précepteur du fils aîné du roi, puis chancelier, il brille au premier rang et déploie un faste et un goût par lesquels il éclipse les plus magnifiques seigneurs... » C'est ainsi que l'historien Victor Duruy dépeint Thomas Becket dans son *Histoire du Moyen Âge* [1].

Bien évidemment, la légende sur les origines de Thomas est fausse. On mesure par ce type d'extrait l'évolu-

1. Source Gallica, Bibliothèque numérique de la Bibliothèque nationale de France. Victor Duruy, *Histoire du Moyen Âge depuis la chute de l'Empire d'Occident jusqu'au milieu du XVe siècle*, 13e édition, Paris, Hachette, 1890.

tion de l'étude de l'histoire depuis la fin du XIXe siècle mais aussi la force des légendes qui se créent autour de personnages de la dimension de Becket. Un homme aussi exceptionnel ne semblait pas pouvoir être issu d'une origine modeste ou alors il fallait que s'y rattache un événement qui soit de l'ordre du merveilleux. Cela montre assez l'attirance que l'Orient exerçait sur les mentalités de l'époque. La canonisation de Thomas, quelques années à peine après son assassinat, allait engendrer toute une littérature plus ou moins imaginaire, du moins chargée de symboles, autour de sa vie. Ainsi, par exemple, raconte-t-on que sa mère, alors qu'elle était enceinte de lui, fit le rêve qu'elle portait dans son ventre la cathédrale de Canterbury ! Ce genre d'anecdote est tout à fait dans l'esprit médiéval, époque où l'on cherche des signes divins un peu partout et où la présence du religieux accompagne chaque instant de la vie. De nombreux chroniqueurs ayant connu Thomas ont raconté sa vie. Un des plus célèbres et des plus proches est Jean de Salisbury, mais on peut également citer Guillaume Fils Stephen, Herbert de Bosham ou Roger de Pontigny. De sorte que, malgré l'habillage de merveilleux dont je viens de donner un aperçu, la vie de Thomas Becket nous est connue d'une manière relativement précise [1].

Le futur chancelier est né à Londres, dans la maison que ses parents habitaient dans le quartier de Cheapside, le 21 décembre 1118. Son père s'appelait

---

1. Dans les trente années qui suivent la mort de Thomas Becket, une quinzaine de récits biographiques — hagiographiques pour la plupart — sont rédigés notamment par des proches de Thomas, dont certains ont été ses compagnons d'exil, comme Jean de Salisbury qui a assisté à son assassinat et écrit dans les deux semaines qui suivent la mort de l'archevêque. Si l'on ajoute à ces récits les nombreux chroniqueurs qui ont raconté leur époque, laquelle a été en grande partie marquée par « l'affaire Thomas Becket », on comprend que nous ayons des éléments précis sur la personnalité des protagonistes et les enjeux en présence.

Gilbert et sa mère Mathilde. On le baptisa immédiatement en lui donnant le nom du saint du jour. Le petit
Thomas naît dans une famille de bourgeois très aisés,
voire même riches. Son père est originaire de Rouen. Il
s'est installé à Londres au début du siècle, attiré par
l'intense activité commerciale qui se développait dans
la ville et aussi pour fuir une Normandie en proie aux
querelles de succession qui avaient suivi la mort de
Guillaume le Conquérant. Gilbert Becket avait le sens
du négoce, il fit fortune tout en acquérant une réputation d'honnêteté et de probité. Cette réputation lui permit de se faire élire *sheriff* de la ville de Londres — une
des particularités de la capitale puisque dans le reste du
pays les *sheriffs* étaient nommés par le roi —, position
importante, sans grands pouvoirs, sauf celui de « surveiller » le roi lorsqu'il exerçait son droit de priorité sur
les marchandises débarquées dans le port. Selon toute
probabilité, Gilbert Becket faisait partie des bourgeois
que l'Emperesse Mathilde avait voulu pressurer d'impôts, contre qui elle s'était emportée et qui l'avaient
contrainte à s'enfuir de la ville.

Élevé par sa mère dans le culte des saints et particulièrement celui de la Sainte Vierge, Thomas reçoit
une éducation complète et intelligente. Fils de riches,
on lui enseigne le sens de la pauvreté et du don ; cela en
fit un homme généreux mais qui savait ne pas dilapider
l'argent gagné et avait des goûts très simples pour lui-
même. En revanche il savait user de la munificence
comme mode de communication politique, étalant des
richesses à profusion et dépensant sans compter quand
il s'agissait de montrer la puissance du roi d'Angleterre
dont il était le premier serviteur. Si l'on en croit le portrait que Guillaume de Canterbury fait de Thomas pendant ses premières années, l'enfant ne manquait ni
d'intelligence ni de charme : « Sa conversation était
pleine de candeur et d'agrément, sa taille élancée, son
aspect gracieux. Les bons exemples le trouvaient docile.

Il montrait une prudence précoce et, aux charmes de la jeunesse, il unissait la gravité de l'âge mûr. » Cet enfant « parfait » faisait la fierté de ses parents.

Convaincu que son fils a de grandes capacités, Gilbert Becket décide de lui faire donner un enseignement approfondi et le confie au collège de Merton, fondé une dizaine d'années plus tôt à trois lieues de Londres, dans le Surrey, et tenu par de rigoureux moines augustiniens. Là, Thomas apprend la lecture, l'écriture, le calcul et découvre la vie champêtre dans les bois environnants. Il est aussi initié très tôt à la chasse, et particulièrement la chasse au faucon — cela aura une importance non négligeable dans la relation qui s'instaurera entre lui et Henri —, et au maniement des armes par un ami de son père, Richer de l'Aigle, qui possède des biens importants dans le Sussex et sur le continent, en Normandie, dont la forêt de L'Aigle. Ce riche seigneur s'est pris d'amitié pour l'adolescent et le reçoit fréquemment pendant les longues périodes de vacances que laissent les études au collège. La fauconnerie est un sport apparu quelques dizaines d'année auparavant en Occident. La noblesse s'en était immédiatement emparée et en avait fait une de ses distractions favorites. Certains considéraient même cette chasse comme un art. Il faut dire que sa pratique en était complexe et nécessitait de l'adresse, de l'obstination et du temps. Thomas y excella très vite. Personne ne s'étonna de voir un jeune bourgeois londonien se lancer dans cet « art ». Les bourgeois de la capitale pratiquaient couramment la vénerie car ils possédaient des privilèges de chasse dans plusieurs comtés autour de la ville.

L'adolescence fut une période très heureuse de la vie de Thomas Becket. Il la racontera à son confident Roger de Pontigny qui nous en fera une relation pleine de galops à travers champs et forêts, d'insouciance de jeune homme, de risque aussi, comme la fois où

Thomas traverse un pont qui s'effondre sous lui, le précipitant dans une rivière déchaînée. Sous les cris des compagnons, le jeune homme dérive vers un moulin dont la roue n'allait pas manquer de le briser en mille morceaux lorsque le meunier, sans rien connaître de la tragédie qui se joue, ferme soudain les vannes, sauvant *in extremis* le futur archevêque. On ne manquera pas, plus tard, de voir dans cet épisode la main de Dieu !

On s'aperçoit assez vite que l'adolescent est très intelligent... trop intelligent pour l'enseignement somme toute limité du collège de Merton. En Angleterre aucun collège, pas même Oxford, n'a grande réputation. Son père décide de l'envoyer poursuivre ses études à Paris qui à cette époque est la ville phare de l'Occident en matière d'enseignement et d'études libérales ; la « nouvelle Athènes », disait-on. Malgré l'aisance financière dont la famille jouissait, envoyer le jeune homme sur le continent, pour plusieurs années, représentait une dépense importante. Gilbert Becket n'a pourtant pas hésité, c'est dire les espoirs qu'il plaçait en son fils.

Paris bruissait de l'effervescence de la jeunesse. Le « Quartier latin » battait son plein, attirant des étudiants de toute l'Europe. Progressivement, les vignobles plantés sur la Montagne Sainte-Geneviève avaient disparu, remplacés par des écoles et des maisons où les étudiants se logeaient comme ils pouvaient. La redécouverte, quelques dizaines d'années plus tôt, de la pensée d'Aristote avait donné un souffle extraordinaire à la théologie et notamment à Paris. La ville avait connu au début du siècle de très grands maîtres comme Guillaume de Champeaux et, plus près de l'arrivée de Thomas, Pierre Abélard avait marqué la vie intellectuelle de sa personnalité hors du commun. Les grands maîtres étaient devenus des sortes de vedettes et on se battait presque pour les écouter. Des « disputes théologiques » se déroulaient un peu partout. Il semblait que l'esprit et l'intelligence étaient descendus dans les rues du Quartier latin. Jean de Salisbury était à Paris quelques mois avant l'arrivée de Thomas ; il fut un élève d'Abélard. Bien des années après, il en avait gardé un souvenir enthousiaste : « Quand j'y ai vu l'abondance de vivres, l'allégresse des gens, la considération dont jouissent les clercs, la majesté et la gloire de l'Église tout entière, les diverses activités des philosophes, j'ai cru voir, plein d'admiration, l'échelle de Jacob dont le sommet touchait le ciel et qui était parcourue par les anges en train de monter et descendre. Enthousiasmé par cet heureux pèlerinage, j'ai dû avouer : le Seigneur était ici et je ne le savais pas... » Ce souvenir de l'un des plus grands intellectuels de son temps donne une idée de l'ambiance qui régnait alors sur les bords de la Seine. Pour faire bon poids, il faut aussi reconnaître que la « vulgarisation » de la réflexion philosophique, dont Paris s'était fait une spécialité, n'était pas du goût de tout le monde. Au début du XIIIᵉ siècle, Étienne de Tournai, abbé de Sainte-Geneviève, écrira : « On dispute publiquement, en violation des constitutions sacrées, des mystères de la divinité, de l'incarnation du Verbe [...]. L'indivisible Trinité est coupée et mise en morceaux aux carrefours ! Autant de docteurs, autant d'erreurs ; autant d'individus, autant de scandales ; autant de places publiques, autant de blasphèmes ! Les maîtres parisiens sont des marchands de mots [1] ! »

Nous avons très peu de détails sur le séjour de Thomas Becket à Paris ; on ignore par exemple quel type d'enseignement il y suivit. Ce qui nous importe, c'est qu'il a baigné au moins plusieurs mois sinon plusieurs années dans cette ambiance d'effervescence intellectuelle. Il y a sans doute appris à connaître ce peuple dont le roi sera par la suite le « meilleur ennemi » de son souverain et qu'il aura lui-même, de ce

1. Cité par Pierre Aubé, *op. cit.*, page 36.

fait, à combattre. Nous savons en revanche que c'est à Paris que Thomas rencontre Jean de Salisbury et que les deux hommes deviennent amis. Ils le resteront jusqu'à la mort de Thomas. Jean sera l'un des conseillers les plus proches du futur archevêque, son « maître à penser » si l'on en croit Martin Aurell [1]. Il lui sera d'une indéfectible fidélité et on lui doit la première biographie de Thomas Becket.

Thomas Becket ne finira pas ses études à Paris. Son père connaissant d'importants revers de fortune, le jeune homme est contraint de rentrer à Londres vers sa vingtième année. À peine est-il de retour que sa mère, Mathilde, meurt. Thomas doit travailler. Il entre au service d'un riche bourgeois, apparenté à sa famille, dont il devient le secrétaire. Il restera auprès de lui trois ans, le temps de devenir son homme à tout faire, irremplaçable, et de se faire remarquer comme un jeune homme ambitieux aux indéniables capacités d'administrateur. Il entre ensuite au service de l'archevêque de Canterbury, Thibaud.

Homme puissant et respecté, Thibaud de Canterbury réunissait autour de lui, dans sa cour, ce qu'il y avait de plus brillant parmi les clercs ambitieux de l'époque. Sa cour était une pépinière de jeunes talents, dont, pour n'en citer qu'un, Jean de Salisbury, que Thomas retrouve à cette occasion. Ayant su ne prendre officiellement parti ni pour Étienne de Blois ni pour Mathilde d'Anjou, l'archevêque jouerait à l'évidence un rôle essentiel dans le règlement de la crise de succession, c'était donc auprès de lui qu'il fallait se trouver si l'on voulait avoir une place de choix dans l'avenir. Thomas en était sans doute conscient, pourtant il semble qu'il se soit fait un peu prier pour rejoindre l'entourage de l'archevêque. Le jeune homme se doutait peut-être qu'il

1. *Op. cit.*, page 242.

se trouverait en concurrence avec des clercs mieux formés que lui qui avait dû interrompre ses études. Et puis, chez le riche marchand, personne ne lui contestait sa place et il savait pouvoir assez rapidement accumuler un joli pécule ; auprès de l'archevêque, tout était à recommencer. Mais Thomas était très ambitieux, il avait l'esprit sportif et ne craignait pas les défis. Il rencontra donc Thibaud de Canterbury dans son manoir de Harrow-on-Hill, dans le Middlesex. Guillaume Fils Étienne qui relate cette rencontre, note que le courant passa immédiatement entre les deux hommes. Une confiance mutuelle s'instaura entre ces deux individus que pourtant séparaient l'âge, les origines et la position sociale. Curieusement, c'est Thomas qui prit psychologiquement l'ascendant sur son aîné. Thibaud « tomba sous le charme » du jeune homme — et il en avait beaucoup, tout le monde s'accorde là-dessus —, en tout bien tout honneur, et en fit un proche collaborateur. Cela n'alla pas sans susciter quelques jalousies dans l'entourage de l'archevêque et en particulier de la part de Roger de Pont-l'Évêque, un esprit très brillant manquant malheureusement de la générosité naturelle et du charme de Thomas. Plus retors que son rival, Roger fera preuve d'un tel acharnement contre Thomas que l'atmosphère de la cour archiépiscopale en sera gravement perturbée. À deux reprises Thomas sera proprement fichu à la porte par l'archevêque et ne devra sa réintégration qu'à l'intervention du propre frère de Thibaud, Gautier, archidiacre de Canterbury. L'archevêque, aussi fin politique soit-il, était par un curieux paradoxe un esprit influençable. Finalement, c'est Thomas qui aura le dernier mot, mais Roger de Pont-l'Évêque resta un ennemi acharné tout au long de sa vie.

Thomas entre à la cour de l'archevêque probablement dans les premières années de la décennie 1140-1150. Auprès de Thibaud, le fils de bourgeois londonien apprendra beaucoup. Il sera de toutes les négociations que l'archevêque devra mener. En particulier, il se rend à Rome, en compagnie de Jean de Salisbury, pour plaider la cause de l'archevêque dans l'action qu'il mène à propos de la succession de l'archevêché d'York et la légation papale en Angleterre. Le légat du pape dans l'île étant le cardinal de Winchester, frère du roi Étienne, cela fait peser lourdement la balance dans le camp de la famille de Blois. Le pape étant un arbitre dans la succession, son représentant est à la fois juge et partie... situation pour le moins délicate. Le siège de l'archevêché d'York étant vacant, le légat y fait élire un membre de sa famille : c'est faire entrer York dans le camp des Blésois et augmenter le déséquilibre. Thibaud de Canterbury porte l'affaire à Rome et Thomas participe à la délégation. Dans la Ville éternelle, Thomas rencontrera le pape Célestin II, disciple d'Abélard. Le jeune homme saura se montrer convaincant puisqu'il obtiendra que la légation soit retirée au cardinal de Winchester, et que le pape prenne position sur le problème de la succession anglaise. Le souverain pontife fera savoir à l'archevêque de Canterbury qu'il « devait considérer la couronne d'Angleterre comme un héritage contesté et que, par suite, on ne pouvait, jusqu'à plus ample informé, légitimement disposer en faveur de l'un des deux prétendants à l'exclusion de l'autre ». C'était signifier clairement à l'archevêque qu'il pouvait se poser en arbitre. Rétrospectivement, on peut considérer que c'était un pas de plus fait pour rapprocher la maison d'Anjou de la couronne d'Angleterre, et ce pas Thomas en a été l'un des principaux artisans. Le séjour à Rome est important pour notre histoire car non seulement le jeune homme y fait preuve d'un grand sens de la diplomatie — j'imagine assez facilement que les méandres de la curie romaine n'étaient pas si différents de ceux que nous connaissons aujourd'hui et qu'il fallait déjà beaucoup d'habileté pour parvenir à ses fins dans ce contexte — mais également parce qu'il s'y fait remarquer. « Thomas de Londres », comme on l'appelle alors, se fait des « relations » qui seront utiles plus tard pour Henri et pour lui-même.

À la cour archiépiscopale de Canterbury, Thomas est en prise directe avec un des problèmes les plus fondamentaux de l'époque, à la fois pour l'Angleterre et pour l'ensemble de la chrétienté : comment s'articulent les relations de pouvoir entre la papauté d'une part, le roi pour une autre part et l'Église du pays pour une troisième ? Cette « trinité » s'affronte sur un point essentiel : celui de savoir qui détient la prépondérance en matière de pouvoir temporel, autrement dit, qui nomme les évêques. Car les prélats — évêques et abbés — régnaient pour la plupart sur de vastes territoires sur lesquels ils disposaient d'un pouvoir temporel au même titre que n'importe quel seigneur. Certains évêques étaient par exemple de remarquables hommes de guerre sachant conduire une armée et gagner des batailles.

Ce que l'on appelle la « querelle des Investitures » avait empoisonné tout le XIᵉ siècle. Jusque-là, on avait trouvé normal que les rois et l'empereur germanique nomment les prélats. Cela leur permettait d'avoir des hommes laïcs à leur dévotion à la tête de vastes territoires ; l'aspect « spirituel » de la fonction passait au second plan. Par extension, ces prélats étant pour certains destinés à devenir des cardinaux, cela donnait aux divers pouvoirs royaux d'Europe, et tout particulièrement à l'empereur d'Allemagne, la possibilité d'influer sur l'élection du pape. L'idée de faire la distinction entre les deux pouvoirs — temporel et spirituel — était apparue au début du XIᵉ siècle et avait conduit à un affrontement armé entre la papauté et le Saint-Empire ; un des épisodes les plus connus est celui de Canossa, en janvier 1077, où l'empereur d'Allemagne Henri IV dut se présenter trois jours de suite, en tenue de pénitent, devant le pape. La querelle des Investitures avait été suspendue en 1122 lors du concile de Worms où l'on avait trouvé une solution intermédiaire, inspirée du modèle français qui partageait les deux investitures. L'élection était entièrement placée entre les mains de l'Église : cardinaux pour le pape, chanoines pour l'évêque et moines pour l'abbé. Le fond du problème restait malgré tout le lien de vassalité que revendiquait la couronne vis-à-vis d'un évêque ou d'un abbé. Le problème n'était pas véritablement réglé mais simplement mis entre parenthèses et la querelle des Investitures pouvait se rallumer à tout moment.

L'Angleterre était un pays très sensible sur ce point en raison de la faiblesse du pouvoir du roi Étienne et de l'indépendance qu'avait prise l'Église d'Angleterre. La question de cette indépendance de l'Église vis-à-vis du pouvoir royal sera la cause de l'opposition entre Henri II et Thomas Becket. Rappelons que Thomas a été formé en grande partie à la cour de Thibaud de Canterbury pendant la période de la guerre civile. Dès ses premières années à la cour archiépiscopale de Canterbury, Thomas s'est montré un parfait serviteur de son archevêque, de l'Église et de la papauté. Fondamentalement le jeune homme est un « commis » qui sert fidèlement son maître, que ce soient Thibaud de Canterbury, Henri Plantagenêt ou plus tard l'Église d'Angleterre. Cette qualité essentielle, Thibaud l'a sans aucun doute discernée chez Thomas Becket et c'est la raison pour laquelle il a « poussé » le jeune homme.

Thomas avait dû interrompre ses études à Paris. Il en conservera toujours un certain complexe notamment parce que son latin n'était pas du niveau habituel d'un homme occupant les fonctions auxquelles il sera appelé ; tous ses biographes s'accordent pour dire que celui d'Henri II était bien meilleur, ce qui montre une nouvelle fois l'excellence de l'éducation que le prince avait reçue. En matière juridique et de droit canon, Thomas a également des lacunes. Pour y remédier, Thibaud de Canterbury l'envoie à Bologne où se trouve l'université la plus réputée en matière de droit canon. C'est un point important car le futur archevêque y rencontrera là un professeur du nom de Gratien qui restera dans l'histoire du droit canon comme celui qui le premier a compulsé et réuni en une somme colossale l'ensemble des canons promulgués par les Pères de l'Église. Son but avoué était de démontrer de manière absolue et définitive la suprématie de Rome dans le domaine temporel, séculier, autant que dans le domaine spirituel, régulier. Autrement dit, pour Gratien, le roi, lors de son couronnement, est investi par le pape et les évêques d'une dimension divine qu'il conserve tant qu'il respecte les règles du droit canonique. C'est cela que Thomas apprend à Bologne et qui restera le socle de sa conception des rapports entre le roi et l'Église. Cette conception est résumée par Bernard de Clairvaux dans une lettre écrite au pape Eugène III : « Tu es le pontife suprême, le prince des évêques, le successeur des Apôtres. Tu as la primauté d'Abel, le gouvernement de Noé, la dignité d'Aaron, l'autorité de Moïse, la prérogative judiciaire de Samuel, le pouvoir de Pierre, l'onction du Christ. » Les rois n'ont qu'à bien se tenir !

Thomas est à Bologne durant l'année 1151. De retour en Angleterre, sa position auprès de l'archevêque se trouve renforcée par son séjour italien. Il a trentequatre ans. Il a participé à de nombreuses négociations pendant lesquelles il a montré ses talents de diplomate. Par sa connaissance du droit civil, du droit canon et ses talents d'administrateur, il dispose de tous les outils lui permettant d'assouvir son ambition. De plus il jouit maintenant d'une certaine autonomie financière. L'archevêque lui a concédé quelques prébendes et, signe de la confiance mise en Thomas, d'autres prélats agissent de même, comme les évêques de Londres ou de Lincoln dont il reçoit des bénéfices. Thomas est connu, reconnu et aimé par tous... sauf par Roger de Pont-l'Évêque devenu depuis 1147 le puissant archidiacre de Canterbury. Lui est en mesure d'entraver sérieusement la carrière du jeune homme. Il faut l'éloigner. La mort de l'évêque d'York va donner à Thibaud de Canterbury l'occasion de réaliser — sans doute avec l'aide de Thomas — un assez joli tour de passe-passe. Le chapitre d'York est divisé sur le choix d'un candidat. Cela risque de provoquer un long conflit comme cela a été le cas pour l'élection de l'évêque défunt. Thibaud de Canterbury est légat du pape. Son autorité est à ce moment-là à son zénith. Il est le prélat le plus puissant d'Angleterre. Il va peser de tout son poids pour éviter que l'élection du nouvel évêque ne s'éternise et placer un homme à lui sur le siège épiscopal. Son but est d'enterrer la querelle qui oppose depuis des décennies les évêchés d'York et de Canterbury pour la primatie en Angleterre et d'assurer définitivement la primauté de Canterbury. L'homme qu'il a choisi est Roger de Pont l'Évêque. Du même coup, l'archidiaconé de Canterbury se trouve vacant. Belle place pour Thomas. Un seul problème, le jeune homme est toujours laïc, il n'a reçu aucun ordre. Qu'à cela ne tienne, Thibaud fait élire Roger qu'il sacre le 10 octobre 1154, nomme Thomas à sa place et fait ordonner diacre le jeune homme. L'affaire est rondement menée.

Thomas devient ainsi le premier dignitaire de l'Église d'Angleterre après les évêques et les abbés. Par là même il prend possession des prébendes de son prédécesseur et notamment de la prévôté de Beverley, un des plus fructueux bénéfices d'Angleterre. Il a trente-six ans. C'est cet homme en pleine maturité, ayant accompli un parcours remarquable dans le sillage de l'archevêque de Canterbury, qu'Henri et Aliénor rencontrent en décembre 1154 à Bermondsey. Au physique, il est élégant, racé, il possède une autorité naturelle et un charme indéniables. Moralement, sa réputation de compétence et de loyauté n'est plus à faire. Il est l'homme idéal pour occuper la fonction de chancelier du royaume. L'Église ne peut voir que d'un bon œil un homme grandi dans son sein accéder à ce titre et Henri, en plus de la compétence de Thomas dont il est convaincu, a besoin, du moins pour l'instant, d'une neutralité bienveillante de cette Église. Le choix de Thomas va la lui accorder.

10

L'incroyable amitié

« La dignité de chancelier d'Angleterre le place au second rang après le roi. Il a la garde du sceau royal et l'appose en partie sur chacune de ses ordonnances. Il est le surintendant de la chapelle du roi. Il a la garde et la tutelle des archevêchés, des évêchés et des abbayes durant leur vacance, et des baronnies tombant aux mains du roi. Il a droit de siéger dans le conseil, même sans y être convoqué. Tous les actes et les titres, il les fait marquer du sceau royal. Rien ne se résout sans son avis et ses mérites, avec la grâce de Dieu, lui venant en aide, et il ne tient qu'à lui de mourir évêque ou archevêque. C'est pour cette raison qu'on ne pouvait acheter la charge de chancelier. » En quelques mots Guillaume Fils Étienne montre la complexité de la fonction qui échoit à Thomas et les considérables pouvoirs qui s'y rattachent. Tous les documents concernant les affaires du royaume passent entre ses mains puisque c'est lui qui les authentifie. Il est au cœur du système de gouvernement anglais, le principal relais du roi ; une sorte de Premier ministre, bien qu'il n'y ait pas à proprement parler de gouvernement mais plutôt un conseil. On comprend à quel point le choix de l'homme occupant cette fonction est crucial pour le roi, qui doit avoir toute confiance en lui, et pour les barons, et pour l'Église qui sait, en ce début de règne compte tenu des vingt années précédentes, qu'elle va avoir une partie délicate à jouer avec le Plantagenêt.

Sur le choix de cet homme, Thibaud de Canterbury a son mot à dire. Selon toute probabilité, il a lui-même occupé cette fonction du temps du roi Étienne pendant quelques années. Il songe probablement à Thomas depuis longtemps. Le jeune homme a toutes les qualités requises. Il a grandi dans le sein de l'Église et il s'est toujours montré d'une fidélité absolue envers elle. C'est l'homme idéal qui, auprès du roi, saura protéger ses intérêts. Dans l'esprit de Thibaud, les choses sont claires : il place au poste de chancelier un homme à lui qui devra continuer de servir l'Église. Thibaud ne décide pas seul du candidat à présenter à Henri. L'affaire est d'importance. Il prend la précaution de recueillir l'avis de plusieurs prélats et notamment, avec beaucoup d'habileté, de prélats de l'entourage d'Henri. Thibaud va même jusqu'à obtenir l'aval du cardinal de Winchester, Henri de Blois, le frère de feu le roi Étienne. Personne ne peut dire si Thomas était informé des intentions des prélats ; du moins s'il avait connaissance des raisons véritables pour lesquelles il était placé à ce poste. Ce que l'on peut avancer, c'est que Thibaud et quatre autres évêques ont considéré que la personnalité de l'archidiacre, son expérience et surtout la formation qui lui avait été donnée étaient des garanties suffisantes pour suggérer au roi sa « candidature ».

Henri de son côté devait être rassuré sur les intentions de Thomas vis-à-vis des Plantagenêt. Nous avons vu qu'à Rome son action avait été importante — sinon déterminante, mais là-dessus nous ne disposons que des témoignages de ses hagiographes — auprès du pape Célestin II. Il ne faisait pas de doute que Thomas était un partisan de Mathilde et de son fils ; il offrait également de ce côté-là toutes les garanties. Et on peut supposer que, s'il ne l'avait pas encore réellement rencontré, s'il ne s'était pas entretenu en tête à tête avec lui, Henri s'était renseigné sur l'archidiacre, sur ses talents d'administrateur et de négociateur, et que les renseignements étaient bons. Outre le fait qu'il n'avait pas de concurrent, Thomas Becket semblait le candidat idéal pour Henri autant que pour l'Église. L'unanimité s'est donc faite sur sa personne pour le poste de chancelier et il ne semble pas qu'il y ait eu de longues tractations. La chose s'est réalisée rapidement et, dès le début de l'année 1155, Thomas est en poste.

Observons maintenant le « couple » d'amis que vont former, pendant presque dix ans, Henri et Thomas. Tous les historiens le confirment, dès la rencontre à Bermondsey en décembre 1154, il s'est passé entre eux quelque chose de l'ordre du coup de foudre amical, et ils vont entretenir ensuite des liens que certains n'hésiteront pas à considérer comme anormalement serrés compte tenu des fonctions respectives des deux hommes. Car il s'agissait malgré tout de gouverner l'Angleterre. C'est une responsabilité qui nécessite d'observer une distance affective. Ni l'un ni l'autre ne sauront la conserver et cela explique en partie la violence, par la suite, de leur affrontement. À partir de ce que l'on sait de la personnalité de chacun, on peut se dire que l'élan premier venait sûrement d'Henri. C'est un jeune homme bouillonnant, impulsif, mais ce n'est pas quelqu'un de versatile en matière de sentiments. Thomas est un homme beaucoup plus posé que le roi. Il est anglais après tout, et on peut le créditer d'une bonne dose du célèbre flegme britannique. Les tempéraments des deux hommes sont totalement à l'opposé. C'est peut-être une des raisons de l'amitié profonde qui va les unir. Ils se complètent. Henri ne tient pas en place, mange quand il en a le temps, à la messe ne saisit, de son propre aveu, qu'un *Pater* au vol ; il est sujet à des colères d'une grande violence — on dit que, tout comme ses ancêtres, il connaît des accès de bile noire — qu'il ne maîtrise pas mais qu'il va apprendre à utiliser, à mettre en scène pour impressionner son auditoire. Un auteur anonyme rapporte une colère du roi contre un courtisan qui lui avait parlé favorablement du roi d'Écosse avec qui il était en froid à ce moment — nous sommes en 1166 — : « Le roi l'a manifestement appelé "traître". Pris de sa fureur habituelle, il a jeté le bonnet de sa tête et il a dénoué sa ceinture, puis il a lancé au loin son manteau et ses habits ; il a arraché d'un coup de main le dais de soie du lit et s'asseyant presque sur du fumier, il a commencé à mâcher la paille dont le sol était jonché. » Chez Henri tout se ramène à l'exercice du pouvoir. Il est capable de duplicité et de calcul, de dissimulation aussi ; c'est un homme secret mais qui se laisse emporter par son tempérament colérique.

Thomas à l'inverse est d'un naturel calme, pondéré, apaisant. Il essaie de résoudre les problèmes par la discussion et la diplomatie, tout en sachant faire preuve de détermination et de fermeté. Il a vite compris la personnalité du roi et sait ne pas l'affronter directement. Si Henri sur un coup de tête prend une décision que Thomas estime injuste, il attend patiemment que le roi se calme — cette attente peut varier de quelques heures à plusieurs semaines — puis revient à la charge et tente de le persuader de revenir sur sa décision. Le plus souvent il y parvient car Henri fait grand cas des avis et des conseils de son chancelier. Pourtant, et c'est fondamental, Henri restera toujours le maître. Il est totalement imprégné de son rôle et de sa fonction ; il incarne la couronne vis-à-vis d'Aliénor et de sa mère, et vis-à-vis de Thomas aussi. Le chancelier saura ne jamais franchir cette limite d'« essence » entre le roi et lui. Le fait qu'il soit fils de bourgeois et non d'une grande famille aristocratique a sans doute permis que cette distance-là soit toujours maintenue comme allant de soi. Et il n'a très probablement jamais traversé l'esprit de Thomas qu'il pouvait en être autrement. Pour lui, la légitimité du pouvoir du Plantagenêt est évidente alors que, par rapport à d'autres familles régnantes comme les Capétiens ou même les souverains écossais, il pouvait faire figure de « parvenu ». Un membre de la haute aristocratie anglaise installé dans les fonctions de chancelier n'aurait peut-être pas résisté à la tentation de quelques insinuations sur le sujet. Thomas, lui, était fils de marchand ! Là réside sans doute une des clefs de la complicité que les deux hommes auront dans l'exercice du pouvoir sur l'Angleterre — car Thomas n'interviendra pas sur les affaires du continent et encore moins sur celles relevant des possessions d'Aliénor. Il faut insister sur le fait que l'origine sociale de Thomas a certainement joué un rôle dans les liens entre les deux hommes. Toute sa vie, Henri sera l'objet de « réflexions » plus ou moins ironiques sur ses origines, aristocratiques certes, mais non royales. Une anecdote, parmi d'autres, racontée par Guillaume Fils Étienne, est tout à fait révélatrice. Elle met en scène Herbert de Bosham, l'un des proches conseillers et biographes de Thomas Becket. Nous sommes au château ducal d'Angers, en 1166, en plein affrontement entre Thomas et le roi. Venu négocier pour Thomas, Bosham se montre assez arrogant, ce qui a le don d'énerver Henri II. Guillaume Fils Étienne rapporte le dialogue suivant : « Le roi dit : "Quelle impudence ! Quelle chose si indigne que ce fils de prêtre perturbe mon royaume et trouble sa paix !" Herbert riposta : "Pas du tout. Je ne suis pas fils de prêtre, car je n'ai pas été conçu dans le sacerdoce, puisque mon père a été ordonné après, mais toi non plus, tu n'es pas fils de roi, puisque ton père n'est pas roi." » Et Bosham n'est qu'un clerc !... on peut imaginer les reparties que pouvaient s'autoriser de grands féodaux.

Le même Guillaume Fils Étienne dresse un portrait de Thomas Becket au physique comme au moral qui nous donne une idée précise de l'homme qu'Henri rencontre en décembre 1154. « La physionomie de Thomas était douce et agréable, sa taille élevée. Il avait le nez assez grand et légèrement busqué. Ensemble heureux où se mêlaient délicatesse et énergie. Son langage était élégant, son intelligence pénétrante, son esprit noble et élevé. Sévère pour lui-même, s'appliquant avec constance à faire des progrès dans la vertu, il était indulgent pour tous et plein de compassion pour les pauvres et les opprimés, tandis qu'il résistait aux orgueilleux. Dévoué dans ses affections, il favorisait l'avancement de ses amis, sans cesser d'être généreux avec tout le monde. Il avait beaucoup de politesse et se montrait prudent et circonspect, aussi habile à ne pas se laisser tromper qu'il était incapable de tromper les autres. » Ce portrait est à rapprocher de celui d'Henri. Au physique comme au moral les deux hommes sont très dissemblables. Le roi, on s'en souvient, est un homme de taille moyenne, musclé ; un athlète taillé pour la bagarre. Ses cheveux sont roux et son teint a tendance à s'empourprer facilement, comme ses yeux gris qui s'injectent de sang lorsqu'un des accès de bile noire le prend. Autant Thomas est un homme élégant qui prend un grand soin de sa personne et de son apparence, autant Henri n'accorde aucun intérêt à la manière dont il s'habille. Un seul mot lui importe : « pratique » ! De même, aucun des attributs ostentatoires du pouvoir ne l'intéresse. Il aura très vite une réputation d'avarice dont il ne se souciera pas. À sa table on mange mal... peu importe, il n'aime pas manger ! Et tout est à l'avenant. En fait, il laisse à Aliénor et à Thomas le soin de s'occuper de la « pompe » royale. La reine aime le luxe. Elle ne s'en est jamais cachée. Elle est née riche et aime dépenser l'argent. Dès son installation en Angleterre, nous avons vu les achats auxquels elle se livre et qui nous sont parvenus grâce au *Pipe's Rolls*. Thomas, pour lui-même, n'a aucune appétence pour le luxe. Tous ses biographes s'accordent à reconnaître qu'il a des goûts très simples, qu'il mange peu, qu'il mène une vie personnelle très ascétique. En revanche, il a une très haute conception de sa fonction de chancelier et afficher sa richesse entre dans cette conception. Le chancelier d'Angleterre est le serviteur d'un roi puissant, très riche, et cela doit se voir. Pour lui la « pompe » a une fonction politique et sur ce point il ne lésine pas. Il faut dire qu'il en a les moyens. Il a conservé les ressources dont il disposait en tant qu'archidiacre de Canterbury auxquelles sont venues s'ajouter celles liées à la fonction de chancelier. Guillaume Fils Étienne écrit que ses revenus sont considérables : « Il avait la prévôté de Beverley, les prébendes d'Hastings que lui avait données le comte d'Augy, le gouvernement de la Tour de Londres avec le commandement de la garnison, la châtellenie d'Eye avec un contingent de cent vingt hommes et le château de Berkhamstead. » Ces revenus lui permettent de déployer le train fastueux qui sied au chancelier d'Angleterre : « Sa maison et sa table étaient ouvertes aux personnes de tout rang qui venaient à la cour, et il donnait une généreuse hospitalité non seulement aux personnes honorables mais encore à celles qui pouvaient le paraître. Habituellement, des comtes et des barons étaient invités à partager son repas. Chaque jour, il faisait répandre dans tout son hôtel de la paille fraîche ou du foin en hiver, du feuillage ou des joncs en été, afin que les chevaliers, souvent trop nombreux pour trouver place sur les bancs de la salle, puissent se reposer en un endroit propre et agréable, et qu'ils n'aient à craindre pour leur parure élégante et leurs magnifiques vêtements. On voyait resplendir dans toute sa maison la vaisselle d'or et d'argent. Les mets et les vins précieux abondaient sur sa table et, si la rareté des uns et des autres y faisait attacher un plus grand prix, les intendants de son hôtel avaient ordre de ne rien épargner pour les avoir et pour rendre son hospitalité fastueuse. » Au milieu de ce déploiement de richesses et malgré l'énorme pouvoir placé entre ses mains, Thomas Becket gardait la tête froide. Cela devait certainement intriguer Henri qui n'était pas dupe des travers des courtisans l'entourant et de la facilité avec laquelle le pouvoir tournait les têtes. Thomas échappait à cette règle et cet aspect de sa personnalité devait entrer pour une part dans l'amitié que le roi lui portait.

La piété du roi n'était pas des plus remarquables. De ce point de vue, le second mari d'Aliénor ne ressemblait pas du tout au premier. La présence permanente de la religion dans la vie courante n'était pas vécue avec la même intensité par tous. Cela dit, il ne faut pas se méprendre ; à l'époque tout le monde croit en Dieu. C'est une chose que nous avons du mal à concevoir, dans notre Occident du XXIe siècle. La présence de la religion dans la société du temps d'Aliénor et Henri s'apparente à ce que l'on vit aujourd'hui, par exemple, dans un État islamique. Pour se donner un point de rapprochement plus facile, souvenons-nous qu'à l'époque on ne connaît pas notre division du jour en vingt-quatre heures ; les heures n'existent pas. Le temps est rythmé par le son des cloches — elles ont été inventées vers le Ve ou le VIe siècle — qui marquent les offices. Le lien au temps qui passe est religieux. Les heures n'apparaîtront qu'au XIIIe siècle, et seront considérées comme un « temps des marchands », un temps laïc en quelque sorte. L'Église tentera de s'y opposer, sentant bien qu'elle perd du terrain si elle n'impose plus le décompte du temps. La religiosité est donc la caractéristique essentielle de la société du XIIe siècle et tout le monde, du plus petit au plus grand, a la foi. Ce qui varie, c'est l'intensité de cette foi. La plupart des gens vont à l'église, mais « s'accommodent » de quelques arrangements avec leur conscience de chrétiens. Plus on monte dans la hiérarchie sociale, plus ces arrangements sont faciles. Sans oublier qu'il est toujours possible de faire pénitence, d'effacer l'ardoise et de recommencer. On se souvient de l'exemple du grand-père d'Aliénor qui savait allier une foi solide et un concubinage notoire, ou encore du jeune Henri, jurant de respecter les dernières volontés de son père concernant l'héritage de son frère mais rompant par la suite ses engagements.

Thomas Becket, lui, fait partie des hommes profondément croyants qui mettent leur vie personnelle en accord avec leur foi. Il pratiquait la charité ; Édouard Grim précise qu'il était très sensible à la cause des faibles et des opprimés et qu'on n'implorait jamais en vain sa protection. Mais sa foi allait au-delà de la charité. « Au milieu de tous les honneurs du siècle, écrit Guillaume Fils Étienne, le chancelier nourrissait un vif sentiment de religion et d'humilité. Se conformant à la dévotion du temps, il se faisait quotidiennement administrer la discipline. Il la recevait les épaules nues, des mains de Raoul, prieur de la Sainte-Trinité, quand il se trouvait dans le voisinage de Londres, et des mains de Thomas, un ami fidèle, prêtre de Saint-Martin, quand il était plus près de Canterbury. » Les chroniqueurs du futur archevêque de Canterbury ne manquent pas de souligner que cette profonde piété gênait le roi qui ne se privait pas de l'éprouver en essayant de lui faire partager certaines de ses turpitudes. La célèbre anecdote de la belle Avice, de Strafford, souligne cet aspect de la relation entre les deux hommes.

Le bruit courait que le roi Henri n'était pas insensible aux charmes d'une belle dame, répondant au joli nom d'Avice et résidant dans la bonne ville de Strafford.

Henri ne manquait jamais de visiter la dame quand il se trouvait dans la ville, ce qui lui arrivait assez fréquemment ; en d'autres termes, le roi avait une liaison. Il advint que son chancelier, Thomas Becket, s'arrêtât plusieurs jours dans ladite ville et séjournât chez un clerc dénommé Vivien. Quelle ne fut pas la surprise de Vivien de voir arriver chez lui quantité de cadeaux, tous destinés à Thomas et envoyés par dame Avice. Le bon clerc commença à prendre peur, se disant que le chancelier marchait sur les brisées du souverain et que, si ce dernier s'en apercevait, cela ferait du bruit. Et comme Thomas séjournait chez lui, son hôte risquait de faire partie des dommages collatéraux. Tout de même, l'homme avait des doutes : la réputation de probité et d'abstinence de Thomas plaidait pour lui. Il décida d'en avoir le cœur net. Une nuit il s'introduisit dans la chambre de Thomas et la trouva vide. Le chancelier découchait donc et, aucun doute possible, il était allé rejoindre Avice. Vivien ressortit de la chambre en commençant déjà à répertorier tous les types de supplices qu'on allait lui infliger quand sa conscience lui dicta qu'un tel crime n'était décidément pas envisageable et n'était dans l'intérêt ni du chancelier ni de la dame. Il fit demi-tour, retourna dans la chambre, et là, trouva le chancelier d'Angleterre couché à même le sol, effondré de sommeil en plein milieu de ses prières. On peut l'imaginer ressortant de la pièce sur la pointe des pieds, un sourire de soulagement éclairant son visage.

Il y a quelques enseignements à tirer de l'histoire. Tout d'abord n'oublions pas que les deux chroniqueurs — Guillaume de Canterbury et Guernes de Pont-Sainte-Maxence — qui rapportent cette aventure écrivent alors que Thomas a été assassiné et que l'ombre de cette mort pèse sur le roi. Le but, tout en soulignant la piété du futur archevêque, est aussi de montrer la « dépravation » du roi. On peut aussi en déduire que la belle Avice, sachant les liens d'amitié qui unissaient le roi et son chancelier, cherchait à être dans les bonnes grâces de ce dernier. Ou bien qu'elle agissait en service commandé, qu'Henri n'était pas jaloux et que sachant les compétences de la dame, il souhaitait qu'elle procure un peu de détente bien méritée à son chancelier surmené. Ou encore, dernière hypothèse, que le roi cherchait à « éprouver » la fidélité de son chancelier... qu'il lui tendait un petit piège amical en quelque sorte. Car il est bien entendu qu'une histoire de femme ne pouvait entacher une si belle et si profonde amitié. Toutes ces supputations pour montrer diverses interprétations que l'on peut faire à partir d'une simple anecdote qui n'est relatée que par deux chroniqueurs. Elle est pourtant reprise par tous les historiens qui y voient une démonstration du « couple » étrange que formaient aux yeux de leurs contemporains le roi et son chancelier.

Guillaume Fils Étienne relate une autre anecdote qui montre combien les rapports entre les deux hommes semblaient détendus et joyeux. On y voit également un Henri facétieux, détendu et plein d'humour ; c'est suffisamment rare pour qu'on le remarque. La scène se passe dans une rue de Londres. Les deux hommes chevauchent côte à côte, devisant gaiement, plaisantant ou parlant des affaires de l'État — l'histoire ne le détaille pas. Ce jour-là, Thomas porte pour la première fois un somptueux manteau d'écarlate et de petit-gris. Henri, comme à son habitude, doit être habillé de vêtements quelconques, probablement usés et sans formes. Le roi aperçoit au loin, marchant vers eux, un vieux mendiant, dont l'apparence fait peine à voir. Il le signale à son chancelier en lui faisant remarquer qu'il serait certainement heureux d'avoir un manteau neuf à la place de ses haillons et que lui en donner un serait faire preuve de charité chrétienne. Thomas répond qu'il en est tout à fait d'accord et que ce serait une belle action, digne d'un roi. Le mendiant arrive au niveau des deux cavaliers. Évidemment il ne les reconnaît pas. Henri lui demande si un nouveau manteau lui ferait plaisir ? L'homme se méfie, craint une provocation ou au mieux une plaisanterie... il hésite. Henri se retourne vers son chancelier : « Puisque c'est une grande preuve de charité, c'est à toi d'en prendre l'initiative », et aussitôt il agrippe Thomas pour lui enlever le vêtement. Thomas résiste. Ils se retrouvent rapidement à s'empoigner comme des chiffonniers devant une foule de plus en plus nombreuse. Quelques seigneurs les reconnaissent, on essaie de savoir ce qui se passe, éventuellement de s'interposer : ils redoublent de vigueur au point de manquer de tomber de leurs chevaux. Finalement c'est Henri qui a le dessus, il s'empare du manteau et le donne au mendiant qui n'en croit pas ses yeux. Le roi explique ce qui s'est passé à l'assistance qui s'est augmentée de quelques hommes de son entourage. On rit beaucoup de cette bagarre de gamins —, comme ils s'entendent bien ces deux-là ! —, et Thomas se retrouve croulant et hilare sous un tas de manteaux que les courtisans s'empressent de lui offrir pour remplacer celui dont le roi vient de le délester. Bien sûr, l'histoire fait le tour de Londres et, si l'on en croit son biographe, ne fait qu'ajouter encore à la popularité de Becket.

À y regarder de plus près, malgré tout ce que les hagiographes du futur archevêque pourront dire, dans ce couple formé par le monarque et le chancelier, le plus malléable n'est pas celui auquel on peut penser de prime abord. Sous des dehors autocratiques, Henri sait être un séducteur, charmer son auditoire et faire preuve d'une certaine souplesse pour arriver à ses fins qui, elles, sont immuables. L'homme a également conscience des ravages que son caractère emporté peut causer. Aliénor le tempère ; ce sera aussi le cas du chancelier. Thomas, pourtant très diplomate, est aussi un homme capable d'une rigidité dogmatique qui lui vient sans doute de ses études mal ou pas finies. Nombre des biographes du futur archevêque attribuent à cette rigidité une part importante dans la brouille qui va intervenir entre les deux hommes. Thomas fait partie de ces gens qui peuvent manquer de recul et, plus grave, d'intuition.

À l'inverse d'Henri, il n'est pas né pour gouverner, il n'a pas cette certitude profonde d'être à sa place. Certes, c'est souvent un avantage — et ça l'a été pendant les premières années de leur collaboration, les « années chancelier » — mais cela peut aussi quelquefois se transformer en handicap. Devenu archevêque, Thomas s'arc-boutera sur le dogme sans savoir toujours adopter ses déclarations et ses attitudes aux situations dans lesquelles il se trouve parce que, au fond, il n'avait pas la connaissance profonde de ce dogme qu'il n'a étudié que superficiellement ; une année à Bologne ne fait pas un spécialiste du droit canon.

On peut comprendre assez facilement que le tandem Henri-Thomas ait fasciné les historiens tout en leur posant un réel problème de compréhension. Car le plus séducteur n'est pas forcément le plus séduisant, le plus riche n'est pas celui qui le montre avec ostentation, le plus « parvenu » n'est pas celui que l'on croit, et le plus obstiné n'est pas celui qui apparaît le plus imbu de son pouvoir.

Le lien apparent entre ces deux personnalités complexes et dissemblables est leur passion commune pour la chasse au faucon. C'est au cours de longues chevauchées solitaires qu'ils se retrouvent, qu'ils se parlent hors de tout témoin. La première grande passion d'Henri est le pouvoir. La seconde est la chasse et très précisément cette chasse au faucon venue d'Orient. C'est la seule chose capable de détourner le roi de l'exercice du pouvoir. Henri II, dont le sens de l'économie va parfois jusqu'à l'avarice, dépense sans compter quand il s'agit d'assouvir sa passion. Le roi est un des rares hommes de son époque à pousser l'amour de la chasse et des animaux jusqu'à posséder sa propre ménagerie. Pour satisfaire sa passion, Henri donne la possibilité à ses sujets de payer leur redevance en éperviers ou en gerfauts qui viennent enrichir l'oisellerie royale entretenue par un grand nombre de fauconniers. Il entretient une armée de garde-chasse qui veillent sur les immenses forêts royales regorgeant d'animaux, daims, ours, gibiers de toute sorte.

Aliénor a certainement vu arriver avec inquiétude Thomas Becket dans l'entourage de son mari. Cela lui rappelle de mauvais souvenirs. Louis VII était très proche de Suger, cet autre grand commis de l'État que le Capétien avait « hérité » de son père. La reine et l'abbé ne s'étaient pas entendus. Elle avait réussi à l'éloigner dans un premier temps mais il était revenu pendant la croisade et avait ensuite conservé sa place auprès du roi de France qui, dans le même temps, éloignait sa femme du pouvoir. La situation allait-elle se reproduire ? Aliénor y a sûrement pensé. Elle a mûri, elle n'est plus une jeune fille capricieuse et écervelée. Elle connaît les contingences du pouvoir. Ils ont eu le temps, Henri et elle, de réfléchir à la difficulté de gouverner un territoire qui s'étend des Pyrénées jusqu'à la frontière de l'Écosse. Pour cela il faut des relais. Le poste de chancelier d'Angleterre en est un et des plus importants. Il est indispensable de ne pas se tromper sur l'homme qui va l'occuper. Thomas recueille les suffrages de tous, et sans doute également de la reine. Je ne peux pas croire qu'Henri ne l'ait pas consultée sur ce choix. Ce n'est pas un problème de compétences, c'est un problème humain. L'amitié d'Henri et Thomas va-t-elle diminuer l'influence d'Aliénor sur son mari ? Elle s'est très probablement posé la question. Mais on ne répète pas forcément, dans la vie, les mêmes situations.

La reine est plus sûre d'elle. L'Aquitaine est importante pour le roi et elle en est incontestablement la duchesse, reconnue et respectée. Cela compte. Comme compte également le fait qu'elle lui a donné deux enfants mâles. De plus, si Thomas est un riche seigneur grâce aux prébendes dont il dispose, il n'a pas la puissance qu'avait en son temps l'abbé de Saint-Denis, Suger, homme d'Église révéré, ami de saint Bernard et des papes. Il n'a pas non plus l'expérience du vieux moine. Et Henri n'est pas Louis ! Bref, si Aliénor a pu légitimement s'inquiéter de voir une situation qu'elle avait déjà subie se reproduire, elle a pu également réfléchir que les choses ne se présentaient pas de la même manière et qu'il n'était donc pas utile de s'alarmer. Que le roi et le chancelier partagent leur passion de la chasse, qu'ils s'épuisent comme des gamins en courses folles à la poursuite de gibiers... au fond peu importe ! Elle leur abandonne volontiers ces moments de détente. Ce qu'elle partage avec Henri, c'est la passion du pouvoir. Celle-là est la plus forte et elle a très vite compris que Thomas Becket ne rivaliserait pas avec elle sur ce point. L'homme n'est qu'un exécutant.

Sur les rapports ayant directement existé entre Aliénor et Thomas, nous ne savons rien. Ni en bien ni en mal. Nous en sommes réduits à quelques conjectures. Remarquons simplement qu'aucun chroniqueur de l'époque n'a cru devoir signaler une opposition quelconque entre le chancelier et la reine. Comme cela avait été le cas à propos de Suger et de la jeune Aliénor, j'en déduirais *a contrario* que les rapports entre Thomas et Aliénor ne devaient probablement pas être mauvais, sinon d'une neutralité prudente. Peut-être Henri avait-il lui-même défini les règles et partagé les rôles... ce qui serait assez bien dans son caractère.

11

Royale rencontre

Décembre 1155. Pour la deuxième année consécutive, Henri et Aliénor passent les fêtes de Noël à Bermondsey. La restauration du palais de Westminster n'est peut-être pas totalement achevée, à moins que la reine, qui a passé une partie de l'année à Londres, ait pris ses habitudes dans ce prieuré sur la rive droite de la Tamise qui l'a accueillie à son arrivée. Peut-on parler de repos après une année bien remplie ? Pourquoi pas ! Tant il est vrai que l'on imagine aisément Henri ayant besoin d'un peu de calme après une année passée à parcourir le pays dans tous les sens, guerroyant à droite à gauche, ici faisant détruire un « château adultérin », là arbitrant un différend entre deux barons ou entre une seigneurie ecclésiastique et un seigneur « laïc », car les conflits de juridiction sont une des principales causes de différend dans toute l'Europe de cette époque. L'Angleterre n'y fait pas exception, d'autant plus que le gouvernement faible du roi Étienne a favorisé les indépendances à tous les niveaux. J'imaginerais assez Aliénor appréciant d'avoir son mari avec elle après cette année qui n'a pas été une période de tout repos. Elle a mis un enfant au monde et, tout au long de l'année, a suppléé Henri dans l'administration du royaume pendant ses multiples chevauchées, redonné un peu de lustre à la pompe royale et, dans un temps où le signe et le symbole revêtent une très grande importance, ce genre de tâche est délicat et fait partie d'un « mode de gouvernement ».

S'interroger sur leur légitime envie de repos, c'est une nouvelle fois poser sur la vie d'il y a huit cents ans une question d'aujourd'hui. La tentation est grande, à regarder les choses d'aussi loin avec l'envie de comprendre ces êtres exceptionnels qui ont marqué notre histoire. C'est aussi une manière de nous rapprocher d'eux... L'époque est si différente de la nôtre ; les mentalités sont-elles obligatoirement aussi différentes ? Sans doute, même si la gamme des sentiments sur laquelle se jouent les vies et les actions est invariable : amour, haine, jalousie, envie, goût du pouvoir et de la domination, rapports à l'argent... C'est le contexte social dans lequel ces sentiments s'expriment qui est différent et que, j'en suis malheureusement convaincu, nous ne pouvons pas comprendre aujourd'hui. Ne nous attardons pas sur l'image d'un couple réuni pour passer ensemble des fêtes de fin d'année, savourant au coin du feu ou entre amis — la cour après tout ! — quelques jours de tranquillité après une rude année. Nous savons en plus que le tempérament d'Henri ne le prédispose pas à l'oisiveté.

Ces fêtes de fin d'année sont importantes car elles rythment la vie du couple. L'étendue de l'empire qu'ils vont gouverner leur impose un mode de vie nomade. C'est le lot de tous les grands féodaux et des souverains de l'époque car il faut consommer sur place les productions locales — les méthodes de conservation, en dehors de la salaison, n'existent pas —, ce qui oblige à aller d'un château l'autre. Pour Henri et Aliénor, ce nomadisme va prendre des proportions jamais atteintes jusque-là en raison de l'étendue de leurs domaines. Au cours des années qui viennent, ils vont sans cesse se croiser : lorsque Henri est en Angleterre, Aliénor est sur le continent, et vice versa. Mais presque tous les ans, ils se retrouvent pour les fêtes de Noël — pour Pâques aussi quand ils le peuvent — et tiennent leur cour ensemble. C'est l'occasion de réunir autour d'eux barons, prélats, poètes, jongleurs... Le roi et la reine sont des lettrés et apprécient les jeux de l'esprit. Tout au long de ces années, de cour en cour, Noël ou Pâques, nous verrons notamment se développer, se préciser et se « codifier » la légende arthurienne, la poésie des troubadours, l'amour courtois. C'est pourquoi il n'est pas inutile d'insister sur l'importance et le rôle de ces rendez-vous annuels que se donnent Henri et Aliénor, ces cours qu'ils tiennent ensemble. Accessoirement, cela permet aussi de faire des enfants !

Les fêtes de Noël 1155 à Bermondsey sont donc l'occasion pour Henri et Aliénor de faire le point. D'autant qu'ils vont se séparer à nouveau dans quelques jours, et cette fois-ci Henri ne restera pas sur l'île, il retourne sur le continent. Depuis plus d'un an, il s'occupe exclusivement de remettre de l'ordre dans le royaume d'Angleterre, il est grand temps d'aller voir ce qui se passe de l'autre côté de la Manche. Des bruits courent que son frère Geoffroy s'agite en Anjou. Les souverains anglais ont eu tout le temps de réfléchir aux difficultés qu'allait engendrer le gouvernement de leur vaste domaine, ils savent qu'ils ne maintiendront leur autorité qu'au prix d'une présence physique dans chaque État. Heureusement, la mobilité convient au tempérament du Plantagenêt et l'administration par délégation pendant l'absence du suzerain à celui d'Aliénor. Henri doit donc se rendre sur le continent. Il a l'intention d'y rencontrer Louis VII. L'entrevue est prévue pour février sans doute en Normandie.

Hormis l'état de l'Angleterre qui doit rester pour eux une préoccupation même s'ils peuvent légitimement se réjouir de la rapidité avec laquelle les choses semblent rentrer dans l'ordre, un point commence à mobiliser leur esprit : la conquête de l'Irlande.

Un événement imprévu s'est déroulé à Rome à la fin de l'année 1154, alors même qu'Henri et Aliénor s'apprêtaient à recevoir la couronne d'Angleterre. Un nouveau pape a été élu qui porte le nom d'Adrien IV. L'élection d'un souverain pontife est toujours un événement, particulièrement en ces temps où les rapports entre pouvoir temporel et spirituel sont en pleine élaboration. Mais, c'est important pour Henri et Aliénor : ce pape est anglais. C'est même, aujourd'hui encore, le seul Anglais à avoir jamais chaussé les souliers de saint Pierre.

Décidément, les Plantagenêt ont toutes les chances ! Comment ne pas penser qu'un Anglais sera plus sensible aux problèmes d'Angleterre et aura naturellement tendance à regarder avec bienveillance tout ce qui viendra de son pays, et bien entendu de son roi ? Louis VII n'a sans doute pas dû apprendre la nouvelle avec joie. Comme Henri et Aliénor, il sait que les années à venir seront marquées par un risque permanent d'affrontement entre les Plantagenêt et lui. Et le pape y jouera certainement un rôle.

Adrien IV, de son nom Nicolas Breakspear, était né dans une famille pauvre du Bertfordshire. Il avait fait ses études en France. Entré dans un monastère près d'Avignon il en était devenu prieur et avait fait preuve d'un sens très ferme de la discipline. Trop, sans doute, puisqu'il avait connu une violente opposition au sein de son monastère et avait été obligé de quitter Avignon pour l'Italie. Il avait été repéré par Eugène III qui appréciait le savoir et la rigueur morale de ce moine anglais. Il s'était attaché ses services et lui avait confié quelques missions délicates. Il s'était notamment fait remarquer par son action en Scandinavie où il avait, si l'on en croit son biographe, « donné la paix aux royaumes, des lois aux barbares, la quiétude aux monastères, l'ordre aux églises, la discipline au clergé et un peuple d'odeur agréable à Dieu [1] ». Adrien IV était à la fois un réformateur, conscient que l'Église devait évoluer, et aussi un homme d'ordre. C'est peut-être la raison principale pour laquelle les cardinaux l'avaient élu. Il était temps de mettre fin à l'« aventure républicaine » d'Arnaud de Brescia qui tenait toujours Rome et faisait peser une menace permanente sur la papauté. Quelques mois après l'élection d'Adrien IV, la chose était faite. Le nouveau pape utilisa pour cela une arme assez peu ecclésiastique : le « blocus économique ». Profitant de l'agression d'un cardinal dans Rome par des « républicains », Adrien frappa la ville d'interdit à l'approche de la Semaine sainte avec pour conséquences de priver les habitants de cérémonies religieuses — ce que les Romains pouvaient à la limite supporter — et d'empêcher la venue traditionnelle de pèlerins en nombre considérable pendant cette période, privant du même coup la ville et ses commerçants d'une énorme manne financière, ce qui était beaucoup plus difficilement acceptable. Le sénat romain, sous la pression de la foule, s'empressa de négocier avec le pape qui exigea l'expulsion d'Arnaud de Brescia et de ses partisans. Ce dernier quitta la ville et se dirigea vers le nord de l'Italie. Sur son chemin il rencontra l'empereur Frédéric Barberousse qui lui descendait vers Rome pour se faire couronner par le pape. Arnaud l'encombrait, il l'arrêta et le livra au préfet de Rome qui le fit promptement condamner et exécuter.

En un an, Adrien avait restauré le pouvoir pontifical dans la Ville sainte et aussi sur le Saint-Empire romain germanique. Le pape anglais aimait que les choses soient en ordre et de préférence sous l'autorité de l'Église. Il ne pouvait pas ne pas se préoccuper du cas

1. Cité par Pierre Aubé, *op.cit.*, page 108.

de l'Irlande, en proie au plus grand désordre et sur laquelle l'Église n'exerçait plus aucune autorité. Rome s'inquiétant sérieusement de la situation. Henri II, se rappelant que son ancêtre Guillaume le Conquérant avait envahi l'Angleterre avec la bénédiction du pape, considéra que la situation lui permettait de faire valoir ses visées sur l'île voisine ; après tout, il n'en était pas à une couronne près !

En septembre 1155, après sa campagne galloise réussie, il réunit les barons à Winchester et leur fait accepter le principe d'une invasion de l'Irlande. Reste à obtenir l'« imprimatur » d'Adrien IV. Le 9 octobre une ambassade quitte Londres pour Rome. Composée avec soin, cette ambassade est menée par Jean de Salisbury, promu en 1154 secrétaire de l'archevêque de Canterbury et surtout ami personnel du nouveau pape ; ils s'étaient rencontrés pendant leurs études à Paris. Salisbury a une mission « officielle », obtenir l'accord du pape pour l'invasion de l'Irlande, et une autre, plus officieuse, liée à l'entrevue que doivent avoir Henri II et Louis VII. En décembre 1155, l'ambassade anglaise a rejoint la cour pontificale. Les négociations vont durer deux mois et on peut penser qu'Henri et Aliénor sont tenus régulièrement informés de leur évolution. Car Adrien IV n'a pas l'intention de donner un blanc-seing au roi d'Angleterre sans contrepartie. Il connaît la situation de l'Église en Angleterre, la liberté qu'elle a acquise sous Étienne et il est sans aucun doute informé des velléités d'Henri de réduire ces libertés. Le roi a besoin du pape pour l'Irlande, ce dernier va donc « monnayer » son soutien. Les négociations sont ardues mais finalement l'envoyé d'Henri et Aliénor réussit. Dans son traité de logique *Metalogicus*, Salisbury écrit que, sur ses instances, le pape Adrien IV « concéda à l'illustre roi des Anglais, Henri II, la possession de l'Irlande à titre héréditaire comme en fait foi une bulle pontificale. On dit en effet que toutes les îles dépendent de l'Église romaine : ce droit antique remonte à Constantin qui fonda et dota sa puissance temporelle. Par mon intermédiaire le pape adressa [à Henri II] un anneau d'or orné d'une splendide émeraude en signe d'investiture de droit de gouverner l'Irlande... ». Jean est un défenseur de la primauté de l'Église sur le gouvernement temporel. Il écrit *Metalogicus* des années après l'événement et surtout après la mort de Thomas et son propre exil. Il appuie sur la primauté de l'Église, ce qui va dans le sens de ses idées, mais il faut apporter un éclairage un peu différent sur son récit. En l'occurrence l'« appartenance » des îles à l'Église de Rome est toute théorique. Il est bien évident que jamais Henri, ni aucun souverain de l'époque, n'accepterait d'avoir vis-à-vis de Rome des liens de vassalité comme il en existe entre les seigneurs temporels. Le roi d'Angleterre était tout à fait libre de conquérir et de gouverner l'Irlande comme il le souhaitait ; et de fait Henri n'entreprendra cette conquête qu'en 1171, quinze ans après le consentement du pape. Il n'est d'ailleurs pas complètement satisfait du résultat de la négociation menée par Jean de Salisbury et ce mécontentement se traduira par la disgrâce du clerc qu'il interdit de séjour en Angleterre. Le roi tient à son indépendance vis-à-vis du pape et les termes de l'accord tels que les relate Salisbury mettent en avant la seigneurie du pape sur l'Irlande, cadre juridique que le souverain pouvait difficilement accepter. Henri se prive d'un homme remarquable, qui de plus sera l'inspirateur, le maître à penser, de Thomas Becket dans son opposition au roi d'Angleterre quelques années plus tard.

*

En janvier 1156, Henri II Plantagenêt traverse la Manche et débarque en Normandie. Il a laissé l'Angleterre sous la garde de son chancelier et de la reine. Des historiens se sont étonnés de voir Aliénor rester sur l'île alors qu'elle n'avait pas mis les pieds en Aquitaine depuis près de deux ans. On a voulu y voir une manifestation d'autorité d'Henri cherchant à couper un peu plus sa femme de ses vassaux et asseoir son propre pouvoir sur le continent. On peut aussi regarder la chose sous un autre angle. Thomas Becket n'est chancelier que depuis un an et cette année, il l'a passée aux côtés d'Henri et n'a pas à proprement parler suppléé le roi ; il était en période d'essai en quelque sorte. Avant de lui laisser complètement l'Angleterre, et puisque le roi est obligé de quitter l'île, il y laisse sa femme quelques mois de plus notamment afin qu'elle « surveille » le chancelier. Il est raisonnable de penser que le Plantagenêt avait, du moins au début, plus confiance en sa femme qu'en son chancelier. Henri est un homme de pouvoir, impulsif quelquefois, mais qui n'agit jamais à la légère. Il n'a aucune raison à ce moment-là de « sanctionner » Aliénor et de l'éloigner à dessein de ses vassaux. Elle le rejoindra d'ailleurs en Aquitaine au cours de la seconde moitié de l'année 1156.

Ce qui me semble plus probable, c'est que, d'une part ils ont considéré que le rétablissement du pouvoir royal est encore trop récent et mal assuré et qu'il vaut mieux que la reine reste présente dans l'île pour incarner ce pouvoir, et d'autre part que la première étape du retour d'Henri sur le continent est une rencontre avec Louis VII, qui aurait peut-être trouvé de mauvais goût de revoir son ex-femme à cette occasion. Aliénor a sans doute souhaité elle-même ne pas assister à la rencontre. Qu'elle reste en Angleterre arrangeait tout le monde. Rien ne nous dit qu'il n'était pas dans les plans du couple de se retrouver plus tôt dans l'année et que, si la reine se rend sur le continent qu'après l'été, c'est qu'elle est enceinte.

Henri arrive à Rouen le 2 février 1156. Le 9 il rencontre Louis sur la frontière entre la Normandie et l'Île-de-France, quelque part entre Gisors et Neufmarché. Nous ne disposons pas du détail des entretiens entre les deux souverains. On peut néanmoins reconstituer les thèmes en fonction des positions de chacun et des résultats qui nous sont connus.

Des deux côtés, la donne a changé depuis leur précédente rencontre en 1154. Henri est maintenant roi et Louis a compris qu'il ne pourrait pas s'imposer par la force. Au cours des deux années écoulées, le Capétien a commencé à développer une politique qui le conduit à se poser en arbitre et en recours auprès de tous ses vassaux et non plus seulement, comme c'était le cas de ses prédécesseurs, être une sorte de bras armé de l'ordre ecclésiastique. On assiste à la mise en place, d'une manière embryonnaire, d'un royaume franc dont les contours sont maintenant délimités par les liens vassaliques entre les grands féodaux et le roi. L'autorité royale, pourtant sanctifiée par le couronnement religieux, prend lentement ses distances avec le pouvoir ecclésiastique. Louis VII, roi pieux s'il en est, marque de ce point de vue une rupture dans un processus et un inversement de tendance. On peut d'ailleurs penser que sur l'indépendance du pouvoir royal par rapport à l'Église, Henri et Louis sont du même avis. Ce sont leurs méthodes respectives pour asseoir cette indépendance qui vont s'avérer diamétralement opposées.

Louis veut imposer une image de *rex pacificus*. Pour cela il lui faut obtenir une sorte de coexistence pacifique avec le Plantagenêt. Henri de son côté a besoin de la neutralité du roi de France pour définir les règles du gouvernement de son empire compte tenu du nouvel élément très important que constitue désormais la présence de l'Angleterre dans cet empire. Le principal problème d'Henri et Aliénor sera la taille de leur territoire qui implique pour eux d'installer des relais et d'être d'une grande mobilité. Nous n'en sommes qu'aux toutes premières années de cet empire ; il faut le construire et lui donner un mode de fonctionnement viable. Les nouveaux souverains anglais ne peuvent pas se permettre d'entrer en conflit avec le Capétien.

Louis et Henri ont donc intérêt à la paix pour des raisons différentes. Voilà pour le fond de cette rencontre. Concrètement, de quoi ont-ils pu parler ? Selon Yves Sassier [1], un point n'a pas pu être évité, c'est le Vexin normand, pomme de discorde récurrente entre les deux maisons depuis que le père d'Henri, Geoffroy le Bel, avait été contraint de l'abandonner à la couronne de France, et dont Henri veut récupérer la possession. Autre sujet : l'Anjou. Le frère d'Henri, Geoffroy, s'agite. On se souvient que, selon le testament de Geoffroy le Bel, Henri devait laisser les comtés d'Anjou et du Maine à son frère quand il aurait ceint la couronne anglaise ; Henri avait finalement juré de respecter ce testament... serment qu'il n'est pas pressé de tenir. Il n'en a en fait aucunement l'intention. On se souvient également que Louis avait préalablement soutenu le jeune Geoffroy lorsqu'il avait tenté de soulever l'Anjou juste après le mariage d'Henri et Aliénor.

Le roi de France est maintenant en position d'arbitre dans la querelle qui oppose les deux frères. Il ne soutient plus ni l'un ni l'autre. Sans doute son « cœur » penche pour le plus jeune mais la puissance de l'aîné l'oblige à la neutralité. L'intention du Plantagenêt est de faire hommage au roi de France pour l'Anjou. Louis acceptant cet hommage, il reconnaît *ipso facto* les droits d'Henri au détriment de ceux de son frère. On

---

1. *Op. cit.*, page 272.

peut penser qu'en contrepartie Henri propose de dédommager généreusement son frère... ce qui est la moindre des choses. Mais ce n'est pas là l'argument principal du Plantagenêt. Il y a d'abord cette histoire de serment. Henri sort de sa manche, si l'on en croit un chroniqueur anglais, une carte maîtresse : Adrien IV l'a délié du serment qu'il avait prononcé en septembre 1151 devant la dépouille mortelle de son père ; c'était la part « officieuse » de la mission de Jean de Salisbury à Rome.

Autre argument de poids, Henri veut, en même temps qu'il fait hommage pour l'Anjou et le Maine, faire hommage pour l'Aquitaine et le Poitou en tant que duc et comte. Il aurait dû le faire après son mariage avec Aliénor mais il s'en était bien gardé. Or tant que cet hommage n'est pas rendu, Henri n'a pas officiellement reconnu l'autorité féodale du roi sur ces deux territoires ; il ne s'est pas déclaré son vassal. On se doute que pour Louis, la reconnaissance de sa suzeraineté par son rival est une chose importante et renforce l'autorité de la couronne. Henri, de son côté, a besoin de faire cet hommage qui le placera définitivement à la tête des territoires de sa femme. Si le roi accepte son hommage, les vassaux aquitains sont obligés de faire de même selon le système féodal. Il faut toujours avoir à l'esprit que l'un des principes de la féodalité est la reconnaissance de l'autre. Les liens se tissent dans les deux sens : je te reconnais pour mon vassal et tu me reconnais comme ton suzerain. Et la notion d'autorité est pyramidale avec au sommet le roi. Si celui-ci reconnaît un prince comme son vassal pour un territoire, tous les vassaux du prince dans ce territoire sont obligés de le reconnaître pour leur suzerain... c'est une sorte de réaction en chaîne qui ne tient que sur la parole donnée.

Pour Louis VII, que le jeune roi d'Angleterre reconnaisse sa suzeraineté sur l'ensemble de ses territoires continentaux est un acquis considérable qui vaut bien d'abandonner le jeune Geoffroy Plantagenêt à son sort de cadet déshérité. Le Capétien accepte l'hommage du Plantagenêt. Un *statu quo* s'installe qui ressemble non à une paix armée mais à une sorte de « paix ferme ». Aucun des deux n'est dupe : ils ne pourront manquer de s'affronter un jour ou l'autre.

Apparemment, Henri semble le plus grand bénéficiaire de l'accord. Renforcé par l'hommage fait au roi de France, il va pouvoir resserrer son emprise sur l'ensemble de ses territoires continentaux. Il est encore plus le « maître » de son empire naissant. Et Louis, bien qu'il ait obtenu par cet hommage la garantie que le roi d'Angleterre ne menacerait pas les possessions de la couronne — ce qui est loin d'être négligeable quand on a si peu de moyens financiers donc si peu de moyens guerriers que le roi de France ! —, peut passer pour celui qui s'est incliné devant la puissance du Plantagenêt. C'est une analyse à court terme. La réalité est plus subtile. Par cet hommage, qu'il ne pouvait éviter, Henri s'est lié les mains. Quoi qu'il fasse désormais sur ses terres continentales, il y aura au-dessus de lui l'autorité féodale du roi de France. Et lui-même, étant roi et « bénéficiant », pour l'autorité de sa propre couronne, du principe de soumission féodal, devra réfléchir s'il veut affronter directement son suzerain de France car il ouvrira *de facto* la porte à une attitude semblable de la part de ses vassaux anglais. Le serment d'allégeance féodal est un cadre extrêmement contraignant.

À l'issue de l'entrevue, Henri Plantagenêt, duc de Normandie et d'Aquitaine, comte d'Anjou, de Poitou et du Maine, fait donc hommage au roi de France de l'ensemble de ses territoires continentaux. Il retourne ensuite à Rouen et propose à son frère de le dédommager très largement en argent pour la perte de son héritage. Ce dernier n'entend pas se laisser faire, réunit une petite armée de fidèles et commence à s'emparer de villes et de places fortes angevines. Henri réagit avec la rapidité qu'on lui connaît. Il se précipite en Anjou avec son armée. Quelques semaines de bagarres et Geoffroy, enfermé dans la ville de Loudun, capitule en juillet. Il accepte de renoncer à ses droits contre une très confortable rente annuelle de trois mille livres. Le frère d'Henri serait à ce moment-là sorti de l'histoire si, quelques mois plus tard, les Nantais ne l'avaient choisi comme leur nouveau comte. Nul doute qu'Henri ait intrigué pour cela. Profitant de querelles dynastiques au sein de la maison de Bretagne, les habitants de Nantes, à l'automne 1156, destituent leur comte, Hoël, fils du duc de Bretagne Conan III, et appellent Geoffroy d'Anjou pour le remplacer. Les Angevins caressaient depuis plusieurs décennies l'idée de s'emparer de l'embouchure de la Loire, le fleuve traversant leurs terres, c'est maintenant chose faite... sans avoir recours aux armes et sans entrer en conflit avec la puissante famille de Bretagne puisque ce sont les habitants de Nantes qui ont choisi. Belle opération ! Cela suffit à comprendre qu'Henri ne pouvait pas être étranger à la bonne fortune de son frère. Car bien évidemment Geoffroy, malgré les ressentiments légitimes qu'il peut avoir envers son aîné, reste dans la sphère d'influence du Plantagenêt. Il a besoin de sa puissance pour se maintenir si le duc de Bretagne décide de reprendre Nantes. Tout cela équivaut à faire entrer la ville — et surtout son port avec les richesses que cela suppose — dans l'empire d'Henri et Aliénor.

L'affaire nantaise réglée, Henri se dirige vers les États aquitains et Bordeaux. La reine l'a rejoint et le couple passe les fêtes de Noël dans la ville qui a vu les premières années de la souveraine.

Aliénor est restée en Angleterre jusqu'à la fin de l'été. Pour la reine cette période de l'année 1156 a été marquée par deux événements, l'un heureux, l'autre malheureux. Nous ne savons pas exactement dans quel ordre ils se sont déroulés. Ce qui est sûr, c'est qu'en juin 1156 Guillaume, l'aîné des enfants du couple, meurt. On le savait de santé fragile, il n'aura pas vécu trois ans. Sa mère le fait enterrer à Reading. Dans les mêmes semaines, Aliénor met au monde la petite Mathilde. Probablement vers la fin de l'été, la reine quitte l'Angleterre, laissant l'île aux bons soins de Thomas Becket. On ne sait pas si elle est accompagnée de ses deux enfants. Le jeune Henri est maintenant l'héritier de la couronne et nous savons que c'est Thomas Becket qui sera chargé de veiller à son éducation. La décision avait-elle été prise avant le départ d'Henri, l'a-t-elle été par Aliénor pendant l'été ou encore l'année suivante, lorsque le couple reviendra dans l'île ? Dans les deux premiers cas on peut imaginer que l'enfant est resté auprès du chancelier. Sinon, la reine a pu garder ses enfants avec elle. Cela se rapprocherait de notre propre conception de la famille comme une « cellule » réunie le plus souvent possible ; c'est loin d'être le cas pour des gens comme Henri et Aliénor qui sont plus préoccupés par le gouvernement de leurs États que par l'éducation des enfants, y compris des leurs.

Accompagnée ou non des enfants, Aliénor retrouve son mari, peut-être en Anjou, dans le courant du mois d'octobre. Henri est officiellement « sacré » duc d'Aquitaine, vers la mi-novembre. Aucun doute qu'Aliénor a œuvré pour ce sacre et qu'elle a mis tout son poids de duchesse héréditaire pour convaincre ses barons aquitains de reconnaître solennellement Henri comme leur duc et comte. La cérémonie se déroule dans la basilique Saint-Hilaire. La cathédrale Saint-Pierre, qui sera détruite quelques années plus tard pour faire place à celle que nous connaissons, a été construite sur ordre d'Aliénor et d'Henri. On trouve dans les chroniques la mention que la reine a demandé l'autorisation à son époux de faire construire une nouvelle cathédrale et que celui-ci la lui a accordée. Henri est désormais le comte-duc, c'est donc lui qui décide.

Sous les Plantagenêt, la cérémonie de couronnement des ducs d'Aquitaine va prendre un lustre tout particulier. Là encore, il faut y voir un effet de la rivalité avec les Capétiens. Plus le « sacre » du duc d'Aquitaine revêtira un aspect grandiose et solennel, plus il diminuera son inféodation au roi de France en marquant sa richesse, son pouvoir et son ancienneté. Il s'inscrit dans une tradition qui remonte soixante ans avant l'installation d'Hugues Capet sur le trône de France ; Eble Manzer, comte de Poitiers, recueille l'Aquitaine en 927 alors que Hugues Ier Capet est couronné en 987.

Le roi d'Angleterre n'a pas perdu de temps pour se faire couronner après avoir fait hommage des terres de sa femme au roi de France. J'aurais même tendance à penser que, si ce n'avait été l'épisode angevin pour « calmer » son frère, il l'aurait fait plus tôt. Il lui fallait aussi attendre qu'Aliénor le rejoigne, donc qu'elle se remette de son accouchement. On connaît l'impatience d'Henri, ce temps a dû lui peser. Mais la présence de sa femme est indispensable. Ces terres sont à elle et elle les apporte en dot à son mari. Pourtant, elle-même n'a jamais été couronnée duchesse d'Aquitaine. Elle ne peut l'être que mariée. En revanche, elle pourra plus tard décider de faire couronner duc son fils Richard, de son vivant et plus ou moins contre l'avis d'Henri. Cela montre l'ambiguïté du pouvoir de la femme dans la féodalité : il est réel, mais ne s'exerce que sous l'autorité d'un homme.

Pour l'heure, c'est Henri qui est couronné et on mesure par la rapidité avec laquelle il a organisé la cérémonie que ce couronnement lui était indispensable pour être accepté par ses vassaux. L'hommage à Louis VII était de ce point de vue capital et la volonté seule d'Aliénor, par exemple, n'y suffisait pas. On se souvient de la chevauché aquitaine de la fin de l'année de leur mariage, en 1152. Pourquoi Henri n'a-t-il pas été couronné à ce moment-là ? Après tout ils avaient eu le temps de préparer la cérémonie puisqu'ils s'étaient mariés en mai. À l'époque, pour des raisons évidentes, Henri n'avait pas fait hommage des terres de sa femme au roi de France ; on avait donc attendu. L'Angleterre les avait ensuite accaparés. Cela nous donne une indication très précise du rôle et de la place morale que tient le roi de France dans cette société féodale sortie depuis quelques décennies d'une période d'hésitation et qui commence à se codifier.

Le couple royal, ducal et comtal est à Bordeaux pour les fêtes de Noël 1156. La cour qui entoure Henri et Aliénor est avant tout une sorte d'administration itinérante. « Tenir sa cour en lieu » veut dire également régler les problèmes locaux, de justice, de police, arbitrer les différends, décider des taxes spéciales, des transferts de biens comme les donations au clergé ou à des tiers, etc. L'empire Plantagenêt sera tout au long du règne d'Henri et Aliénor remarquablement administré sans pour autant qu'il existât une administration centrale telle qu'elle a pu s'installer en France à partir du XVIIᵉ siècle. Cohabitent deux niveaux d'administration : le niveau local avec les *sheriffs* et autres prévôts, baillis, vicomtes... et une *curia* autour du prince chargée des affaires générales et qui fonctionne comme une sorte d'administration supérieure à laquelle on peut avoir recours si l'on ne trouve pas une juste solution à son problème à l'échelon local. Cette « mécanique » administrative héritée des Normands a parfaitement fonctionné sous Henri et Aliénor et, plus tard, sous le règne de leur fils Richard.

12

Second couronnement

Au début de l'année 1157, le couple royal retourne en Angleterre. Henri y reprend aussitôt son activité de pacification et d'administration. Les Gallois donnant quelques signes d'agitation, il entreprend une campagne fulgurante et leur reprend des territoires frontaliers dont ils s'étaient emparés au temps du roi Étienne.

En avril, le roi et la reine tiennent leur cour à Londres. En juillet, les souverains réunissent à Northampton une grande assemblée où se retrouvent la plupart des barons anglais. C'est l'occasion de faire le point après deux années de règne. Henri et Aliénor ont tout lieu d'être satisfaits. Le pays est pacifié, les derniers seigneurs récalcitrants ont été matés, les derniers châteaux adultérins détruits et l'argent rentre régulièrement dans les caisses. On frappe maintenant une monnaie plus riche en métaux précieux, qui redonne confiance aux marchands, de sorte que l'activité commerciale de l'île — et tout particulièrement de la cité de Londres — est en pleine croissance. Les frontières nord avec l'Écosse et ouest avec le pays de Galles sont également pacifiées. Le roi Malcolm IV d'Écosse a renoncé aux comtés — Northumberland, Westmorland et Cumberland — que la couronne écossaise s'était appropriés sous le règne d'Étienne de Blois et que, quelques années plus tôt, Henri avait cédées au prédécesseur de Malcolm, pour prix de son soutien contre Étienne. Mais le jeune roi d'Angleterre est désormais le plus fort, Malcolm s'incline et se voit contraint de lui faire hommage pour toutes ses possessions sur le royaume d'Angleterre. Du côté gallois, on se tient tranquille depuis l'opération éclair du début de l'année à l'issue de laquelle Henri a obtenu l'hommage des deux principaux chefs gallois, Owain, prince de Gwynedd, et Rhys ap Gruffydd, prince de Deheubarth.

Le 8 septembre 1157, le couple se réjouit d'un heureux événement : Aliénor met au monde un fils, son quatrième enfant avec Henri, que l'on prénomme Richard. Ce Richard entrera plus tard dans l'histoire, et dans la légende, sous le nom de Richard Ier Cœur de Lion. L'enfant naît à Oxford.

Le couple passe les fêtes de Noël à Wikeford, près de Lincoln, dans le centre de l'Angleterre. Ensemble ils préparent un événement important qu'ils ont décidé pour l'année 1158 : leur second couronnement. La cérémonie est prévue pour le jour de Pâques et se déroulera dans la cathédrale de Worcester.

Une nouvelle cérémonie de couronnement, moins de quatre ans après la première de décembre 1154, n'est pas une chose exceptionnelle. Les Capétiens, au début de leur installation sur le trône de France, ont eu recours à ce procédé. Sans oublier que les rois faisaient couronner leur fils de leur vivant afin de s'assurer de la continuité dynastique.

Il y a deux niveaux dans le sacre : le niveau spirituel, religieux, et le niveau temporel. Le roi est oint par un ecclésiastique — en France, il s'agit de l'archevêque de Reims, en Angleterre celui de Canterbury —, il reçoit ainsi de l'Église la mission d'assurer le calme et la sécurité des chrétiens. Dans le même temps, par l'apposition sur son front d'une huile consacrée, il devient une personne religieuse dont on peut considérer qu'elle tire son autorité de Dieu lui-même et non plus de l'Église ou de Rome. D'où l'ambiguïté du pouvoir royal face à l'Église et les conflits nombreux qui ont découlé de cette ambiguïté. Cette onction influe également sur la personne « laïque » du souverain, comme le souligne Martin Aurell : « Dans le droit féodal, l'onction offre un atout supplémentaire à son récipiendaire. Elle le place théoriquement au-dessus de tous les pouvoirs civils. Aucune autorité laïque ne lui est supérieure ; il tient de nul ; il est empereur en son royaume [1]. » Cependant, considérons qu'au niveau religieux il n'est pas besoin d'un second couronnement. Le premier suffit une fois pour toutes. Lorsqu'on est investi d'une mission divine par sacrement, il n'est pas indispensable d'y revenir tous les quatre ans !

C'est à un autre niveau, temporel, qu'il faut chercher la justification d'une seconde cérémonie de couronnement. En acclamant le roi, pendant la cérémonie, après qu'on eut déposé la couronne sur sa tête, tous les féodaux présents acceptent son autorité : ils le « reconnaissent » solennellement pour leur roi et lui font hommage collectivement. La légitimité est un souci constant pour Henri et Aliénor.

Le second couronnement d'Henri et Aliénor, en 1158, est à considérer comme une assise supplémentaire qui les conforte sur le trône d'Angleterre. La cérémonie clôt les trois premières années de leur règne qui sont des années de pacification et de remise en route de l'État. Ils ont réussi. Leur premier couronnement symbolisait l'espoir d'un peuple qui voulait sortir de vingt ans de guerre civile, de douleur, de chaos. Henri et Aliénor étaient alors attendus, espérés, comme n'importe qui portant avec lui le souffle du changement et la promesse d'une vie heureuse. À l'approche de l'avènement

1. *Op. cit.*, page 137.

d'Henri et Aliénor, en 1154, l'archidiacre de Huntington écrivait, plein d'espoir et d'enthousiasme et s'adressant au futur roi : « ... tu es le plus digne du sceptre, toi qui tiens déjà les rênes du royaume ! Tu ne portes certes pas encore le sceptre, mais à travers toi ou même encore sans toi, retenu au-delà de la mer, l'Angleterre jouit de la paix [...]. Tes baguettes, alors que tu t'approches rayonnant, sont confiance certaine, clémence joyeuse, puissance prudente, joug léger, vengeance pondérée, correction douce, amour chaste, honneur balancé et désir modéré. »

C'est un vœu que l'on avait couronné en décembre 1154. En avril 1158, le vœu s'est réalisé et c'est un homme et une femme qui ont montré qu'ils étaient à la hauteur de la tâche qui leur avait été confiée que l'on couronne. Le lien personnel, d'homme à homme, présent dans chaque serment féodal, joue totalement dans ce second couronnement. Ils ne ceignent pas, cette fois, la couronne par héritage, à la suite d'une combinaison faite de filiation, de chance, de force et d'habilité, mais parce qu'il en sont dignes, et que l'ensemble de la population, nobles, ecclésiastiques, bourgeois et paysans, les « reconnaissent » pour leurs souverains et s'inclinent devant leur pouvoir.

Dans une certaine mesure, le couronnement de Worcester est presque plus important que le premier, à Westminster. C'est pourquoi le roi et la reine le veulent grandiose. D'autant qu'ils ont prévu une « surprise » à la suite de la cérémonie. Ils ont apporté tous leurs soins à la préparation de ce couronnement et nul doute que l'efficace Thomas Becket a dû se dépenser sans compter pour organiser un événement digne de la puissance des souverains anglais. Son sens de la munificence a pu s'exprimer sans limites.

Si l'on sait que tout le ban et l'arrière-ban de l'aristocratie anglo-normande était présent, nous ne connaissons pas le détail de ce couronnement. Cette cérémonie très codifiée se déroulait à peu près toujours de la même manière avant et après le règne d'Henri et Aliénor. Il est possible d'en reconstituer le déroulement grâce au récit très détaillé que Roger de Howden fait du couronnement de Richard Cœur de Lion à Westminster en 1189, et à la description faite par Gervais de Canterbury de la cérémonie de port de la couronne par le même Richard, à Winchester, à son retour de croisade et de la captivité qui l'avait suivie, en 1194.

Le roi attend dans sa chambre. C'est là que vient le chercher un cortège composé d'évêques, d'abbés et de clercs. En procession, ils empruntent ensuite une rue dont le sol est recouvert de tapis et le mènent jusqu'à l'autel — en l'occurrence, pour Henri en 1158, celui de la cathédrale de Worcester. Lors du couronnement de Richard, Roger de Howden détaille l'ordre de la procession. En premier, viennent les clercs qui portent goupillon, croix et encensoirs. Ils sont suivis de prélats — prieurs, abbés et évêques — qui entourent quatre barons portant chacun un candélabre doré. Quatre autres barons ou grands féodaux portent le bonnet du roi, ses deux éperons d'or, le sceptre et une baguette dorée surmontée d'une colombe. Le cortège se poursuit avec de nouveau trois grands seigneurs portant chacun un glaive ; pour le couronnement de Richard, il s'agissait de son frère, Jean sans Terre, David de Huntingdon, frère du roi d'Écosse, et Robert de Beaumont. Ils précèdent six comtes et barons tenant sur leurs épaules un grand échiquier où sont posés les *regalia* [1] et

---

1. Les *regalia* sont les objets qui symbolisent le pouvoir royal et qui sont donc nécessaires pour « faire » un roi. Ils sont de trois sortes : les vêtements du sacre, les insignes royaux et les instruments liturgiques indispensables au sacre ou au couronnement. Les *regalia* ont appartenu à de grands ancêtres ; l'épée de Charlemagne, par exemple, pour les rois de France. Ils sont transmis de génération en génération et sont la part symbolique du « trésor royal » ; leur détention confère une

les vêtements royaux. Vient ensuite un seigneur portant la couronne et, fermant le cortège, le roi, placé sous un dais de soie tendu par quatre barons des cinq ports et entouré de deux évêques. La procession est suivie par une foule d'aristocrates, comtes, barons, chevaliers — pour la plupart anglais et gallois —, et par un grand nombre de clercs. Selon Martin Aurell : « Par son ordonnancement, cette procession reflète la hiérarchie des deux premiers ordres de la société anglaise, même si elle ne répond pas aux critères de la préséance au sens strict [1]. »

Le cortège et sa suite entrent dans la cathédrale sous une acclamation solennelle qui indique que le peuple et le clergé reconnaissent comme leur roi l'homme pénétrant dans l'église et que l'on va couronner. « Cette acclamation ancienne, commune aux anciennes tribus celtiques et anglo-saxonnes, joue sur la complémentarité des principes d'élection et d'hérédité. À une époque où les règles de succession ne sont pas encore rigoureusement fixées, elle a toute sa raison d'être [2]. »

Devant l'autel, le roi s'agenouille. Il étend ses mains, les pose sur les Évangiles et les reliques placés sur l'autel. Il prête alors le triple serment de protéger l'Église, de rendre la justice au peuple et de supprimer les mauvaises coutumes. Ce serment est suivi de la

---

légitimité. Souvenons-nous que lors de son débarquement, fin 1154, après la mort d'Étienne de Blois, Henri se précipite à Winchester où est conservé le trésor royal. Les rois anglo-normands ne semblent pas posséder de reliques très anciennes en matière de *regalia*. Une liste de ces objets établie en 1207 nous est parvenue. Elle montre par exemple que la couronne de Jean sans Terre (le dernier fils d'Henri et Aliénor qui succéda en 1199 à son frère aîné Richard) provenait d'Allemagne et était sans doute une des deux couronnes rapportées par l'Empereresse Mathilde après la mort de son mari l'empereur du Saint-Empire Henri V.

1. *Op. cit.*, page 124.
2. Martin Aurell, *op. cit.*, page 125.

proclamation de quelques devoirs et, parmi eux, celui de respecter les privilèges de ses sujets. Henri aurait, si l'on en croit certains historiens, ajouté un quatrième volet à son serment qui serait l'inaliénabilité des droits et des propriétés de la couronne, et cela dans le but d'affirmer l'autorité de la couronne face à l'Église. Une fois le serment prononcé, le texte en est déposé sur l'autel.

Le roi ôte maintenant tous ses vêtements pour ne conserver qu'une chemise et des braies. À ce moment, l'archevêque de Canterbury entre en scène. Le vieux Thibaud, qui avait déjà sacré Henri et Aliénor en 1154, oint la tête, la poitrine et les bras du souverain. Ces trois parties du corps sont censées être les sièges de la gloire, de la science et de la force. C'est, à l'époque, le moment de la cérémonie le plus chargé de symbole, son « temps fort » en quelque sorte. L'archevêque pose ensuite le bonnet sur la tête du roi qui revêt deux habits sacerdotaux : une aube et une dalmatique. Le prélat lui remet alors l'épée par un geste qui symbolise le fait que c'est l'Église qui l'investit du pouvoir. Au tour des insignes de la chevalerie maintenant : deux barons lui placent aux chevilles les éperons d'or. À ce stade, on peut considérer que le roi est investi des deux pouvoirs, spirituel et temporel, qui lui sont conférés par l'Église et par l'aristocratie laïque. À l'invitation de l'archevêque, le roi prononce une seconde fois le triple serment du début de la cérémonie.

C'est maintenant le moment de recevoir la couronne. Howden, dans son récit du couronnement de Richard Cœur de Lion, montre le roi se saisissant lui-même de la couronne posée sur l'autel, la remettant ensuite à l'archevêque qui la lui pose sur la tête. Il est très probable qu'Henri ait procédé de la même manière ; c'est peut-être même lui qui a instauré ce geste fort d'indépendance du roi face aux prélats, ce qui va tout à fait dans le sens de sa politique. Après la couronne, le roi reçoit deux autres emblèmes de son pouvoir ; le sceptre et la baguette, symboles du commandement.

La cérémonie du sacre se termine par l'intronisation du roi. Elle est suivie d'une messe. Pendant cette messe, au moment de l'offertoire, le roi se lève de son trône et dépose une pièce d'or sur l'autel, geste qui symbolise une nouvelle foi la soumission du souverain à l'Église.

Selon toute probabilité Aliénor est couronnée en même temps que son époux. Nous ignorons malheureusement les détails de la cérémonie. Était-elle couronnée après le roi ou exactement au même moment ? Étant donné que les détails nous sont donnés par le récit du couronnement de Richard qui était célibataire lorsqu'il a succédé à son père, il est difficile, voire impossible, de déterminer précisément le déroulement des choses en ce qui concerne la reine. La question s'est d'ailleurs posée de savoir si la reine avait été ointe lors du premier couronnement de 1154, étant donné qu'elle l'avait déjà été lors de son couronnement comme reine de France. Martin Aurell, qui a étudié très précisément la cérémonie de couronnement des souverains angevins, relève deux points essentiels à propos du couronnement de la reine : « D'une part, en situation normale, la reine est sacrée en même temps que son époux. D'autre part, elle reçoit, comme lui, l'onction et la couronne, éléments essentiels et constitutifs de la cérémonie. En outre ses *regalia* comprennent, comme pour son conjoint, le sceptre et la baguette ; en revanche, contrairement à son époux, elle se voit passer l'anneau au doigt et ne reçoit aucune épée. En somme, sacre et couronnement opérés avec le mari attribuent à la reine un statut de souverain équivalent [1]. » Mais si la reine tire incontestablement autorité et prestige de son sacre, qu'elle ne reçoive pas l'épée — insigne de commandement militaire et de pouvoir judiciaire — la prive de la

---

1. *Op. cit.*, page 131.

réalité du pouvoir. Et Martin Aurell conclut : « L'épouse royale est donc associée au trône, ce qui la rend "consort" au sens entier du terme, à savoir l'association à la même destinée et à la communauté d'honneur et dignité. Mais sa puissance réelle n'est jamais institutionnalisée : elle dépend exclusivement de son ascendant sur son époux, du pouvoir qu'elle a conservé dans sa principauté territoriale ou des circonstances de son veuvage. »

Revenons à Pâques 1158 à Worcester. Pendant la messe qui suit la cérémonie, au moment de l'offertoire, Henri et Aliénor font un geste inattendu : ils déposent leur couronne sur l'autel et jurent de ne plus jamais la porter. Leur geste a surpris et fait couler beaucoup d'encre de leur vivant et bien plus tard. Si l'on regarde objectivement les choses, les souverains avaient plusieurs raisons pour agir ainsi : des « bonnes » et des « moins bonnes ». Dans les moins bonnes, rangeons un souci d'économie et une certaine distance vis-à-vis de l'apparat. De la part d'Henri, ce n'est pas très étonnant. Il ne se soucie pas de son apparence et n'éprouve aucun goût pour le luxe, d'autant que ce genre de cérémonie coûte une fortune. Ce dédain du luxe surprend plus de la part d'Aliénor qui n'a jamais caché son goût pour un certain faste ; goût qu'elle avait déjà très jeune et qui s'est accru lors de la croisade lorsqu'elle a passé quelques jours à la cour de l'empereur de Byzance et qu'elle a été littéralement éblouie par la richesse de la cour byzantine. Mais après tout la reine a vieilli ! Certains historiens y ont vu un souci d'humilité... n'exagérons rien ! On peut dire beaucoup de choses sur Henri et Aliénor, mais certainement pas que leurs personnalités se caractérisaient par un sens plus ou moins prononcé de l'humilité ! Comme souvent, chez ces deux-là, il faut regarder du côté des raisons politiques, qui sont les « bonnes ». La première est qu'ils n'ont plus besoin de ce type de cérémonie ; ils sont sûrs de leur pouvoir, plus personne ne le conteste, ni à l'intérieur du pays, ni à l'extérieur, tant du côté gallois que du côté écossais. En jurant qu'ils ne porteront plus jamais leur couronne, ils montrent qu'ils sont confiants dans l'avenir et sûrs d'eux-mêmes. C'est un geste très habile, fait devant la plus grande partie de l'aristocratie du pays qui vient de les acclamer comme souverains. C'est un peu comme si Henri et Aliénor obligeaient leurs barons non seulement à les reconnaître comme roi et reine mais aussi à accepter de ne plus jamais contester de quelque manière que ce soit leur pouvoir. C'est aussi un geste politique vers l'Église car, nous l'avons vu dans le déroulement de la cérémonie, il y a, à plusieurs reprises, des gestes de soumission du roi devant l'autorité ecclésiastique ; plus de couronnement, cela veut dire plus de soumission ostentatoire. Soyons convaincus qu'Henri et Aliénor ont réfléchi ce geste qui s'inscrit dans la ligne politique d'indépendance du pouvoir royal qu'ils ont adoptée dès leur avènement et qu'ils vont maintenir tout au long de leur règne.

Enfin, il semble que ce renoncement à l'ostentation du port de la couronne montre, une fois de plus, combien ils aiment exercer le pouvoir pour lui-même. N'auraient-ils pas l'impression de n'exister réellement que dans l'exercice du pouvoir ?

*

1158 est une année charnière dans la vie « politique » du couple. À Worcester, on a couronné les souverains les plus riches et les plus puissants d'Occident. La meilleure preuve, selon les canons de la société féodale, en est que le comte de Flandres, Thierry d'Alsace, partant pour Jérusalem, confie à son neveu, le roi d'Angleterre, sa terre et son fils pendant son absence, alors qu'il est vassal du roi de France et que c'est à lui qu'il aurait dû s'en remettre. Arrêtons-nous un instant pour tenter d'imaginer ce qui pouvait se passer dans les esprits d'Henri et Aliénor au moment où l'archevêque de Canterbury posait la couronne sur leur tête. Peu de couples, dans l'histoire, ont bâti en si peu de temps — à peine six années se sont écoulées depuis leur mariage — un tel empire. Cet empire durera, ils en sont convaincus. Ils ont deux fils, une fille et Aliénor, au moment de Pâques, est à nouveau enceinte. Quelques mois après le couronnement un troisième fils vient au monde. Il est prénommé Geoffroy.

Henri et Aliénor peuvent tout se permettre, ils en ont les moyens. Ils ont la couronne d'Angleterre, c'est maintenant la couronne de France qui les intéresse. Pas pour eux, mais pour un de leurs fils. En effet, la seconde femme de Louis VII, Constance de Castille, épousée en 1154, a donné naissance en 1156 à une petite fille, Marguerite. Louis n'a toujours pas d'héritier mâle, et il vieillit.

Difficile de dire lequel d'Henri ou d'Aliénor a le plus envie de voir cette couronne tomber entre les mains de la famille Plantagenêt. La reine a peut-être conservé au fond d'elle-même une nostalgie de l'avoir abandonnée... Ils décident donc d'envoyer un ambassadeur auprès du roi de France pour le convaincre d'accepter une union entre leurs deux familles. Malgré leur puissance, ils sont conscients que la tâche ne sera pas facile. Mais le roi et la reine disposent d'une « arme » très efficace pour parvenir à leurs fins : le charme, l'intelligence et l'habileté du chancelier Thomas Becket. Personne d'autre que lui n'est capable de réussir dans cette entreprise. Henri et Aliénor le savent, c'est donc à lui que l'on confie la mission.

13

La belle ambassade

« Tout avait été organisé pour donner une haute idée de l'opulence et du luxe des Anglais, afin que partout, tous honorent le maître en la personne de l'ambassadeur et la mission en sa propre personne. » Par ces quelques mots, Guillaume Fils Étienne commence une description enthousiaste des fastes de l'ambassade conduite par Thomas Becket.

Le chancelier quitte le sol anglais sans doute vers le début du mois de mai 1158, quelques jours après le couronnement de Worcester, et débarque à la tête d'une suite de vaisseaux sur les côtes normandes. Les cales des navires regorgent de tout ce que le royaume peut produire de mieux, de plus spectaculaire et de plus fastueux. Pour Thomas, l'un des moyens de parvenir à convaincre le roi de France est de lui montrer combien il a affaire à un souverain riche et puissant. La diplomatie passe par l'intimidation et aussi la rumeur. Il veut que le roi soit averti, avant même son arrivée à Paris, de la munificence du cortège entourant le chancelier, que la foule soit éblouie, qu'elle en parle et que le bouche à oreille parvienne au Palais de la Cité. Pour cela, il n'a pas lésiné sur les moyens. On sait Thomas habitué aux largesses — sa réputation sur ce point n'est plus à faire — et face à l'enjeu de l'ambassade, il a eu carte blanche des souverains. À la richesse et la diversité du cortège accompagnant le chancelier, on comprend qu'il a fallu du temps pour préparer tout cela et qu'Henri et Aliénor avaient pris leur décision longtemps avant l'envoi de l'ambassade. Cela nous donne une indication sur l'importance qu'ils donnent à la mission confiée à Thomas. Selon toute probabilité, elle s'inscrit dans un vaste plan politique.

Voyons maintenant le détail de ce cortège qui, par-delà les siècles, continue de nous fasciner. Le chancelier « était accompagné par environ deux cents cavaliers de sa maison, des hommes d'armes, des prêtres, des officiers de bouche, des serviteurs, des hommes armés, des fils de nobles et leurs troupes, tous exercés au métier des armes. Tous, ainsi que leur suite, resplendissaient dans des habits neufs, chacun selon son rang. Il avait vingt-quatre habits de rechange, presque tous destinés à être offerts et à rester outre-mer — Thomas comptait essentiellement s'en servir comme cadeaux aux prélats ou barons qu'il croiserait sur sa route —, des accessoires d'élégance, des peaux, des manteaux, des tapis, et toutes choses qui ornaient le sol de la chambre et le lit du chancelier à l'étape. Des richesses, des chiens et des oiseaux de toutes sortes, selon l'usage des rois, l'accompagnaient. Huit chars tirés chacun par cinq chevaux de même force et de même allure ; chaque cheval avait pour l'accompagner un jeune homme vêtu d'une tunique neuve et chaque char un conducteur et un gardien. Deux de ces chars transportaient uniquement des tonneaux de bière, décoction de grains fermentés que les Français trouvèrent délicieuse et qui est, en effet, une boisson très saine, limpide, de la couleur d'un beau cru, mais meilleure que le vin. La chapelle du chancelier avait son char propre ainsi que tout ce qui servait à la cuisine et au coucher. D'autres chars transportaient des vivres, des boissons, des linges, des tapis, des vêtements de nuit et toutes sortes d'impedimenta. Douze chevaux de bât transportaient des coffres dont huit étaient chargés de vaisselle d'or et d'argent, de vases, de coupes, d'amphores, de tasses, de bassins, de plats divers, de salières, de cuillères, de couteaux, d'ustensiles de cuisson. D'autres coffres contenaient des pièces d'argent en quantité suffisante pour faire face aux dépenses quotidiennes de la troupe et faire des dons en route. Un cheval portait les coffres de livres, qui marchait devant les autres. Chaque cheval avait son palefrenier. Quelques chars tiraient derrière eux ou transportaient des chiens d'allure féroce, qu'on aurait pu prendre pour des ours ou des lions. Et même, sur chaque bête de somme, on remarquait un singe — une petite pointe d'exotisme [1] ! ».

Le cortège entre dans Paris par une belle journée de juin. Pour l'occasion, les Parisiens venus assister à l'arrivée de l'ambassade anglaise eurent droit à une mise en scène particulière. Le cortège s'ouvrait par les deux cent cinquante pages et écuyers de la troupe, rangés par groupes de seize, rythmant leur marche par des chants anglais et gallois. Ils virent ensuite passer la vénerie composée de chiens de chasse tenus en laisse et, sur les bras des fauconniers, de vautours, éperviers et autres faucons, tous plus superbes les uns que les autres — on sait la passion d'Henri et Thomas pour la chasse au faucon, on peut être certain que le chancelier avait emmené leurs plus beaux spécimens — et soigneusement encapuchonnés. Puis venait une suite de chars dont le premier portait la chapelle du chancelier, superbe char tendu de draperies écarlates et aux essieux dorés. Le défilé se poursuivait avec douze mulets chargés de coffres autour desquels les singes sautillaient pour la plus grande joie des badauds, puis

---

1. Cité par Jean Verseuil, *Aliénor d'Aquitaine et les siens*, Critérion, Paris, 1991, page 134.

les hommes d'armes et enfin le chancelier d'Angleterre, Thomas Becket, entouré de quelques familiers.

L'ambassade anglaise est logée dans les bâtiments du Temple ainsi que l'a décidé Louis VII. Tout le temps que durera le séjour des Anglais, le Temple sera transformé en lieu de curiosité où se précipiteront les Parisiens pour voir ces Anglais si riches et aussi pour profiter des dons en nourriture et boisson que Thomas avait ordonnés chaque jour. La tradition veut que l'hôte, en l'occurrence le roi de France, « entretienne » les membres de la délégation et surtout les nourrisse. Louis VII est beaucoup moins fortuné que son rival anglais et nul doute que cette perspective de dépense imprévue et importante ne le réjouit pas — sans compter qu'aux dépenses quotidiennes il faut ajouter quelques fêtes aussi indispensables que dispendieuses —, pourtant la tradition est la tradition et il fait savoir à Thomas, avant son arrivée, que des ordres ont été donnés afin que les commerçants de la ville n'acceptent aucun argent des Anglais, et que tout ce qu'ils se procureront sur les marchés parisiens sera payé par la couronne. Mais Thomas contourne avec tact l'hospitalité du Capétien. Il envoie en éclaireurs des intendants acheter sur les marchés alentour de Paris — Corbeil, Lagny, Pontoise, Saint-Denis... — la viande, les poissons, le pain et les légumes nécessaires pour nourrir à la fois les gens de son escorte et les invités. Très habilement, Thomas a donné l'ordre que tout soit payé au prix fort sans discuter, bien évidemment dans le but que cela se sache. En agissant ainsi, le chancelier cherche à placer le roi dans les meilleures dispositions à son égard — après tout il n'aura pas à débourser les grosses sommes que demande l'entretien d'une aussi nombreuse ambassade, et ne peut manquer d'apprécier la délicatesse avec laquelle le chancelier procède — et soigne sa réputation auprès des Parisiens qui se félicitent de la manne financière anglaise et des largesses du représentant d'Henri et Aliénor.

Nous ne connaissons pas le détail des négociations, le nombre d'entrevues entre Louis VII et le chancelier, si les tractations ont été délicates, tendues, ou au contraire si tout, en fait, était joué d'avance. À l'évidence, Henri et Aliénor ne le pensaient pas, sinon ils n'auraient pas déployé autant de fastes, ou alors le message n'était pas seulement à l'intention du roi de France mais aussi à l'intention du pape et de l'empereur d'Allemagne, puisque c'est à ce niveau-là que les Plantagenêt jouent désormais en matière politique.

Laissons-nous aller à imaginer Thomas Becket, superbe et flamboyant, plaidant la cause de son maître avec tout son charme et son habileté, devant la cour de France réunie et un Louis VII amusé — car il n'était sans doute pas dupe des intentions des souverains anglais — mais aussi inquiet et probablement énervé de se sentir piégé à accepter un mariage qui le rapprochait de l'homme lui ayant succédé dans le cœur de celle qui resterait à jamais le grand amour de sa vie. Cela s'appelle « avaler une couleuvre », et ce genre de déglutition ne se fait jamais de gaîté de cœur.

Quelles étaient-elles, les intentions d'Henri et Aliénor ? Tout d'abord récupérer ce Vexin normand, riche et fertile, et dans le même temps prendre une option sur le trône de France en misant sur l'incapacité de Louis à concevoir un héritier. Car, après tout, depuis leur séparation Aliénor a eu trois fils... le « problème » ne vient donc pas d'elle. Soyons clair, il ne s'agit bien que d'une option. Louis a deux autres filles, Marie et Aélis, dont la mère est Aliénor, et qui, par leur âge, passent avant la petite Marguerite dans l'ordre de la succession. Elles sont toutes les deux fiancées avec un membre de la famille de Blois-Champagne. À l'âge de deux ans, en 1147, Marie avait été promise au comte Henri de Champagne et ensuite Aélis a été fiancée au frère d'Henri, Thibaud de Blois, le jeune homme pressé qui avait tenté d'enlever Aliénor pour l'épouser de force lorsqu'elle avait quitté Beaugency après le divorce. Louis s'était jusque-là assuré de la neutralité de ses puissants vassaux, Blois-Champagne sur son flanc gauche ; il n'est pas illogique de penser qu'une alliance matrimoniale avec les Plantagenêt aurait le même effet et sécuriserait le flanc droit. Et si l'on considère la traditionnelle rivalité entre les Angevins et les Bléso-Champenois — qui avait connu son apogée pendant la guerre de succession anglaise entre Mathilde l'Emperesse et Étienne de Blois —, par les fiançailles de ses deux premières filles, Louis VII marquait un rapprochement avec la famille de Blois-Champagne ; en fiançant la troisième avec un Plantagenêt, il rééquilibrait la situation et s'installait dans une position de neutralité qui lui permettrait d'arbitrer un éventuel conflit resurgissant entre les deux familles.

Pour Henri et Aliénor, l'immédiat bénéfice d'un mariage entre Henri le Jeune et Marguerite est le Vexin normand. Récupérer le Vexin normand est une obsession chez les Plantagenêt. Cette terre fait partie de toutes les négociations qui se sont déroulées avec le roi de France. Louis VII ne veut pas se séparer d'une terre aussi riche, lui qui en a si peu. Tout comme il peut légitimement être hésitant à la perspective de voir un jour un Plantagenêt monter sur le trône de France si la providence ne lui accorde pas cet héritier qui fait l'objet de toutes ses prières. Henri et Aliénor, par la bouche de Thomas Becket, proposent un mariage entre leur fils aîné, Henri le Jeune, âgé de quatre ans, et la petite

Marguerite de France, âgée de deux ans. La dot de la fillette étant cet incontournable Vexin normand qui réintégrerait le giron des Plantagenêt dès que le mariage entre les deux enfants aurait été célébré. Le roi de France a-t-il réellement le choix ? Peut-il refuser ? Il sait ne pouvoir rien opposer à la puissance financière et donc militaire des Angevins. D'un autre côté, ce mariage lie un peu plus Henri et Aliénor à la couronne de France dans le sens où il leur devient encore plus difficile de s'opposer à Louis VII à partir du moment où celui-ci est le beau-père de leur fils. À long terme, ce lien peut être profitable au Capétien puisqu'il peut lui permettre de renforcer son autorité morale et sa position d'arbitre sur des conflits à venir.

Une autre raison le pousse à accepter : cette raison, c'est Frédéric Barberousse, empereur du Saint Empire romain germanique. Monté sur le trône en 1152, Frédéric Ier de Hohenstaufen est de la même génération qu'Henri II d'Angleterre et d'une ambition au moins égale si ce n'est supérieure [1]. Louis VII se trouve enserré entre les deux hommes car l'Allemand a épousé, en 1156, l'héritière du duché de Bourgogne, Béatrice — elle lui donnera huit garçons et deux filles ! — dont les terres touchent celles du Capétien. L'empereur est tenté de jouer un rôle d'arbitre dans les querelles qui opposent les barons bourguignons entre eux et, de ce fait, de s'emparer d'une prérogative du roi de France. Dès 1156, des émissaires anglais et allemands se rencontrent. Clairement, Henri et Frédéric ont compris qu'ils n'avaient pas intérêt à s'affronter et essayent de

---

1. À peine élu empereur, Frédéric Ier Barberousse s'était lui-même proclamé : ROMANORUM IMPERATOR SEMPER AUGUSTUS, DIVUS, PIISSIMUS IMPERATOR ET GUBERNATOR, URBI ET ORBI ; ce que l'on peut comprendre par : Empereur des Romains, empereur à jamais consacré, divin, très pieux, qui gouverne sur l'ensemble du monde.

s'entendre ; entente qui ne peut se faire, selon toute probabilité, que sur le dos du roi de France, ce dont ce dernier est conscient. En 1157, l'empereur d'Allemagne a proposé une alliance à Henri et Aliénor qui se sont empressés d'accepter. Sentant la tempête se lever, Louis VII avait quant à lui proposé à plusieurs reprises une rencontre à Frédéric Barberousse qui n'avait jamais daigné lui répondre. Dans ce contexte, une alliance matrimoniale avec les Plantagenêt ne peut que jouer en faveur du Capétien en déséquilibrant le rapport de forces en place. Le roi de France s'est installé, contraint par les faits mais aussi parce que c'est son tempérament, sur une ligne de repli politique qui consiste à éviter tout affrontement direct, jouer la durée et se poser en arbitre et en recours moral. Peut-être pense-t-il que deux lions voraces comme Henri et Frédéric ne manqueront pas, à un moment donné, de s'entredéchirer et qu'il aura alors une carte à jouer. Reste le problème de son héritier. Louis a trente-huit ans, le temps presse certes, mais c'est un homme de foi, confiant en la providence et convaincu — du moins je veux l'imaginer — que jamais Dieu, qui investit le roi de France de son pouvoir, ne laissera la couronne tomber entre les mains d'un Plantagenêt, qui plus est fils du second mari de sa femme !

Louis accepte donc la proposition que Thomas fait au nom des souverains anglais. Cette proposition est garante de paix et cela aussi a son importance. Le roi de France n'aime pas la guerre ; elle coûte cher et son issue n'est jamais sûre. Rien ne nous permet d'ailleurs d'affirmer que de son côté Henri en a le goût ; ce n'est pas forcément parce qu'il est un excellent chef militaire qu'il aime cette activité. À tout prendre, il préfère dépenser son énergie dans la chasse au faucon. Et connaissant son avarice, il est très probable que l'argument pécuniaire le touche également.

Dès le mois d'août, Henri est sur le continent. Il a précipité sa venue à l'annonce de la mort de son frère, Geoffroy, comte de Nantes depuis à peine un an. Henri étant le plus proche héritier de Geoffroy, mort sans enfant, il considère que le comté lui revient de droit, ce que, bien évidemment, le duc de Bretagne Conan IV conteste.

Débarqué en Normandie, la première chose que fait le roi d'Angleterre est de rencontrer, sur les bords de l'Epte, à la frontière franco-normande, son homologue français pour arrêter définitivement les conditions du mariage et obtenir en même temps la neutralité du Capétien sur la succession nantaise. Henri est satisfait sur les deux points. Marguerite de France est dotée du Vexin normand dont les châteaux de Gisors, du Vaudreuil et de Neauphle. Le roi de France conserve la garde de l'ensemble jusqu'au mariage qui sera célébré dès que la fillette aura atteint l'âge nubile. Dans le cas où Henri viendrait à mourir, la petite princesse épouserait un autre fils d'Henri et Aliénor, lequel recevrait alors deux possessions importantes, une en Angleterre, la ville de Lincoln, et une en Normandie, la cité d'Avranches.

Concernant le comté de Nantes, Louis assure Henri de sa neutralité. En fait le Capétien n'a pas grand-chose à faire de ce qui se passe en Bretagne, territoire lointain, avec lequel il n'a aucun contact, ou si peu, à la fois politiquement et aussi géographiquement, puisque l'Anjou s'interpose entre ses terres et celles du duc Conan. Henri est pressé. Il apprend pendant l'entrevue que Conan de Bretagne s'est emparé de la ville de Nantes et du comté de la Mée situé au sud de la cité. Il faut faire vite. L'accord entre les deux souverains à peine conclu, Henri part pour Argentan où il ordonne le rassemblement de toute la chevalerie normande pour la fin septembre à Avranches. Louis de son côté retourne à Paris. Il doit y préparer une seconde rencontre avec Henri qui doit avoir lieu début septembre à Paris. C'est là que le Plantagenêt viendra « prendre possession » de la jeune fiancée, Marguerite. Selon les usages de l'époque, l'éducation de la fillette incombe maintenant à sa belle-famille. Le Capétien se plie aux usages mais il exige pourtant une chose : que la petite princesse ne soit pas élevée dans l'entourage d'Aliénor. Henri a accepté sans hésiter. Il est convenu de confier Marguerite à un homme jouissant d'une grande réputation d'intégrité : le sénéchal de Normandie, Robert de Neubourg. Cette exigence, ce n'est pas le roi de France qui l'a posée, mais Louis, un homme qui ne veut pas que l'enfant qu'il a eue avec sa seconde femme soit élevée par la première, celle qui l'a trahi. À huit cents ans de distance, nous touchons un instant la réalité humaine de ces extraordinaires personnages. Louis ne veut pas revoir Aliénor, du moins pas encore. Il y a certainement encore de la douleur dans cette distance qu'il maintient. Et la reine l'a accepté, si elle n'est pas dans la même disposition d'esprit. Remarquons qu'elle n'accompagne pas Henri. Bien qu'à nouveau enceinte, elle aurait très bien pu être présente à l'entrevue des deux souverains ; c'est après tout de l'avenir de son fils qu'il s'agit, et d'une couronne qu'elle a portée.

Les chroniqueurs s'accordent à dire que la rencontre d'Henri et Louis à Paris se déroule sur un fond de liesse populaire. Le peuple n'aime pas la guerre, et manifeste avec enthousiasme son approbation à tout ce qui ressemble à une paix ou une trêve. C'est probablement au cours de ce séjour parisien que le roi d'Angleterre pose au roi de France une requête inattendue. Il lui demande de lui conférer la dignité de sénéchal de France, qui selon lui revient traditionnellement aux comtes d'Anjou. Si l'on en croit Yves Sassier, les Plantagenêt réfléchissent depuis longtemps à cette revendication qui a été préparée dans l'entourage d'Henri II « au sein duquel circule depuis peu un petit traité intitulé *De majoratu et Senescalcia Franciæ* que vient de composer pour la circonstance un Angevin, Hugues de Clers. Son auteur y insiste sur certaines attributions domestiques du sénéchal telles que le privilège de servir le roi à table et de tailler les viandes devant lui [1] ». S'il ne s'agissait que de jouer les majordomes, la chose ne serait pas très grave pour le roi de France, mais Henri avance aussi d'autres prérogatives, militaires et judiciaires celles-là, comme d'avoir le commandement de l'avant-garde de l'ost royal ou encore de rendre la justice au nom du roi, voire de pouvoir réformer certains jugements rendus sur le territoire du royaume. Sassier le souligne : « Ces deux derniers aspects intéressent au plus haut point le roi d'Angleterre : en se faisant reconnaître le titre, Henri se trouverait fondé à agir en Bretagne, tant militairement que judiciairement, sous couvert de l'autorité du roi de France. » Les arguments avancés sont un peu tirés par les cheveux, le roi de France n'en est pas dupe. La fonction de sénéchal est occupée depuis plusieurs années déjà par le comte Thibaud de Blois, Louis VII n'a pas l'intention de la lui retirer. Mais il n'a pas non plus les moyens de s'opposer à Henri, surtout lorsque celui-ci fait montre d'autant de volonté de paix et de concorde entre eux. Bref, le roi d'Angleterre l'a habilement piégé. Le roi de France s'en sort en accordant au Plantagenêt d'intervenir en Bretagne « au titre » de sénéchal. Les apparences sont sauves. Henri n'est pas sénéchal pour tout le royaume mais uniquement et temporairement pour la Bretagne. On peut ainsi considérer qu'il agit « en service commandé » au nom et sous l'autorité du roi de

---

1. *Op. cit.*, page 280.

France. L'honneur de Louis VII est intact et Henri a en réalité ce qu'il voulait : les mains libres pour faire entrer le comté et la ville de Nantes — et ensuite, par extension, l'ensemble du duché de Bretagne — dans l'empire angevin.

Sitôt l'accord conclu entre les deux souverains, Henri quitte Paris avec la petite Marguerite et se rend à Avranches où l'attendent son armée et le duc Conan IV pour parlementer. Ces choses vont se régler très vite et sans combat. Devant la puissance déployée par le Plantagenêt, Conan s'incline et restitue les terres dont il s'était emparé.

Durant tout ce temps, Aliénor est restée en Angleterre. Elle administre l'île avec le justicier Robert de Leicester et probablement Thomas Becket. Rien à signaler de ce côté-là de la Manche, le pays est en paix, prospère. La reine va encore devoir attendre pour rejoindre son mari. Sitôt l'affaire de Bretagne réglée, Louis VII fait savoir à Henri qu'il veut entreprendre un pèlerinage au Mont Saint-Michel pour célébrer à sa manière — pieux, Louis l'est ô combien ! — l'entente retrouvée avec son puissant vassal anglo-normand. Pour réaliser ce pèlerinage, il va lui falloir traverser les terres normandes. Le Plantagenêt exprime sa joie de recevoir son suzerain et se promet de l'accueillir dignement. Comme elles sont agréables, ces périodes où tout le monde s'aime et fait assaut de courtoisie ! Seule Aliénor est privée de réjouissances ; Louis n'éprouve toujours pas l'envie de se retrouver face à son ex-femme.

Le pèlerinage est prévu pour novembre. Cela laisse juste le temps à Henri de se rendre à Nantes pour installer son pouvoir sur le comté et dans la foulée descendre un peu au sud, sur les terres d'Aliénor, et s'emparer de la ville de Thouars afin de ramener à la raison son seigneur, Guy de Lusignan, qui manifeste violemment des velléités d'indépendance.

Vers la mi-novembre, Henri est de retour en Normandie pour accueillir le roi de France — remarquons au passage la rapidité dont fait preuve l'Angevin. Le voyage de Louis VII, accompagné de sa femme Constance de Castille, se déroule en plusieurs étapes : Évreux, le Neubourg — où le couple est accueilli par Robert de Neubourg ; Louis peut ainsi mieux connaître l'homme chargé de surveiller l'éducation de sa fille Marguerite — et enfin, troisième étape, l'abbaye du Bec-Hellouin. À chaque étape, Henri est présent et reçoit somptueusement le roi et la reine de France.

Le 23 novembre 1158, les deux souverains gravissent en procession le chemin qui mène à l'église abbatiale du Mont Saint-Michel. La foule est nombreuse et en liesse. En compagnie d'un archevêque, d'un évêque et de cinq abbés, Henri et Louis assistent à une messe célébrée par l'abbé du Mont, Robert de Torigni. Le moment est intense de recueillement et de symbole de concorde et de paix. Le lendemain, le roi de France reprend le chemin de Paris. Henri décide de raccompagner son suzerain jusque dans la ville. Et comme on ne cesse de faire assaut d'amabilités, Louis VII offre l'hospitalité à Henri dans son Palais de la Cité alors que lui-même et la reine Constance couchent au cloître Notre-Dame.

C'est probablement au cours de ce voyage que le roi de France, fidèle à sa politique d'arbitre et profitant des bonnes relations entretenues avec Henri, obtient du Plantagenêt un réconciliation officielle avec la famille de Blois-Champagne. L'accord, signé en décembre, prévoit d'un côté la restitution par Thibaud de Blois des châteaux d'Amboise et Fréteval, situés à la frontière angevine et dont il s'était emparé quelques années plus tôt. Toujours du côté français, le beau-frère de Thibaud, Rotrou du Perche, restitue Bonsmoulins et Moulins-La-Marche, sur la frontière normande, et reçoit en échange la seigneurie de Bellême pour laquelle il devient le vassal d'Henri. Le texte comporte également un passage où le roi Henri assure son seigneur français « sa vie et ses membres, et son honneur terrestre, à condition que lui-même m'assure, comme à son homme et fidèle, ma vie et mes membres, et les terres dont il m'a investi, et pour lesquelles je suis son homme ». Voilà qui a le mérite d'être clair en termes de réciprocité ! En quelques mois, Henri a réussi à aplanir toutes les tensions avec le roi de France par son habilité mais aussi grâce à la richesse et à la puissance qu'il détient et qui sont suffisantes à refroidir bon nombre d'ardeurs d'opposition. En d'autres termes, le roi d'Angleterre impose à son homologue français la loi du plus fort !

Enfin, vers la mi-décembre, Aliénor, enceinte maintenant de plusieurs mois, peut rejoindre Henri. Elle débarque à Barfleur en compagnie de Thomas Becket après avoir laissé le royaume anglais à la garde de Robert de Leicester.

Pour Noël 1158, Henri et Aliénor sont réunis à Cherbourg où ils tiennent leur cour. De nombreux barons sont avec eux. Les succès diplomatiques et militaires d'Henri et Aliénor sont dans tous les esprits. Jusque-là, tout leur a réussi. Ils peuvent légitimement se considérer comme les souverains les plus riches de tout l'ouest de l'Europe. Certainement, lorsqu'ils parlent entre eux du roi de France, ils doivent esquisser de petits sourires narquois. En cette fin d'année 1158, rien ne peut les arrêter, et le moment leur semble parfait pour commencer l'exécution d'un projet qu'ils doivent mûrir sans doute depuis longtemps : mettre la main sur le comté de Toulouse et par là donner à leur empire une ouverture sur l'Orient par la Méditerranée.

14

Toulouse

Henri et Aliénor quittent le Cotentin probablement dès les premiers jours de l'année 1159. Ils descendent dans le Sud, vers l'Aquitaine. Quelques semaines de voyage qui nous donnent le temps d'imaginer leurs sujets de conversation. J'en vois trois principaux : l'administration des terres d'Aliénor dont ils ne se sont pas beaucoup préoccupés jusque-là tant ils étaient accaparés par la remise en ordre de l'Angleterre — rappelons-nous qu'à l'automne 1158 Henri a mené une campagne éclair contre Guy de Lusignan, un des principaux vassaux d'Aliénor, indiquant aux seigneurs aquitains la probable intention des souverains anglais d'appliquer aux États de la reine le modèle d'administration qui fonctionne avec succès en Angleterre et en Normandie. Le deuxième sujet, de loin le plus important, est la reprise des revendications d'Aliénor sur le comté de Toulouse ; ce sera la grosse affaire de cette année 1159 qui débute. Le troisième sujet est d'une importance non négligeable en ce sens qu'il va marquer toute la politique internationale de l'Europe occidentale pendant vingt-cinq ans : il s'agit de l'élection d'un nouveau pape, Alexandre III, dans des conditions assez mouvementées.

Le 1ᵉʳ septembre 1159 le pape Adrien IV meurt brusquement des suites d'une piqûre d'insecte à Anagni, au
sud de Rome, où il séjournait en raison des troubles qui
agitaient à nouveau la Ville éternelle. Son pontificat
avait duré à peine cinq ans, marqués par une opposition croissante entre le Saint-Siège et l'empire de
Frédéric Barberousse ; cela bien évidemment pour des
histoires de pouvoir : qui avait la primauté du pape ou
de l'empereur — l'un considérant qu'il sacrait l'empereur et que c'était donc de lui qu'il tenait son pouvoir,
l'autre estimant qu'il tenait son pouvoir de Dieu et que
le pape ne faisait qu'« entériner » ce pouvoir au
moment du sacre ; le problème était de fond et existait
depuis la création du Saint Empire — qui détenait le
pouvoir temporel sur la ville de Rome... le tout sur fond
de politique italienne très troublée : le sud de la péninsule appartenait aux rois normands de Sicile, le nord
était revendiqué comme « terre d'Empire » par Frédéric
avec de grandes villes commerçantes qui, de leur côté,
revendiquaient leur autonomie, et au milieu Rome et sa
région, patrimoine de Saint-Pierre. Dernier point déci-
sif du pontificat d'Adrien IV : le pape avait initié un
reversement d'alliance important, se rapprochant des
Normands du Sud — qui jusque-là étaient plutôt consi-
dérés comme des ennemis de la papauté — au détriment de l'Empire, ce qui eut entre autres pour
conséquence la cohabitation au sein des cardinaux d'un
parti « sicilien » et d'un parti des « Impériaux ». Ces
deux partis vont en toute logique s'affronter pendant
l'élection du nouveau pape.

Chacun des partis a son chef. Pour les Siciliens,
il s'agit de Rolando Bandinelli, un des principaux
conseillers — sinon le principal — du pape défunt, cardinal-prêtre au titre de Saint-Marc. Pour les Impériaux,
c'est Ottaviano de Monticello, cardinal-prêtre de Sainte-
Cécile. Le premier point de friction, dès la mort d'Adrien,
est le lieu de sépulture du pape. Théoriquement il doit

être enterré à Rome mais d'un côté la ville n'est pas sûre et, de l'autre, les Impériaux y ont des partisans efficaces ; surtout la tradition veut que le conclave qui se réunit pour élire un nouveau pape se déroule là où le précédent est enterré. Les Siciliens veulent que tout ait lieu à Anagni, les Impériaux à Rome. On négocie. Chacun des camps se méfie de l'autre, persuadé qu'il va tenter une manœuvre pour passer en force et pour faire élire son candidat. Finalement, Bandinelli obtient les garanties qu'il souhaite et accepte le retour de la dépouille papale dans la Ville éternelle. Au cours des tractations, à l'instigation des Impériaux, les deux camps conviennent de revenir à une tradition remontant au vi^e siècle, décidant que le pape sera choisi parmi les cardinaux et que l'élection se fera à l'unanimité.

Adrien IV à peine enterré, le conclave se réunit le 7 septembre, dans la basilique Saint-Pierre. L'ambiance est tendue. En ville, les partisans et les espions de Frédéric Barberousse, bien décidé à peser de tout son poids sur l'élection, s'agitent. À l'intérieur de la basilique, les choses se passent dans une certaine confusion. Les cardinaux ne se réunissent pas seuls ; sénateurs romains, prêtres, membres du clergé s'entassent dans l'édifice.

Les débats vont durer trois jours. Les cardinaux votent plusieurs fois sans jamais obtenir l'unanimité : vingt voix se portent sur Bandinelli, neuf sur Monticello. Au troisième jour, il faut bien reconnaître que l'on est dans une impasse. Les Impériaux laissent traîner les choses et jouent la montre, persuadés que le conclave se lassera des votes à répétition et qu'une unanimité finira par se faire sur leur candidat. Les Siciliens ont compris la manœuvre. Considérant qu'ils disposent d'une large majorité, ils décident de passer outre le vote à l'unanimité et s'apprêtent à poser sur les épaules de Rolando Bandinelli le manteau pontifical ; ce geste rituel et ostentatoire donne un caractère définitif à la désignation du nouveau pape. Comprenant qu'ils vont perdre la partie, les Impériaux sèment la confusion dans la basilique. Monticello se précipite sur Bandinelli et lui arrache le manteau ; on le lui arrache à son tour pour le remettre sur les épaules du cardinal sicilien... c'est la mêlée, l'anarchie la plus totale, on crie et on s'agite dans tous les sens. Profitant du désordre, Monticello sort une copie du manteau qu'il avait avec lui — mais non, rien n'était prémédité ! —, l'enfile, à l'envers, se précipite vers la sortie pendant que ses partisans ouvrent les portes de la basilique, se présente devant la foule et se fait acclamer pape. Il entame un *Te Deum*. Une partie du public se met à chanter avec lui, l'autre envahit l'édifice et commence le pillage. Sur fond d'émeute, Ottaviano de Monticello devient le pape Victor IV.

Les Siciliens sont emprisonnés pendant une dizaine de jours et finalement parviennent à s'enfuir. Ils se réfugient à Ninfa où, le 20 septembre, Rolando Bandinelli est consacré pape sous le nom d'Alexandre III. Un des plus longs règnes de l'histoire pontificale commence, qui durera vingt-deux ans. Un des plus mouvementés aussi puisque Alexandre III devra affronter trois antipapes, un empereur d'Allemagne déchaîné, une population romaine versatile qui menacera à plusieurs reprises sa sécurité... Au final, c'est le Saint-Siège qui remportera la partie grâce à l'obstination de cet homme doué d'un grand sens de la diplomatie ; incontestablement, l'un des plus grands papes de l'histoire.

En septembre 1159, on se trouve donc dans une situation schismatique qui va bien évidemment avoir d'importantes répercussions sur les relations internationales de l'époque. Pour simplifier, observons que quatre grands pouvoirs se partagent l'Ouest de l'Europe, chacun étant à la fois temporel et spirituel mais à des degrés différents. Aux deux extrémités, il y a le Saint Empire de Frédéric Barberousse à l'est et l'empire Plantagenêt d'Henri et Aliénor à l'ouest. Entre les deux, le royaume de France. Au sud, au centre de la péninsule italienne, les territoires du pape. L'affrontement entre Alexandre III et Frédéric Barberousse va monopoliser la puissance allemande [1], ce qui aura pour conséquence de relâcher la pression que l'empereur exerçait sur le roi de France, lequel pourra concentrer son énergie à contenir les ambitions des Plantagenêt. Alexandre et Frédéric vont chacun devoir en permanence rechercher l'appui du Français et de l'Anglais, leur donnant ainsi la possibilité de « jouer » de leur soutien au gré de leurs intérêts respectifs. C'est ainsi, par exemple, qu'à plusieurs reprises Alexandre III ne soutiendra que très mollement Thomas Becket dans son affrontement avec Henri. Pourtant, au-delà des oppositions de personne, le fond du problème sera l'indépendance de l'Église d'Angleterre par rapport au pouvoir royal et sa sujétion à la papauté : la cause défendue par Thomas aurait donc dû recevoir un appui sans réserve du pape.

L'année 1159 est une année importante car l'élection mouvementée du nouveau pape et le schisme qui en découle modifient en profondeur les lignes de forces de la politique européenne.

Cinq personnalités dominent : Frédéric, Alexandre, Aliénor, Henri et Louis. Cinq personnalités exceptionnelles qui, durant deux décennies, poseront quelques pierres importantes à l'édifice européen dont nous

---

1. Des historiens ont même employé l'expression de « rêve italien » à propos de Frédéric Barberousse qui, non content de s'opposer au pape pour la prépondérance du pouvoir impérial sur le pouvoir papal, a tenté à quatre reprises, au cours de son règne, de s'emparer du nord de l'Italie et a échoué à quatre reprises. Pour ces campagnes, Barberousse dépensa des sommes considérables, pressurant ses vassaux et les poussant vers une contestation de son propre pouvoir qui le déstabilisa fortement.

avons hérité. La première moitié du XIIe siècle avait été celle de l'esprit avec la découverte de la pensée aristotélicienne et de grands intellectuels comme Abélard ou Bernard de Clairvaux ; la seconde moitié est celle des grands politiques, un temps où la société féodale se codifie, se construit, par les actions simultanées de cinq géants de l'histoire.

*

Retrouvons Aliénor et Henri en route vers l'Aquitaine. Thomas Becket ne les accompagne pas. Le chancelier est retourné en Angleterre avec pour mission de récolter des fonds et de réunir des hommes pour la campagne toulousaine que les souverains anglais s'apprêtent à lancer. Les historiens s'accordent à reconnaître que cette période de la vie du couple est marquée par une sorte de prépondérance d'Aliénor. Du côté d'Henri, l'Angleterre est pacifiée et n'est plus menacée sur ses frontières. La Normandie et l'Anjou sont également en sécurité sur leurs frontières depuis les accords avec Louis VII et les Blois-Champagne. Quant aux vassaux, ils se tiennent tranquilles ; il faut dire que la puissance de leur suzerain les y incite ! C'est donc Aliénor qui va imprimer sa marque sur la politique du couple, du moins dans les premiers temps de la décennie 1160-1170. Elle veut reprendre en main ses États : deux ans d'absence physique du duc et de la duchesse des territoires poitevins et aquitains n'ont fait que conforter les vassaux dans leur tendance naturelle à l'indépendance, voire à la fronde. C'est la raison pour laquelle Henri a fait un exemple avec Guy de Lusignan. La leçon a porté. La seule présence des souverains sur leurs terres calme le jeu. Le couple peut donc se concentrer sur ses ambitions toulousaines.

Les droits d'Aliénor sur le comté de Toulouse sont incontestables. Ils viennent de sa grand-mère Philippa de Toulouse. Guillaume IX le Troubadour avait épousé Philippa, la fille unique du comte Guillaume IV de Toulouse. À la mort de celui-ci, en 1093, son frère Raimond IV de Saint-Gilles s'était emparé du comté au détriment de Philippa, sa nièce. Le mari de cette dernière ne l'avait pas entendu de cette oreille. Il avait beau négliger sa femme et la tromper autant qu'il lui était possible — souvenons-nous de la belle Dangerosa de Châtellerault —, il se montrait beaucoup moins négligent lorsqu'il s'agissait de son héritage ; la situation ressemble d'ailleurs beaucoup à celle que connaîtra Mathilde l'Emperesse avec ses droits sur l'Angleterre et la Normandie à la mort de son père, Henri Beauclerc... on sait comment cela s'est terminé ! Le début du XIIᵉ siècle avait été marqué, au sud-ouest de ce qui deviendra la France, par une lutte permanente entre le comte de Toulouse et le duc d'Aquitaine. En 1109, Raimond IV avait quitté ce bas monde et son fils Alphonse-Jourdain lui avait succédé sans que cela n'enterre la hache de guerre, loin de là même, puisqu'en 1114 Guillaume IX d'Aquitaine s'emparait de Toulouse.

En 1119, profitant que le duc d'Aquitaine guerroyait de l'autre côté des Pyrénées, les habitants de la ville s'étaient soulevés en faveur d'Alphonse-Jourdain et l'année suivante Guillaume IX avait dû abandonner la place. C'est Aliénor qui avait ensuite repris le flambeau de la querelle du temps de son mariage avec Louis VII ; en 1141, ils avaient ensemble monté contre Alphonse-Jourdain une expédition qui s'était soldée par un échec. Par la suite, le fils d'Alphonse-Jourdain, Raimond V, avait épousé Constance de France, la sœur de Louis, faisant par la même occasion entrer le comté de Toulouse dans la zone d'influence capétienne, ce que Louis avait pu à juste titre considérer comme une victoire diplomatique car jusque-là les comtes de Toulouse s'étaient toujours montrés farouchement indépendants du pouvoir royal.

Pour les souverains anglais, la situation se présente au mieux. L'actuel comte de Toulouse, Raimond V de Saint-Gilles, est un personnage violent qui s'est attiré l'antipathie de nombre de ses vassaux et de ses voisins. De plus, la situation géopolitique de la région a beaucoup changé ces dernières années, permettant de nouvelles combinaisons d'alliances.

Probablement dans le courant de février 1159, Henri et Aliénor, entourés de leur cour, sont à Blaye, non loin de Bordeaux, où ils reçoivent Raymond-Bérenger IV, comte de Barcelone et roi d'Aragon. Il est la puissance politique montante de l'autre côté des Pyrénées depuis la disparition, deux ans plus tôt, d'Alphonse VII de Castille, beau-père de Louis VII et allié traditionnel des comtes de Toulouse. Cette mort avait eu pour conséquence le partage en deux de ses États — il était roi de Castille et de Léon. Son fils Sanche était monté sur le trône de Castille mais était mort prématurément un an après, en 1158, cédant la place à un enfant en bas âge et laissant surtout les coudées franches au rival cataloaragonais. Dès 1158, Raymond-Bérenger avait prêté main-forte à son neveu, comte de Provence, en butte aux velléités d'expansion du comte de Toulouse. La venue du roi d'Aragon de l'autre côté des Pyrénées avait dynamisé les grands féodaux locaux qui tous avaient à se plaindre de l'hégémonie de la maison de Saint-Gilles. Il ne manquait pas grand-chose pour qu'une coalition se constitue comprenant le puissant vicomte Trencavel de Béziers, également seigneur de Carcassonne et Albi, son frère Bernard-Atton, seigneur de Nîmes, le comte Guillaume de Montpellier et la très belle vicomtesse Ermengarde de Narbonne dont la beauté a inspiré de nombreux troubadours. Contre tous, Raimond de Saint-Gilles ne pouvait rien. Le seul allié qui éventuellement lui restait était son suzerain le roi de France dont il avait épousé la sœur ; or il se trouvait que Raimond était un homme violent qui battait fréquemment sa femme. Cela se savait à la cour de France, et ne plaidait pas en sa faveur. Si l'on ajoute dans la balance la récente entente entre Louis et Henri plus la réconciliation avec les Blois-Champagne, et les moyens en hommes et en argent dont disposaient les souverains anglais, on cherche vainement ce qui pouvait les empêcher de faire tomber le comté de Toulouse dans leur escarcelle. Henri et Aliénor sont tout à fait confiants.

L'entrevue avec Raymond-Bérenger se passe au mieux ; il accepte de participer à l'entreprise. Pour celer cette alliance, on se promet de fiancer le jeune prince Richard, âgé d'un an et demi, avec une des filles du prince catalan. Pendant ce temps, Henri et Aliénor ont sans doute envoyé des émissaires à tous les ennemis de Raimond de Saint-Gilles pour sonder leurs intentions. De ce côté-là également, rien à craindre, au contraire même, les Trencavel, Bernard-Atton, Guillaume et autre Ermengarde sont ravis d'entrer dans l'affaire.

Il suffit un instant de regarder une carte pour s'apercevoir de l'importance stratégique et commerciale du comté de Toulouse qui offre aux Plantagenêt un véritable boulevard vers la Méditerranée en prolongement du nord de l'Aquitaine et du Poitou. D'un point de vue politique, cela étoufferait un peu plus le roi de France en lui faisant perdre une suzeraineté pour laquelle les Capétiens avaient dépensé beaucoup de temps et d'énergie.

Sur le continent, le roi d'Angleterre est vassal du roi de France. Les usages féodaux veulent qu'il obtienne au mieux l'aval, sinon la neutralité, de son suzerain pour entreprendre la conquête du fief toulousain. Henri et Aliénor sont persuadés qu'il s'agit d'une simple formalité. Louis peut-il leur refuser quelque chose ? Il n'a pas d'armée, peu de moyens... ces derniers mois ont montré combien il était prêt à lâcher du lest pour éviter d'entrer en conflit avec les Plantagenêt. Les souverains anglais pensent peut-être qu'on trouvera une astuce, comme cela avait été le cas avec la nomination d'Henri au titre de sénéchal pour la Bretagne qui lui avait permis d'étendre son pouvoir sur une partie de la péninsule armoricaine. Et puis Louis, en son temps, a également cherché à faire valoir militairement les droits d'Aliénor sur le comté de Toulouse, il aurait mauvaise grâce à s'y opposer !

Une rencontre a lieu en mars 1159, à Tours, entre le roi de France et le roi d'Angleterre. Simple formalité pense Henri. C'est mal pensé. Louis VII refuse de donner son aval à l'opération. Le roi de France n'a pas d'armée mais il a des principes, en l'occurrence des principes féodaux. Il se montre même d'une grande fermeté. Le comte de Toulouse est son vassal, il lui doit protection. Si les Angevins tentent quoi que ce soit, ils trouveront le roi de France en travers de leur chemin. Henri argumente, développe, tente de convaincre, évite de trop menacer... rien n'y fait ! Louis fait preuve d'une inattendue force de caractère. Henri est sans doute étonné, peut-être y voit-il une obstination de faible qui ne pourra pas durer... Les deux hommes se séparent sans que Louis ait infléchi sa position.

Henri et Aliénor décident de passer outre la mise en garde du Capétien. Le 22 mars, le roi d'Angleterre décrète la convocation générale de l'ensemble de l'ost de tous ses États. Les souverains anglais ont décidé de mettre sur pied une opération impressionnante. Ils veulent montrer leur force. Il faut agir militairement comme ils avaient agi diplomatiquement lors de l'ambassade conduite par Thomas Becket : étaler sa puissance... peut-être pour ne pas avoir à s'en servir. Comme toujours, le nerf de la guerre, c'est l'argent. En l'occurrence, cet argent doit servir à engager une armée de mercenaires, que l'on appelait Brabançons, ou Navarrais, ou Basques, non à cause de leur origine mais parce qu'ils parlaient une langue étrangère. Il ont l'avantage d'être des hommes entraînés, redoutables, et qui ne sont pas susceptibles de quitter l'ost une fois leur quarante jours de service armé accomplis.

En Angleterre, c'est Thomas Becket qui se charge de collecter l'argent. Depuis Henri Iᵉʳ, un système a été mis au point qui résultait de l'accroissement du nombre de terres détenues par des institutions ecclésiastiques. Les religieux étaient assujettis à des tenures militaires liées à ces possessions mais ils ne pouvaient à l'évidence pas satisfaire à ce *servitium debitum* du fait de leur vocation. À la place il avait été décrété que le roi pourrait lever sur ces fiefs ecclésiastiques une taxe — un écuage — dont le montant variait selon les circonstances. Pour la campagne de Toulouse, Henri et Aliénor lèvent une taxe de deux marcs par fief de chevalier, somme très importante pour l'époque. Le chancelier d'Angleterre s'acquitte de sa tâche avec compétence et récolte les fonds avec une rigueur dont l'Église d'Angleterre fait les frais, ce qui provoque un grand mécontentement parmi les prélats. La situation est assez paradoxale quand on sait que, quelques années plus tard, Thomas, devenu archevêque, servira la cause de l'Église, opposée au roi, avec la même discipline et la même rigueur. Il est le meilleur et le plus zélé serviteur de la cause qu'il défend, et il le fait sans états d'âme.

Au début de l'année 1159, la levée de fonds pour la conquête du comté de Toulouse démontre à la fois l'efficacité du chancelier et aussi la richesse d'un pays maintenant pacifié et parfaitement administré. S'ils en avaient besoin, Henri et Aliénor pourraient une fois de plus se réjouir devant cette démonstration éclatante de leur réussite. L'Angleterre n'est pas seule à payer, tous les États du couple participent aux préparatifs. Les comptes nous sont parvenus pour la Normandie où l'on sait qu'Henri a fait lever soixante sous angevins par fief de haubert et plus lourdement encore lorsqu'il s'agit de ses propres domaines. Le chroniqueur Gervais de Canterbury estime à 180 000 livres la somme des fonds récoltés en à peine quelques semaines. Le chiffre est énorme et étonne encore les historiens, mais il est impossible à vérifier.

Les souverains anglais ont convoqué l'ost pour le 24 juin à Poitiers, à l'occasion de la Saint-Jean. Auparavant, on trouve la trace d'Henri au Bec-Hellouin en Normandie où il tient sa cour au mois de mai ; aucune mention de la présence d'Aliénor, peut-être est-elle restée en Aquitaine ou à Poitiers, organisant de son côté la participation de ses vassaux à l'opération.

Henri et Louis VII se rencontrent à nouveau au début du mois de juin en territoire normand, à Heudicourt. Les nouvelles des préparatifs des Plantagenêt sont bien évidemment parvenues à Paris. Le roi de France sait que la fermeté dont il avait fait preuve à Tours, en mars, n'a pas impressionné son rival, ou du moins ne l'a pas dissuadé de préparer son offensive. Henri, de son côté, espère que sa détermination aura fait réfléchir le Capétien et qu'il s'inclinera devant la manifestation de puissance annoncée. À nouveau, Henri se trompe. La détermination du roi de France n'a pas fléchi, au contraire même, il est encore plus déterminé à garantir la sécurité du comte de Toulouse. Sa position est toujours la même : Raimond de Saint-Gilles est son vassal, et lui-même, Louis, est garant de la paix du royaume, cette *pax regis* dont il a fait la colonne vertébrale de sa politique. Même s'il n'aime pas ce comte de Toulouse qui violente sa sœur et maltraite ses vassaux, il ne se déjugera pas. À cet instant, le Plantagenêt n'est pas le roi d'Angleterre, il est duc de Normandie et d'Aquitaine, comte d'Anjou, du Maine et de Poitou, et à ce titre vassal du roi de France à qui il a fait hommage de ses terres sur le continent. Louis parle en tant que son suzerain et lui interdit toute action contre Toulouse. Si Henri lance son offensive, il trouvera le roi de France sur son chemin, au besoin les armes à la main. Je veux imaginer que Louis éprouve une certaine fierté à faire montre d'autorité et à faire un peu ravaler sa morgue au Plantagenêt ; après tout ce n'est qu'un petit rééquilibrage de tendances à la suite des derniers mois écoulés au cours desquels le roi de France a dû s'incliner devant la volonté polie mais ferme de son rival. Encore une fois, il s'agit avant tout d'une question de principe. Le roi de France ne peut en aucun cas rivaliser sur le terrain militaire avec les souverains anglais, mais il sait que son autorité est morale et c'est sur ce terrain-là qu'il se situe. C'est une partie d'échecs à laquelle nous assistons où l'intimidation est une des pièces maîtresses. Louis sait que, quelle que soit l'issue de cet affrontement — qu'Henri recule ou qu'il s'oppose militairement à son suzerain sans l'ombre d'un doute avec succès —, il aura les moyens de tirer habilement parti d'une situation nouvelle où le duc de Normandie apparaîtra comme celui qui aura violé le serment féodal.

Les deux hommes se quittent sur le constat d'un désaccord profond.

Henri a-t-il senti que le roi de France lui tendait une sorte de « piège moral » ? C'est ce que Régine Pernoud [1] semble penser. À son avis, le roi d'Angleterre a sérieusement songé à reculer à ce moment-là, mais il était trop tard. Venus de tous ses États, les hommes convergent vers Poitiers. Y compris ses plus grands vassaux ! Le roi Malcolm d'Écosse a débarqué à la tête d'une flotte de quarante navires ; Thomas Becket est également en

---

1. *Op. cit.*

route avec sept cents chevaliers de sa propre maison militaire, sans oublier les centaines de mercenaires chèrement payés... C'est une impressionnante armée qui va se regrouper à Poitiers. Autre signe intéressant, l'ancien ennemi Thibaud de Blois, estimant sans doute que l'étoile capétienne pâlit, offre ses services. Difficile de décevoir toutes ces ardeurs ! On peut aussi considérer qu'Aliénor, qui est l'âme de cette campagne, n'a pas du tout envie de reculer et qu'elle fait pression en ce sens sur son mari. Pour elle, il s'agit d'une affaire d'honneur familial. Elle a été élevée dans l'idée qu'on avait dérobé le comté de Toulouse à sa famille ; elle veut reprendre son bien.

Le jour de la Saint-Jean, l'immense armée réunie au pied des remparts de Poitiers se met en route vers le sud. Henri est en général un homme pressé, pourtant cette fois-ci l'armée des Plantagenêt se déplace avec une lenteur déconcertante. Sur le trajet, Henri s'empare de quelques places fortes du Quercy et du Rouergue, mais tout cela n'est pas très glorieux au regard des moyens déployés... Plus déconcertant encore, l'armée fait une halte à Périgueux où les habitants assistent à une éblouissante parade militaire. Deux armées se succèdent, celle des mercenaires, impressionnante de discipline, et l'armée féodale, flamboyante d'étendards, de chevaux apprêtés et d'armures rutilantes. Temps fort de la journée : le roi d'Angleterre fait chevalier son vassal Malcolm d'Écosse lequel, à peine adoubé, fait chevaliers à son tour trente de ses jeunes vassaux. De l'avis général, la cérémonie et la parade sont tout à fait réussies. Mais à quoi cela sert-il ? Qui Henri cherche-t-il encore à impressionner ? Dans l'entourage du roi, on ronge son frein. Thomas Becket s'impatiente, il s'est pris au jeu militaire et veut en découdre. Aliénor est sans doute aussi dans le camp des « belliqueux ». D'autant que de bonnes nouvelles arrivent : la ville de Cahors s'est soulevée contre le comte de Toulouse et a fait hommage au duc d'Aquitaine ; Raymond-Bérenger d'Aragon est en route avec son armée qui s'est jointe aux hommes du comte de Béziers...

A la fin de la première semaine de juillet, l'armée des souverains anglais arrive devant Toulouse. Là ils apprennent que le roi de France les a précédés. Il est arrivé dans la ville probablement vers la mi-juin, entouré d'une escorte d'à peine quelques dizaines d'hommes. Il a rapidement fait consolider les défenses de la cité en l'absence de Raimond de Saint-Gilles en guerre contre des vassaux dont la rébellion était soutenue par le roi d'Aragon. Le comte de Toulouse a eu à peine le temps de revenir dans sa ville avant que l'armée d'Henri et Aliénor n'y mette le siège.

Ainsi Louis VII était allé au bout de sa logique. Sans armée, par sa seule présence dans la ville, il met Henri et Aliénor face à leurs responsabilités de vassaux. La personne du roi est sacrée, c'est la *regia dignitas*. En aucun cas, un vassal ne peut s'en emparer ; il peut lui faire la guerre, le battre, négocier sa reddition mais jamais le faire prisonnier. Si les Plantagenêt s'emparent de la ville, ils se saisissent du même coup de la personne du roi, commettant alors une des plus grandes forfaitures selon le droit féodal. Leur puissance militaire ne leur est d'aucun secours. Louis les a entraînés sur un terrain où ils sont à égalité, celui du droit et de la morale féodale. La décision qu'Henri et Aliénor ont à prendre est extrêmement lourde de signification et de conséquences. S'ils poursuivent leur dessein, ils bousculent l'équilibre qui s'est instauré entre eux-mêmes et la couronne de France, mais également l'équilibre politique de l'Ouest de l'Europe. La question se pose de la réaction de l'empereur d'Allemagne, du pape, des rois de Sicile, d'Aragon, de Castille, de tous les grands vassaux de Louis VII comme par exemple le comte de Flandres. En cet été 1159, avec leur puissante armée encerclant Toulouse et le roi de France enfermé dans la ville, les Plantagenêt peuvent « techniquement » s'emparer du trône de France. Car n'oublions pas que leur fils aîné, Henri le Jeune, est fiancé à la dernière fille de Louis ; Henri et Aliénor pourraient s'assurer de la personne du roi, se comporter ensuite comme des régents jusqu'à la majorité de leur fils et la mort de Louis... La chose ne serait pas simple, mais encore une fois elle est possible. Ont-ils envisagé cette solution ?

L'armée des Plantagenêt campe quelques semaines devant Toulouse. Pendant ce temps on négocie pour essayer de persuader le roi de France de sortir de la ville. Il se montre d'une fermeté absolue. Henri hésite. Autour de lui, les avis divergent. Nous savons que Thomas Becket est des plus acharnés à vouloir donner l'assaut et en finir avec ce petit roi de France qui nargue la puissance anglaise. Le chancelier est bien placé pour savoir combien l'expédition coûte, il ne veut pas imaginer un seul instant que tout cet argent dépensé ne serve à rien. Et puis, nous laissent entendre ses biographes, il semble prendre un certain plaisir à conduire une armée et envisage sans doute d'ajouter le prestige militaire de quelques belles actions à sa réputation de grand administrateur et d'excellent diplomate. Nous ne savons rien de l'attitude d'Aliénor pendant ces semaines. Elle est à l'origine de l'opération. Elle considère que le comté de Toulouse lui revient de droit et peut également dans ces conditions estimer que Louis se met hors la loi féodale en couvrant de son autorité royale une mauvaise querelle. Peut-être avance-t-elle cette opinion en rappelant que le roi de France, lorsqu'il était son mari, voulut aussi s'emparer du comté en son nom. Mais elle sait aussi que les choses ne sont pas aussi simples. Pourtant, si tous deux décident de reculer et d'abandonner la partie, Toulouse est définitivement perdue. Jamais ils ne pourront renouveler l'opération.

Henri II prendra finalement la décision de retirer ses troupes sans donner l'assaut à la ville. Cette décision, prise sans doute avec beaucoup d'amertume et de colère, fera couler quantité d'encre. Combien d'historiens se sont étonnés qu'un homme qui savait par ailleurs ne pas respecter sa parole, ait tout à coup reculé devant le risque de commettre un parjure ? On a évoqué des raisons militaires et en particulier l'éloignement de l'armée de ses bases, ce qui rendrait délicate une campagne trop longue. Régine Pernoud fait remarquer que, quelques années plus tard, Henri conquerra l'Irlande avec un éloignement de ses bases beaucoup plus conséquent... On a aussi imaginé des disputes, de graves dissensions entre Henri et ses vassaux, des trahisons pourquoi pas ! La raison de ce repli est totalement liée aux règles féodales. Henri et Aliénor sont vassaux du roi de France pour leurs possessions continentales, tout comme ils ont eux-mêmes des vassaux en Angleterre. S'ils bafouent le serment d'allégeance qu'Henri a prêté au Capétien, rien n'empêchera leurs propres vassaux d'en faire autant. C'est la cohésion même de leur empire qui risquerait d'être menacée. Louis VII a remarquablement joué la partie. La seule erreur qu'ils ont commise est d'avoir sous-estimé la détermination du roi de France. Les hésitations d'Henri à la suite des deux entrevues avec Louis étaient bonnes conseillères ; si le Plantagenêt avait compris que son rival irait au bout de ses intentions, il aurait très probablement renoncé. Car ni Henri ni Aliénor n'étaient prêts à se mettre hors la loi féodale.

Furieux d'avoir dû céder, Henri se réfugie dans l'action. Pour faire diversion, Robert de Dreux, le frère du roi de France, et l'évêque de Beauvais ont lancé pendant l'été une opération militaire sur la frontière normande. De Toulouse, Henri avait rapidement envoyé son nouvel allié, Thibaud de Blois, défendre la frontière de son duché. Depuis, faisant preuve de loyauté envers le Plantagenêt, le comte de Blois « tenait » mais commençait à connaître des difficultés ; il était temps de lui porter secours.

Une partie de l'armée des souverains anglais est dissoute, d'abord parce que les hommes astreints à un service de quarante jours ont terminé leur temps, et ensuite parce qu'Henri rompt le contrat qu'il avait passé avec des compagnies de mercenaires. Malcolm d'Écosse et tous les grands vassaux retournent chez eux, ne restent autour d'Henri que le connétable Henri d'Essex et Thomas Becket. Le chancelier est chargé de sécuriser les terres dont les Plantagenêt se sont emparées dans le Quercy et de fortifier la ville de Cahors. C'est enfin l'occasion pour Thomas de s'éprouver à l'art militaire. Il conserve les troupes qu'il avait amenées d'Angleterre auxquelles il ajoute mille deux cents chevaliers et quatre mille hommes à pied qu'il rémunère sur ses propres deniers. Nous savons, par Guillaume Fils Etienne, que « chevaliers et troupe d'élite reçurent chaque jour trois sous pour la remonte et l'entretien des hommes d'armes ». Le chroniqueur nous dépeint un chancelier qui « revêtu de son heaume et sa cotte de mailles, combattant avec bravoure, à la tête des siens, enleva trois places fortes réputées inexpugnables. Puis il traversa la Garonne, poursuivit les ennemis et affermit dans toute la région l'autorité de son maître qui lui témoigna ses bonnes grâces et le combla des plus grands honneurs », et qui n'hésitait pas à se battre lui-même : « Tout clerc qu'il était, il se mesura en combat singulier, lance baissée et éperons aux flancs de son cheval, avec Enguerrand de Trie, un vaillant chevalier français. Il le désarçonna et ramena en triomphe son destrier. »

Malgré le zèle déployé par le chancelier, tout cela n'est que combat d'arrière-garde, et ce que fait Thomas ressemble plus à une opération de police qu'à la belle campagne militaire dont il avait rêvé. Après la reculade du roi d'Angleterre, on peut craindre des rébellions de vassaux du Sud-Ouest, toujours prêts à en découdre et à profiter d'un moment de faiblesse, réel ou supposé, de leur suzerain. La présence de Thomas s'explique surtout par cela. De même on peut imaginer — nous n'avons aucune trace de sa présence aux côtés de son mari au début de l'automne 1159 — qu'Aliénor est restée dans ses terres d'Aquitaine et de Poitou afin de prévenir tout risque de soulèvement.

Henri, lui, remonte vers le nord. Après une courte halte à Limoges, il fonce vers la Normandie. Il n'a qu'une seule envie : en découdre avec le frère de Louis VII. Car si l'on pouvait considérer que l'Angevin était dans son tort en assiégeant une ville où se trouvait son roi, rien ne justifie l'attaque vers la Normandie ; c'est Louis qui a délibérément rompu les trêves signées l'année précédente. Fin septembre, Henri est à Étrepagny où il fait reconstruire la forteresse détruite quelques années plus tôt par le roi de France, et qui fait face au château de Gisors. Il dévaste le Beauvaisis, et détruit la forteresse de Gerberoy. Un vassal du roi de France, Simon de Montfort, est aussi vassal d'Henri en tant que comte d'Évreux ; le Plantagenêt l'oblige — ou était-ce une trahison ? — à lui livrer trois places fortes au cœur même du domaine capétien : Rochefort, Montfort-l'Amaury et Épernon dans lesquelles il installe de fortes garnisons normandes. Pour Louis VII, le coup est très rude. Un chroniqueur de l'époque remarque qu'il ne peut même plus se rendre librement de Paris à Orléans ou Étampes, qui sont parmi les plus anciens fiefs du domaine capétien.

De retour au Palais de la Cité en octobre, Louis ne peut que constater les dégâts et demander une trêve au roi d'Angleterre. Elle est conclue en décembre pour une durée de six mois.

À la fin de l'année 1159, Aliénor rejoint son époux. Pour Noël, ils tiennent ensemble leur cour à Falaise.

L'épilogue de l'affaire toulousaine se situe à la Pentecôte de l'année 1160. Les six mois de trêve sont passés, les deux rois se rencontrent à Chinon, en terre angevine, pour signer une paix qui revient, *grosso modo*, à rétablir la situation existante avant que les Plantagenêt ne lancent leur campagne pour s'emparer du comté de Toulouse. À quelques exceptions près toutefois ; il serait dommage d'avoir dépensé autant d'argent pour n'en rien retirer ! Henri et Aliénor conservent Cahors et les châteaux dont ils se sont emparés dans le Quercy et s'engagent « par amitié pour le roi de France » à observer une année de trêve avec Raimond de Saint-Gilles. En Normandie, les Plantagenêt restituent au roi de France Épernon, Rochefort et Montfort-l'Amaury, et s'engagent à démanteler les fortifications d'Étrepagny. Mais il faut bien une contrepartie et il va être à nouveau question du Vexin normand. Si le Capétien conserve en titre la « propriété » de la région, Henri obtient que le mariage d'Henri le Jeune et Marguerite pourra être célébré au bout de trois ans, même si la jeune fille n'a pas atteint l'âge nubile, voire encore plus tôt si l'Église donne son autorisation. En attendant, le roi de France confie les trois places fortes du Vexin à la garde de chevaliers de l'ordre du Temple ; leurs noms figurent au bas du traité : Eudes de Saint-Audemer, Gilbert de Lacy et Richard de

Hastings qui tous les trois sont normands. Autant dire que Louis VII a d'ores et déjà perdu la maîtrise du Vexin.

Pour Henri et Aliénor, il s'agit là d'une toute petite victoire, presque un lot de consolation. Bien sûr ils veulent absolument ce Vexin qui autrefois appartenait aux Plantagenêt, mais ce n'était pas le but de la campagne de Toulouse. De ce côté, c'est un échec. La réputation d'Henri dans ce domaine est bien installée, et la rapidité avec laquelle il a fait rentrer Robert de Dreux dans le rang rappelle à ceux qui seraient tentés de l'oublier, qu'il n'a pas « perdu la main ». Les conséquences du recul devant Toulouse sont ailleurs. Celui qui en tire le plus de bénéfice est Louis VII. L'année 1159 marque le tournant de son règne. Il a trouvé son rôle. Cette doctrine de la *pax regis* qu'il avait développée presque par défaut, parce que ses moyens financiers ne lui permettaient pas d'imposer son pouvoir par la force, a trouvé à Toulouse l'éclatante confirmation de son efficacité. Désormais nul ne peut ignorer que le roi est réellement le garant de la paix du royaume. En se retirant, Henri II l'a admis officiellement, il ne pourra plus jamais revenir là-dessus. Et c'est un signal fort pour tous les autres grands féodaux.

Du côté d'Henri et d'Aliénor, cette année 1159 marque également une étape. À partir de là, ils ne chercheront plus à agrandir leur empire par de grandes opérations militaires de conquête. La Bretagne viendra s'y ajouter, mais par le jeu des alliances matrimoniales, selon une logique prévisible depuis longtemps et qui ne surprendra personne. Plus tard, Henri s'emparera de l'Irlande mais là aussi il s'agissait de la « chronique d'une conquête annoncée » depuis la bulle d'Adrien IV en 1155. Tout se passe comme si l'échec de la conquête du comté de Toulouse leur indiquait clairement qu'ils ne doivent pas poursuivre cette voie-là. Ce sont avant tout des diplomates et des administrateurs. Henri est un excellent militaire, un remarquable tacticien, mais ce n'est pas un conquérant. C'est sur l'administration de leurs territoires, la consolidation de leur pouvoir et la place de la dynastie des Plantagenêt dans le paysage politique de l'Occident de l'époque, qu'ils vont devoir désormais se concentrer.

Ils vont le faire ensemble pendant les cinq années à venir, avant que leur couple ne se délite jusqu'à la haine et à la guerre.

15

La cour du roi Arthur

« Le XIIe siècle a été l'un des plus grands siècles de la civilisation occidentale, une des étapes décisives de sa genèse [1]. » L'historien Henri-Irénée Marrou installe ainsi l'époque à laquelle vivaient Aliénor et Henri au cœur même de l'évolution de notre histoire. C'est un siècle où tout change. Dans une certaine mesure, on pourrait le rapprocher du XXe siècle par la profondeur des bouleversements qui s'y déroulent. Siècle des croisades, du renouveau de la pensée chrétienne, mais aussi de la naissance de la grande hérésie cathare. Siècle de mutations politiques où le système féodal se met en place, où apparaissent de nouvelles manières de penser le pouvoir et de l'exercer. Siècle où le cadre de vie change, l'habitat se transforme, où l'on commerce plus et plus loin. Siècle littéraire enfin qui voit naître et se développer la poésie des troubadours qui place définitivement l'amour et la femme au centre de la littérature occidentale, l'idéal chevaleresque avec cette image extraordinairement forte du « chevalier » qui nous est familière encore aujourd'hui, et « l'invention » de la légende arthurienne, gisement d'inspiration considérable — la matière de Bretagne — pour

1. H.-I. Marrou, *Les Troubadours*, Éditions du Seuil, coll. Points, Paris, 1971, page 23.

un genre littéraire qui lui aussi fait son apparition : le roman.

Aliénor d'Aquitaine et Henri II Plantagenêt ont incontestablement joué un rôle de premier plan dans les mutations de leur siècle. Parce que le pouvoir considérable qu'ils ont détenu pendant plusieurs décennies, l'étendue géographique de leur empire avec toute la diversité que cela suppose, leur ont permis de rassembler les hommes et les énergies autour d'eux. Il nous est impossible de mesurer ponctuellement leur influence, d'isoler une date, une décision, une charte dont on pourrait dire qu'elle marque un tournant dans tel ou tel domaine, mais leur présence est perceptible, palpable même, dans au moins trois domaines importants : la pratique du pouvoir, la diffusion de la poésie courtoise et de la chevalerie.

La caractéristique principale du mode de gouvernement des Plantagenêt est la mobilité. Certes, tous les souverains et les grands féodaux de l'époque sont des nomades, car il leur faut à la fois « consommer » sur place les produits de la terre que l'on ne sait ni conserver ni transporter rapidement, mais également incarner leur pouvoir vis-à-vis de leurs vassaux et de la population. L'autorité doit se voir. Pour les Plantagenêt, c'est un défi compte tenu de l'étendue de leur domaine. Voilà pourquoi il leur a fallu développer des relais de transmission avec pour fâcheuse conséquence la création de petits potentats locaux, plus ou moins indépendants, qu'il faut en permanence recadrer. Seule la présence physique du suzerain, du roi ou de la reine, peut opérer de manière efficace ce contrôle si l'on veut éviter d'avoir recours aux armes. Henri et Aliénor vont passer leur temps à parcourir leur empire en tous sens. Il ne s'agit pas pour eux de séjourner par exemple dans la capitale d'un de leurs États : Londres, Poitiers ou Rouen ; il faut aller jusque dans les profondeurs du tissu féodal. En Normandie, par exemple, Henri a séjourné quatre-vingt-une fois à Rouen, quarante-cinq à Argentan, trente-six à Caen, vingt-huit à Valognes, vingt-six à Bur-le-Roi, quatorze à Domfront, treize à Cherbourg, douze à Quevilly, onze à Lyons, dix à Barfleur et neuf à Bayeux !

Pendant les trente-quatre ans que dure le règne, Henri II a passé Noël dans vingt-quatre endroits différents et il a traversé la Manche vingt-huit fois. Et il n'a pas séjourné que dans des châteaux ou des palais. Quand il ne dispose pas d'une habitation en « dur », dans une abbaye ou chez un bourgeois de la ville où il se trouve, Henri couche sous la tente ; il semble d'ailleurs que le Plantagenêt apprécie ce mode de logement auquel il fait apporter un soin tout particulier, au point même d'être réputé pour les somptueuses tentes de soie qu'il offre en cadeau à ses hôtes de marque. En matière de mobilité, sans faire preuve de la même frénésie que son mari, la reine n'est pas en reste. Au cours des premières années de la décennie 1160, elle est en Angleterre, gouvernant le pays au nom d'Henri qui, lui, est la plupart du temps en Normandie. Grâce notamment aux *Pipe's Rolls*, on trouve trace du passage d'Aliénor à Bermondsey et Westminster bien sûr, mais aussi à Oxford, Woodstock, Marlborough, Salisbury, au château de Sherbone dans le Dorset, en Cornouailles ou dans le Devon et également dans l'île de Wight dont elle semble particulièrement apprécier le climat plus clément. Elle séjourne dans de nombreuses abbayes dont certaines sont créées par ses soins ; l'ordre de Fontevraud, notamment, connaît une grande extension sous son impulsion.

Le lieu d'exercice du pouvoir et son instrument est la cour du roi, la *curia regis*. Cet instrument de pouvoir, Henri l'a façonné à sa main. Sur ce point la « modernité » du Plantagenêt est patente. En l'occurrence, elle reflète plus la personnalité d'Henri que celle d'Aliénor ; la duchesse reste très traditionnelle. On chercherait vainement une unité dans l'empire Plantagenêt. Il est composé de trop d'États différents, de trop de populations diverses. Si l'on en croit la légende, Geoffroy le Bel aurait laissé comme conseil à son fils de ne jamais chercher à unir tous ces territoires sous la même administration mais, au contraire, à respecter leurs diversités sans quoi il ne parviendrait jamais à les gouverner. Bien évidemment, Henri n'a pas appliqué ce conseil. De ses ancêtres normands, il a hérité un sens profond de l'administration qu'il va pousser à l'excès — c'est dans son tempérament — pour devenir un grand roi centralisateur.

Le principe de centralisation est le fondement même de l'action politique d'Henri II. Le roi n'a jamais compris — ou voulu comprendre — que la seule unité de l'empire Plantagenêt était au fond sa personne même. Si cet empire a existé quelques dizaines d'années, c'est parce qu'il l'a voulu, qu'il l'a rêvé, et qu'il a eu la chance de rencontrer une femme qui a accepté de partager son rêve. Mais ce rêve ne lui a pas survécu, preuve qu'il n'était pas construit sur des fondations solides. Il était impossible, à l'époque, de centraliser un territoire aussi vaste. Pourtant Henri va s'y essayer avec acharnement. Un des instruments qu'il va utiliser est la cour. Cette mécanique de gouvernement était totalement nouvelle au XII⁰ siècle et n'avait de raison d'exister que par la nature même de l'empire et la personnalité de son souverain. La tentation est forte de regarder Henri II Plantagenêt comme un des premiers souverains modernes, du moins de voir dans son mode d'administration une étape historique sur le chemin de la constitution de l'État moderne. Malheureusement le délitement rapide de l'empire après la mort d'Henri et d'Aliénor fait qu'il n'a pas servi d'exemple dans les siècles qui ont immédiatement suivi sa disparition.

Les historiens ont longtemps hésité à reconnaître que ce que les chroniqueurs de l'époque appellent *curia* ressemble beaucoup à la cour royale telle qu'elle existera quelques siècles plus tard et qui trouvera son apogée, en France du moins, à Versailles. Henri est entouré par une noria de serviteurs, de conseillers et de « courtisans ». L'un d'eux, Gautier Map, nous a laissé ce portrait : « Si je devais décrire la cour comme Porphyre définit le genre, je ne mentirais peut-être pas si je disais qu'elle est une multitude se rapportant d'une façon certaine à un seul principe. Nous sommes certes une multitude infinie, mais qui cherche à plaire à un seul. Aujourd'hui nous sommes ainsi une multitude, mais demain nous en deviendrons une autre. Pourtant, la cour ne change pas : elle est toujours la même. Cela serait aussi juste, si nous disions de la cour ce que Boèce a dit, en toute vérité, de la fortune, qu'elle n'est stable que dans sa mobilité [1]. » L'étude des *Pipe's Rolls* ainsi que celle des chartes royales a permis de déterminer que près de mille personnes se sont succédé dans la *curia* auprès d'Henri tout au long de son règne. Le chiffre aujourd'hui nous paraît infime au regard des administrations qui entourent nos chefs d'État mais, replacé à l'époque, il s'agit d'un nombre considérable. Jamais aucune cour royale n'avait réuni autant de monde.

Le roi d'Angleterre considère sa cour comme un outil d'administration, de propagande et un moyen de

---

1. Cité par Martin Aurell dans son introduction au colloque « La Cour des Plantagenêt », Université de Poitiers, 2000, page 20.

s'attacher les membres de la noblesse. Louis XIV ne fera pas autre chose ! Henri II est un autocrate subtil et intelligent. Il sait également se « méfier » de lui-même et de son tempérament. Il est incontestablement le « maître », se revendique comme tel, mais c'est aussi un homme qui sait écouter. Il tient compte — du moins en apparence — des avis de ses conseillers et des membres de la cour. Une scène relatée dans la chronique du monastère de Battle est, à ce titre, révélatrice. Le père abbé présente au roi la charte de fondation de l'établissement et lui demande de signer un document confirmant cette charte. Aussitôt, Henri répond : « Je ne ferai rien sans un jugement de ma cour ! » L'abbé s'adresse alors au justicier du royaume, Richard de Lucé, qui développe, à l'attention du roi et des hommes de la cour présents, les arguments allant dans le sens de la demande de l'abbé. Ensuite, chacun donne son avis. Le roi écoute tout le monde et finalement ordonne de confirmer la charte de la fondation. Dans le *Dialogue de l'Échiquier*, on trouve également la mention suivante : « Les grands du royaume assistent plus familièrement le roi en privé, afin que ce qui aurait été décidé ou déterminé par de si hauts personnages perdure en droit inviolable. » Il semble donc que le roi écoute les avis de son conseil et suive ses décisions, c'est en tous les cas l'image qu'il souhaite donner. L'avantage en est de pouvoir partager la responsabilité et même, en cas d'échec probant, de pouvoir reporter la faute sur la cour. Mécanique finalement assez classique qui se pratique encore de nos jours !

« Je parle de la cour, mais quant à savoir ce qu'est la cour... Là, seul Dieu sait ! » s'exclame Gautier Map. Le premier point sur lequel la cour d'Henri II fait montre d'originalité est sa composition. S'y mêlent à la fois de grands féodaux, des gens de petite noblesse, beaucoup de clercs — autrement dit d'intellectuels —

dont certains, comme Thomas Becket, sont issus de la bourgeoisie. C'est cette présence des clercs à la cour, et surtout leur qualité, qui étonne, comme le remarque Martin Aurell : « La cour Plantagenêt impressionne le médiéviste en raison de la qualité de ses écrivains latins : Jean de Salisbury, Pierre de Blois, Giraud de Barri, Gautier Map, Arnoul de Lisieux, Nigel de Longchamps dit Wireker, Gautier de Châtillon, Raoul le Noir... Ils ont, tous, fait partie, à un titre ou à un autre, de la suite du roi d'Angleterre, et ils ont souvent profité de son patronage. Cette forme de concentration est exceptionnelle dans le panorama culturel du XIIe siècle. Elle répond aussi bien au programme royal d'instrumentalisation politique du savoir, qu'à la proximité des écoles cathédrales du nord de la France, les plus prestigieuses de l'époque [1]. » Le roi a incontestablement la volonté d'utiliser pour gouverner ce qu'on appellerait aujourd'hui des « intellectuels » de son temps. De plus, il a les moyens de le faire, d'une part parce qu'il est riche, d'autre part parce que ces clercs sont formés à proximité de l'empire ou même dans les États de l'empire.

Pour donner un aperçu de ce milieu intellectuel diffus et très présent, rappelons que l'un des professeurs reconnus du futur roi Henri II était Guillaume de Conches, réputé pour son enseignement de l'éthique politique de Sénèque ; le même Guillaume a été le maître de Jean de Salisbury qui lui vouait une admiration sans borne. C'est d'ailleurs Jean de Salisbury qui écrira le premier grand traité politique médiéval, le *Policraticus*, qui demeure intimement lié à la conception du pouvoir selon les Plantagenêt et illustre l'image du « prince idéal » telle qu'elle apparaît

---

1. *La Cour des Plantagenêt, op. cit.*, page 28.

à cette période. Son œuvre est imprégnée des notions de vertu, d'honnêteté, puisées à la lecture de Cicéron, et il s'y fait jour « une idée morale du service de l'État, que seuls d'honnêtes hommes et de vertueux citoyens sauraient prendre en charge [1] ». Ceci, encore une fois, nous montre la qualité des hommes qui entouraient Henri, et l'intelligence d'un homme utilisant une « bureaucratie » avant la lettre qui s'est mise au service de sa conception centralisatrice du pouvoir. Toutefois, les mêmes causes provoquant les mêmes effets, ces hommes qui participent un temps de la cour et donc de la faveur du prince, se jalousent et font preuve d'amertume lorsqu'ils sont en disgrâce. Gautier Map, qui fut lui-même un courtisan, ne se prive pas de critiquer la cour.

On trouve également, chez les chroniqueurs de l'époque, un certain dédain, voire du mépris, pour les membres de la petite noblesse, classe sociale de plus en plus représentée à la cour du Plantagenêt. Le règne d'Henri est marqué par un changement d'origine d'une grande partie de l'entourage royal. Sa famille s'est jusque-là appuyée sur le baronnage angevin dans un premier temps, ensuite remplacé par le baronnage normand qui, dans les premières années de son règne, fournira les meilleurs soutiens de son pouvoir naissant. Progressivement le roi se détachera des Anglo-Normands, pour s'entourer de personnalités issues de l'aristocratie anglaise, souvent même de la petite aristocratie, voire de la roture. Il favorise ainsi l'émergence d'un nouveau « personnel féodal » qui lui devra son ascension sociale et sa fortune. Nous verrons sans cesse le roi distribuer des terres à cette petite noblesse avec toutefois le souci de ne pas trop réduire les terres de la couronne. Pour cela il développera, entre autres, une « politique matrimoniale ». En 1185, il fait dresser les *Rotuli de domina-*

1. *Ibid.*, page 43.

bus, puellis et pueris — Rouleaux de dames, filles et garçons —, liste regroupant les veuves et les orphelines les
plus importantes de douze comtés d'Angleterre. Henri
peut ainsi marier ces héritières à ses conseillers les plus
fidèles, ce qui d'une part lui permettait de s'assurer de
leur loyauté et d'autre part d'éviter que ces terres ne viennent agrandir par mariage les domaines des grandes
familles féodales. On recherche aussi beaucoup, parmi
les membres de l'aristocratie, la tutelle d'orphelins dont
on administre les biens le plus souvent à son propre
profit.

L'obtention d'un fief reste l'obsession principale des
courtisans laïcs qui entourent le roi. Ils reçoivent la
plupart du temps satisfaction mais ce n'est pas le seul
mode de rétribution de leurs conseils ; Henri distribue
à son entourage de l'argent, des étoffes, des vêtements,
des armes, des chevaux... La présence à la cour de ces
hommes d'origine modeste n'est pas sans provoquer
quelques commentaires acerbes des courtisans issus de
milieux plus aristocratiques. Giraud de Barri — qui
descend d'un connétable d'Henri Ier Beauclerc —,
Gautier Map ou encore le chroniqueur Raoul le Noir se
plaignent qu'Henri confie des postes importants à « des
serfs, des bâtards ou des mercenaires » et choisit les
évêques et les abbés parmi ses domestiques, ou encore
que la sévérité excessive et les malversations des juges
et des *sheriffs* nouvellement nommés s'expliquent par
leurs origines populaires. La corruption des officiers
royaux est fustigée par les satiristes et les chroniqueurs,
corruption à l'intérieur de la cour mais aussi à l'extérieur. Pierre de Blois se plaint que les juges itinérants,
les gardes des forêts ou les *sheriffs* sont toujours prêts à
soutirer de l'argent à leurs administrés et à rendre une
justice partiale, favorisant le plus offrant, que personne
n'ose se plaindre par crainte de représailles et que les
membres de la cour, qui ne cessent de se battre entre

eux, sont en revanche très solidaires quand il s'agit de pressurer le bon peuple.

La *curia regis* telle que l'a façonnée Henri II est un savant dosage de conseillers traditionnels du prince — des barons et de grands dignitaires de l'Église —, d'intellectuels et d'hommes issus de classes jusque-là éloignées du cœur du pouvoir royal — petite noblesse et bourgeoise commerçante. Henri II a, de manière délibérée, tenté de créer un instrument de pouvoir et d'administration « à sa main ». Il nous serait facile, huit siècles plus tard, de voir dans sa démarche l'avant-garde d'un État monarchique moderne, de faire du mari d'Aliénor un homme politique très en avance sur son temps, une sorte de visionnaire politique... la réalité est différente et beaucoup plus simple. Henri est totalement à contre-courant d'une évolution de la société féodale caractérisée par une volonté d'indépendance des pouvoirs locaux à l'intérieur d'une sorte de « cadre moral ». Cette volonté d'indépendance n'est pas le fait des petits seigneurs — nous avons vu que les Plantagenêt ont rapidement fait rentrer dans le rang ceux qui avaient profité de la faiblesse du pouvoir royal sous Étienne — mais plutôt des grands féodaux qui disposent souvent de vastes et riches territoires, acceptent de prêter serment d'allégeance pour entrer dans un système féodal qui les protège contre les appétits de féodaux aussi ou plus puissants qu'eux, mais entendent, pour la plupart, rester maîtres chez eux. Ce qui a permis, avec le temps, d'installer une monarchie dans ce qui deviendra la France, est le sentiment du besoin d'une organisation garantissant une forme de paix sociale. D'où la codification du système féodal qui, à l'époque d'Henri et d'Aliénor, a terminé sa phase adolescente et entre dans une forme de maturité.

Louis VII, lui, est tout à fait en phase avec son

siècle. A-t-il réellement compris que l'ancrage de la monarchie en France devait se faire d'abord par une période d'incarnation par le roi d'un pouvoir suprême, temporel, mais qui tire sa légitimité du spirituel et non plus de la force des armes ? Ou bien sont-ce les événements qui l'ont poussé à agir dans un sens qu'il a ensuite légitimé par la *pax regis* ? Peu importe ! Le résultat est là. Henri, lui, est dans une dynamique totalement inverse. Il veut installer un pouvoir centralisé qui, seul, lui permettra de gouverner le vaste empire que son ambition a créé. Malheureusement, Aliénor et lui sont sans doute les seuls à partager cette ambition centralisatrice. Il est fort probable qu'ils ont vite compris qu'ils ne pourraient pas compter sur l'appui des barons et c'est sans doute pourquoi ils ont cherché à s'appuyer sur de nouvelles classes. Ce qui leur a coûté financièrement très cher... mais ils disposaient de ressources adéquates. Manifestement, Henri n'est pas un visionnaire, mais plus simplement un homme qui a cherché à se donner les moyens de ses ambitions. Tout en lui est pragmatique, plus guidé par une situation donnée et un tempérament que par une philosophie politique.

La cour est le cœur du système administratif Plantagenêt, système qui, en raison de l'étendue de l'empire, nécessite des relais. Pour ces relais, on assiste également à un changement d'origine ; Henri va progressivement délaisser les Normands qui avaient assuré ces fonctions au cours des règnes précédents pour s'appuyer là aussi sur des Anglais. L'axe principal de l'empire Plantagenêt est l'axe Normandie-Angleterre, avec ses deux capitales, Rouen et Londres. Sur ces terres le système administratif fonctionne remarquablement bien et les relais du pouvoir sont acceptés par la population. Mais plus on s'éloigne de cet axe en descendant vers le Sud et les terres d'Aliénor plus les officiers d'origine anglaise sont perçus comme des sortes d'envahisseurs, de colonisateurs, représentant un pouvoir central dont les populations se sentent très éloignées. L'autorité du roi d'Angleterre ne sera jamais totale sur les vassaux d'Aliénor. Sans cesse le Plantagenêt devra faire face à des révoltes de toutes sortes dont le rejet de l'« Anglais » est souvent un puissant moteur. Un des moments les plus significatifs de cet état d'esprit est l'assassinat en 1168, par un membre de la famille des Lusignan, du comte Patrick de Salisbury dont le chroniqueur Raoul de Diceto dit qu'il était « chef de l'armée du roi des Anglais en Aquitaine ».

Lieu du pouvoir, la cour d'Henri II Plantagenêt est également un lieu de propagande. Une des fonctions essentielles des clercs qui entourent le souverain est de légitimer son pouvoir d'un point de vue théorique et historique. « Les intellectuels de cour mettent en œuvre tous les moyens de la culture savante pour affirmer la domination du prince dans l'esprit de ses sujets. Ils encouragent la rédaction de chansons engagées en sa faveur, la réécriture de l'histoire des ducs de Normandie, le récit de faits d'armes contre les Celtes et les musulmans, la diffusion de prophéties sur l'écrasement des ennemis [1]... » C'est tout un *corpus* d'œuvres hagiographiques qui est développé pour lequel le terme de « propagande » est parfaitement justifié. Par exemple, Henri s'attache les services d'un clerc de Jersey, Wace, afin qu'il compose le *Roman de Rou*, qui est une réécriture en français et en vers de l'histoire glorieuse des ducs de Normandie. Wace est rétribué par une prébende à Bayeux. Le poète tombe en disgrâce en 1174 et est remplacé par Benoît de Sainte-Maure, poète célèbre auteur du *Roman de Troie*, qui termine cette œuvre destinée à replacer les Plantagenêt dans la lignée des ducs

---

1. Martin Aurell, *La Cour des Plantagenêt*, *op. cit.*, page 45.

normands en privilégiant les ancêtres maternels du roi et en minimisant ses racines angevines. Tout cela bien évidemment afin de justifier les droits d'Henri à la succession au trône anglais.

On trouve également dans le *corpus* hagiographique des *sirventes*, des chansons composées, sous forme satirique et politique, par ces mêmes troubadours, par ailleurs chantres de la lyrique courtoise du *fin'amor*, qui « remercient » en quelque sorte le Prince de ses largesses en mettant leur talent à son service. Très peu de ces *sirventes* nous sont parvenus et de fait ils n'étaient pas destinés à demeurer dans les anthologies poétiques mais à circuler parmi la population et à impressionner les esprits au bénéfice du roi.

En revanche, la volonté affichée d'Henri et d'Aliénor de légitimer historiquement et au travers d'une légende le pouvoir Plantagenêt a été déterminante dans le développement de ce qu'on appelle la « matière de Bretagne », contes celtiques et surtout légende arthurienne, avec ses personnages qui font partie de la culture européenne et de notre imaginaire : le roi Arthur, l'enchanteur Merlin, Perceval, Lancelot, la reine Guenièvre, la fée Mélusine, les chevaliers de la Table ronde, etc. Sans les Plantagenêt, la légende arthurienne n'aurait peut-être pas connu la fortune qui est la sienne. Ils lui ont donné les moyens de se développer en encourageant les auteurs, en leur permettant de vivre à la cour ou en leur attribuant un revenu.

Henri subventionne également les amuseurs qui sont très nombreux à la cour et à qui l'on reproche — rien de bien original ! — d'être responsables d'un climat de débauche. « Ces spectacles, fulmine Jean de Salisbury, sont un scandale permanent ! c'est une mode, une fureur. Qu'on excommunie donc une bonne fois tous ces baladins, ces mimes, ces jongleurs, ces acrobates, prestidigitateurs, danseurs et danseuses ! Non contents de contaminer les gens du commun, ils s'introduisent auprès des riches bourgeois et des marchands, des grands et des nobles, sous couleur de représentations qu'ils donnent dans les palais et les châteaux. Ces misérables corrompent tout et la responsabilité en échoit à la cour du roi [1]. » Il semble malgré tout qu'Henri apprécie ces « misérables » puisqu'on trouve notamment trace d'un bouffon nommé Roland qui reçoit du roi une sergenterie dans le Suffolk afin qu'il exécute à chaque Noël, devant le souverain, ses galipettes et ses facéties.

La légende arthurienne a été utilisée politiquement par les Plantagenêt comme le pendant de l'utilisation faite par les Capétiens, également dans le but de fonder leur dynastie sur un socle à la fois historique et chargé de légendes, du mythe de Charlemagne. Apparemment les deux légendes ne sont pas de même nature ; nous savons que Charlemagne a réellement existé et qu'il est même l'une des plus grandes pensées politiques de notre histoire, alors qu'Arthur est un mythe sans autre vérité que celle de l'imaginaire. Rappelons-nous que nous sommes dans la seconde moitié du XIIᵉ siècle et que le couronnement de Charlemagne a eu lieu en l'an 800, près de quatre siècles plus tôt. Le temps a laissé s'installer tout un habillage légendaire autour de l'empereur. Le personnage n'a pas à l'époque l'authenticité historique que nous lui connaissons, au contraire. Et n'oublions pas qu'il y a peu de documents, que le matériel historique auquel nous sommes habitués n'existe pas. L'histoire, longtemps figée dans les monastères, se propage de bouche à oreille avec toutes les déformations que l'on peut imaginer. Charlemagne, personnage authentique, a progressivement glissé vers la légende. Avec le roi Arthur, les Plantagenêt vont tenter d'opérer

---

1. Cité par Philippe Delorme, *op. cit.*, page 128.

le mouvement inverse, c'est-à-dire de le faire glisser de la légende à l'authenticité historique.

Le point de départ de la légende arthurienne se situe vers 1138 lorsque le chanoine et maître d'Oxford Geoffroy de Monmouth écrit une *Histoire des rois de Bretagne* dans laquelle il incorpore des prophéties de Merlin dont il est lui-même l'auteur. Mêlant ses propres inventions à des éléments puisés dans la tradition orale celtique et d'anciennes sources historiographiques, il retrace les valeureuses actions guerrières de quatre-vingt-dix-neuf rois de l'île britannique sur deux mille ans d'histoire, faisant remonter la fondation de la dynastie à l'arrivée de Troyens exilés après la destruction de leur ville par les Grecs. « Un tiers de ce livre est occupé par la geste d'Arthur, le fils du roi Uther : il vainc les Saxons et écrase les Pictes et les Scots, avant de conquérir l'Irlande, mais aussi la France, la Scandinavie et l'Islande ; il épouse Guenièvre, une femme de la noblesse romaine, avec laquelle il va donner un faste considérable à la vie de cour ; il est trahi cependant par son neveu Mordred qui la séduit, s'allie aux Saxons et le bat ; blessé, il se retire dans l'île d'Avalon. [...] Ainsi constitué, ce corpus de récits et contes connaît un succès inouï : nous conservons deux cent quinze manuscrits médiévaux de l'*Histoire des rois de Bretagne*, dont cinquante pour le XIIe siècle, chiffre jamais atteint par aucun autre ouvrage de la période [1]. »

De nombreux auteurs de l'époque se sont emparés de cette légende et s'en sont servis pour créer leurs propres romans dont le plus célèbre est *Perceval le Gallois ou le Conte du Graal*, que Chrétien de Troyes écrit à la cour

---

1. Martin Aurell, *L'Empire Plantagenêt*, *op. cit.*, page 159. Un long passage très documenté est consacré dans ce livre à la manière dont progressivement le personnage légendaire d'Arthur va glisser, grâce à des transformations successives d'auteurs divers, d'un roi finalement assez barbare et sanguinaire à un grand seigneur féodal, au point même d'incarner l'image sublimée du roi-chevalier.

de Marie de Champagne, fille d'Aliénor et de Louis VII. D'autres exemples de cette littérature nous sont parvenus comme *Le Chevalier de l'épée* ou *Le Livre de Caradoc*, se situant tous à l'époque du roi Arthur, ou encore, un des plus importants, le *Roman de Brut* de Wace — le même Wace à qui Henri commandera une réécriture de l'histoire des ducs de Normandie — qui traduit en langue anglo-normande l'œuvre de Monmouth en y ajoutant quelques éléments dont la célèbre Table ronde [1]. Les historiens s'accordent pour reconnaître que la plupart des auteurs de ces « romans arthuriens » ont été à un moment donné en contact avec le roi d'Angleterre, que celui-ci a véritablement été au centre du développement de la légende. Henri a probablement été déterminant dans la mutation du roi Arthur, réussissant à transformer un personnage de légende en une personnalité historique. Cette métamorphose connaît son apogée quelques mois après la mort d'Henri par l'invention — c'est le terme utilisé par les archéologues pour parler de découverte — de la tombe d'Arthur et Guenièvre. Si l'on en croit Giraud de Barri, qui relate cette invention avec beaucoup de détails, c'est Henri lui-même qui « indiqua, selon les traditions qu'il avait entendues d'un chanteur breton d'histoires, qu'on trouverait le corps enfoui à seize pieds au moins dans un chêne évidé ». Toujours selon Giraud de Barri, les religieux du monastère bénédictin de Glastonbury, sur les fameuses indications d'Henri II, trouvèrent les restes d'un géant touché de dix blessures et d'une femme à tresses blondes. Les circonstances ne laissaient pas beaucoup de place au doute mais, pour faire bonne mesure, on trouva proche des deux corps l'inscription suivante : « Ci-gît le fameux roi Arthur, enseveli avec Guenièvre, sa seconde épouse,

---

1. Voir notamment le recueil *La Légende arthurienne, le Graal et la Table ronde*, collection Bouquins, Robert Laffont, 1989.

dans l'île d'Avalon ». Malheureusement Henri n'a pas assisté à l'événement qui l'aurait sans doute passionné et peut-être même ému en lui rappelant de lointains souvenirs. En effet, Geoffroy de Monmouth avait pour protecteur le tuteur du jeune Henri, Robert de Gloucester, à qui son œuvre est dédiée. Adolescent, le futur roi d'Angleterre a séjourné longtemps auprès de son oncle. Il n'est pas interdit de penser qu'à ce moment-là il a pu rencontrer l'auteur de l'*Histoire des rois de Bretagne*, et que celui-ci a frappé l'imagination du jeune homme en lui contant, le soir, devant une immense cheminée où brûlait le tronc d'un chêne centenaire, l'histoire du roi Arthur et les prophéties de l'enchanteur Merlin. Laissons-nous aller à imaginer que l'intérêt d'Henri à propager la légende arthurienne n'était pas seulement dicté par les « bénéfices politiques » qu'il pouvait en tirer, mais aussi par le souvenir d'un adolescent qui rêvait d'être l'héritier d'Arthur, de devenir à son tour roi de l'île de Bretagne entouré de preux chevaliers...

16

L'affaire Thomas Becket

Le 4 octobre 1160, Constance de Castille, seconde femme de Louis VII, meurt brutalement en donnant naissance à une petite Aélis. À quarante ans, le roi de France se retrouve veuf avec quatre filles. Lorsque la nouvelle de la mort de Constance parvient à Aliénor et Henri, ils peuvent penser que la couronne de France s'approche de leur fils, Henri le Jeune. Le destin semble s'acharner sur le Capétien et tout faire, décidément, pour faciliter les desseins des Plantagenêt. Mais la nouvelle du décès de la reine est à peine arrivée aux oreilles des souverains anglais qu'une autre nouvelle la suit, tout aussi surprenante : Louis VII, à l'encontre de toutes les traditions, annonce son intention d'épouser Adèle, la plus jeune sœur du comte Henri de Champagne et de Thibaud de Blois. Le mariage est célébré quelques semaines plus tard, le 13 novembre. La rapidité du remariage de Louis montre à quel point il est obsédé par la peur de ne pas transmettre le trône à un « héritier issu de sa semence » et tient à « pourvoir tant au salut de sa race qu'à la protection de la *res publica* », comme le souligne un contemporain du roi. C'est la seule justification à ce remariage dont la promptitude n'est pas du meilleur goût. Mais il n'est pas là question de sentiment, seulement de politique. Sur ce plan précisément, les historiens ont souvent reproché à Louis d'être un peu plus « tombé sous la coupe » de ces puissants vassaux dont les terres enserrent une partie du domaine royal et qui jouissent de ce fait d'une grande influence à la cour de Paris. C'est faire une analyse trop sommaire. Yves Sassier [1] le remarque très justement, par ce mariage le Capétien réalise une opération qui lui est très profitable : « ... face au Plantagenêt, il consolide d'un coup une alliance politique dont le moins que l'on puisse dire, au vu de la défection récente du comte Thibaud ou de la neutralité du palatin Henri pendant la guerre de Toulouse, est qu'elle manquait singulièrement d'efficacité. Louis VII ne se rapproche pas seulement des comtes bléso-champenois en épousant leur sœur : le duc de Bourgogne, les deux principaux seigneurs du Perche, Rotrou III et Guillaume Gouet, le comte de Bar-le-Duc en terre d'empire deviennent ses beaux-frères ; le comte Guillaume III de Nevers et l'évêque de Troyes ses oncles. Le profit politique que le roi est en droit d'attendre de son mariage précipité est donc immense. »

Aliénor et Henri ne peuvent pas rester sans réagir. Ils ont très bien compris, eux, l'habileté de la manœuvre du Capétien. Mais ils vont savoir faire preuve d'une habileté encore plus grande. Pour cela ils vont utiliser la voie diplomatique et la situation provoquée par l'opposition entre Alexandre III et Frédéric Barberousse.

Lors de leur rencontre à la Pentecôte 1160, Louis et Henri avaient longuement parlé du schisme, d'autant qu'à ce moment-là le pape Alexandre venait d'excommunier son concurrent, l'antipape Victor IV, et, pour faire bonne mesure, l'empereur d'Allemagne lui-même. Il était évident que le roi de France et le roi d'Angleterre penchaient tous les deux pour le parti d'Alexandre, mais ils ne voulaient pas précipiter les choses et préféraient laisser leurs clergés respectifs prendre position.

---

1. *Louis VII, op. cit.*, page 300.

Ils avaient également décidé de reconnaître, quoi qu'il arrive, le même pape. Les clergés s'étaient réunis à plusieurs reprises et le parti d'Alexandre semblait l'emporter assez largement malgré la présence systématique de représentants de l'empereur qui s'étaient montrés acharnés à défendre la cause de Victor.

À l'annonce faite du futur remariage de Louis VII, les souverains anglais reçoivent très ostensiblement des envoyés de Barberousse, ce qui ne manque pas d'alarmer au plus haut point les deux légats d'Alexandre III présents à la cour. En réalité, les Plantagenêt n'ont pas décidé de rallier le clan de l'antipape — d'autant qu'ils sont tout à fait conscients que le clergé anglais penche massivement pour Alexandre et que s'ils prennent une décision contraire, ils auront probablement à faire face à une fronde des prélats — mais ils savent que le soutien des riches souverains anglais est plus vital pour le pape Alexandre que celui d'un roi de France entouré de vassaux ayant des liens plus ou moins serrés avec Frédéric Barberousse. Henri fait savoir aux légats qu'il ne se prononcera pas tant que le roi de France ne l'aura pas fait. On sait que le roi de France est sur le point de se déclarer pour le parti d'Alexandre. Les légats comprennent que s'ils veulent une reconnaissance du roi d'Angleterre concomitante à celle du roi de France, il leur faut négocier avec les Plantagenêt. En secret, ils cherchent à savoir quel est le prix du ralliement anglais : une dispense d'âge pour permettre le mariage de Marguerite de France et d'Henri le Jeune. Les légats acceptent.

Courant novembre 1160, les deux souverains reconnaissent simultanément Alexandre III pour le vrai pape. L'annonce à peine faite — nous sommes toujours en novembre — Louis VII apprend la célébration du mariage des deux enfants — ils n'ont pas huit ans à eux deux ! Henri s'empare aussitôt de la dot de la petite princesse avec la complicité passive des Templiers qui, depuis le traité de la Pentecôte, étaient chargés de veiller sur cette dot. Le chroniqueur Guillaume de Newburgh relate ainsi l'événement : « Impatient de tant attendre, [il] célébra prématurément le mariage entre les deux enfants et s'empara des châteaux tenus par les Templiers. Sachant cela, les Français furent pris d'une furieuse colère et accusèrent le roi de duplicité et les Templiers de trahison. » En réaction, le roi de France chassa les Templiers de leur maison de Paris. La trêve était à l'évidence rompue. Des deux côtés on s'agite, on fortifie les châteaux, on double certaines garnisons, on réunit une armée... mais tout cela ne mènera pas à la guerre. Louis sait qu'il n'est pas de taille à lutter contre Henri sur ce terrain. Il décide de s'incliner. Une nouvelle fois, à la fin du printemps 1161, un armistice est signé entre les deux souverains. Il semblerait même qu'à cette occasion on ait évoqué la possibilité d'un mariage entre le second fils d'Henri et d'Aliénor, Richard, alors âgé de quatre ans, et la seconde fille de Constance et de Louis, Aélis, encore bébé. Mais pour les Plantagenêt, cette paix revêt une importance toute symbolique : enfin, Henri a récupéré ce Vexin normand qu'il convoite depuis des années... et sans verser une goutte de sang !

La reine Aliénor a passé une grande partie de l'année 1160 en Angleterre. Nous ignorons exactement à quel moment elle rejoint son mari sur le continent, mais sa présence est attestée à ses côtés pour les fêtes de Noël qu'ils célèbrent au Mans. Ils vont rester ensemble toute l'année 1161. En septembre, la reine met au monde son huitième enfant, le sixième avec Henri. C'est une petite fille dont l'un des parrains est Robert de Torigni qui mentionne sa naissance dans sa chronique : « La reine Aliénor, à Domfront, met au monde une fille, que le cardinal Henri, légat de l'Église romaine, baptisa, et Achard, évêque d'Avranches, et Robert abbé du Mont-

Saint-Michel, avec de nombreux autres, tinrent sur les fonts baptismaux et elle fut appelée Aliénor, nom de sa mère. »

Depuis la campagne de Toulouse, le chancelier Thomas Becket est resté sur le continent auprès d'Henri. On sait qu'il a pris goût à la guerre, il participe donc aux escarmouches du début 1160 et on peut considérer qu'il n'est pas étranger non plus à la manœuvre diplomatique autour du ralliement à Alexandre III.

Pendant ce temps, de l'autre côté de la Manche, Thibaud, le vieil archevêque de Canterbury, se meurt. À plusieurs reprises, il envoie des lettres à Thomas lui demandant de venir le rejoindre car, ce n'est un secret pour personne, Thibaud souhaite que Thomas lui succède. Henri est d'accord. Comment ne pourrait-il pas envisager avec enthousiasme de voir son meilleur ami et son serviteur le plus fidèle prendre la tête d'une Église dont les privilèges et l'indépendance le gênent et sur laquelle il est déterminé à installer sa propre autorité ? Selon toute probabilité, Aliénor envisage également cette perspective d'un bon œil. Pour elle Thomas est un peu envahissant ; élu au siège archiépiscopal, il serait obligé de rester dans l'île, ce qui ne serait sans doute pas pour déplaire à la reine. Deux personnes pourtant ne sont pas convaincues que cette élection soit judicieuse : la vieille Mathilde, l'Emperesse, qui, de sa retraite rouennaise, mesure avec justesse les sources de conflit que la nouvelle répartition des pouvoirs entre deux fortes personnalités va créer ; et Thomas Becket lui-même.

Une anecdote, rapportée par Guillaume Fils Étienne et que tous les historiens s'accordent à reconnaître authentique, est révélatrice de l'état d'esprit du chancelier. La scène se passe à Rouen, manifestement pendant l'année 1160. Thomas vient d'être gravement malade, au point qu'on a craint pour sa vie. Heureusement il s'est remis mais la convalescence, qu'il passe au prieuré de Saint-Gervais, est longue. Un jour le prieur de Leicester lui rend visite et le trouve devant sa table d'échecs, un jeu qui le passionne. Le prieur exprime son étonnement de voir le chancelier simplement habillé d'une pelisse à longues manches, à la dernière mode de la cour d'Angleterre : « Comment donc se fait-il que vous ayez adopté cette tenue ? Des vêtements de ce genre sont bons pour les fauconniers, et vous êtes un homme d'Église. Je dis d'ailleurs *un* pour ce qui est de la personne... [...] Si l'on se fie aux bruits qui circulent à la cour, vous serez bientôt archevêque !

— Je connais en Angleterre, répond Becket, trois pauvres prêtres que j'aimerais mieux voir archevêque que moi. Car je connais bien le roi. Si jamais j'étais élevé à cette dignité, il me faudrait soit perdre sa confiance, soit négliger le service de Dieu, mon Seigneur, ce que je ne ferai pas. »

Comment faire preuve de plus de lucidité ? Il semble d'ailleurs que le prieur fera part de cette réflexion du chancelier à Henri, quelques semaines plus tard. Ainsi les deux protagonistes auraient pu ne pas aller dans cette voie. Pourtant la tragédie aura lieu. Il est difficile d'appeler autrement cet épisode du règne d'Henri et Aliénor. Car, comme pour toutes les tragédies, on a l'impression que les choses se déroulent de manière inéluctable, que les acteurs sont pris dans une logique implacable et que, malgré leur certitude que tout va mal se terminer, ils ne peuvent faire autrement que d'avancer vers leur destin.

Thomas renâcle à se rendre au chevet de Thibaud de Canterbury, tant et si bien que le vieil homme meurt le 18 avril 1161 dans les bras de son secrétaire, Jean de Salisbury, sans avoir revu l'homme qu'il a fait chancelier d'Angleterre et qu'il considérait sans doute comme son fils.

Pendant une année il ne se passe rien. Le roi semble ne pas vouloir forcer le clergé de peur de l'indisposer et de le voir élire quelqu'un d'autre que Thomas. Le clergé anglais a soutenu le Plantagenêt lors de son arrivée au pouvoir, Henri ne doit pas l'oublier ; tout comme il ne doit pas oublier que, dans le même temps, ce clergé s'est rapproché de Rome pour marquer son indépendance vis-à-vis du pouvoir royal. Le roi tient absolument à cette élection. Il est persuadé que son ami, placé à la tête de l'Église et conservant son poste de chancelier, servira les intérêts de la couronne avec le zèle dont il a toujours fait preuve ; cela revient à faire passer entièrement l'Église d'Angleterre sous l'autorité royale. Le moment semble particulièrement propice car le pape Alexandre III est fragile et négociera tout ce qui sera possible pour conserver le soutien du roi d'Angleterre. On peut donc comprendre le silence du roi pendant un an : il respecte les formes et se fait d'autant plus discret qu'il sait qu'il a toutes les cartes en main.

L'inaction de Thomas est plus étrange. Bien qu'il n'y ait aucune trace écrite, la plupart des historiens s'accordent à penser que le roi n'a cessé, au cours de l'année, de faire pression sur son chancelier pour qu'il accepte d'être candidat à la succession de Thibaud de Cantorbéry. Thomas se fait prier, non par calcul, mais parce qu'il sent bien qu'il va au-devant d'une situation délicate. Il est à un tournant de sa vie ; il en a conscience et hésite sincèrement à prendre la voie que son ami Henri trace pour lui.

Au printemps 1162, Thomas traverse enfin la Manche. Officiellement il se rend en Angleterre sur ordre d'Henri II pour amener les barons anglais à prêter serment au fils aîné d'Henri et d'Aliénor, Henri le Jeune. Le prince est alors âgé de sept ans et le chancelier Becket

est chargé de son éducation. Cet hommage du baronnage est la première étape vers un couronnement
du jeune homme, du vivant de son père, afin d'assurer la continuité dynastique. Même si l'affaire est
importante, personne n'est dupe du fait que la présence du chancelier en Angleterre a surtout pour but
son élection au siège archiépiscopal de Canterbury.
Pourtant Thomas ne « fait pas campagne » lui-même.
Ce serait du plus mauvais effet. Pour mener l'opération, Henri a dépêché dans l'île son justicier, Richard
de Lucé. Le chroniqueur Roger de Pontigny nous a
transmis le discours que le justicier a prononcé au
monastère de Christchurch. Sans doute réécrit, ce discours montre bien la manière très habile dont les souverains anglais agissent : « Le roi notre maître est
animé d'un grand zèle pour les choses de Dieu [...]
et spécialement pour cette noble Église de Canterbury
qu'il nomme sa mère dans le Seigneur et qu'il ché-
rit d'un cœur de fils, avec une constante et respec-
tueuse affection. C'est pourquoi, voulant prévenir les
troubles et les maux qu'une longue vacance du siège
pourrait causer, il vous fait savoir que vous êtes libres
de choisir votre archevêque [...]. C'est votre mission
et votre intérêt d'élire un personnage dont la protection vous serve devant Dieu et devant les hommes.
Car, si le roi et l'archevêque sont unis ensemble par
les liens d'une amitié mutuelle, les temps en deviendront plus heureux, et la situation de l'Église en restera plus tranquille et plus prospère. Mais si, par
malheur, il en était autrement, ce qu'il en résulterait
de complications et de peines, de difficultés et de
troubles, de dangers pour l'État et le salut des
âmes (...). »
Par prudence Henri et Aliénor se gardent bien de
revenir dans l'île à cette période ; ils veulent absolument éviter que leur présence puisse être interprétée
comme une volonté d'intimidation de leur part. Leur

fils est là, les barons viennent de lui prêter hommage, il est le futur roi d'Angleterre, cela suffit. Pour prendre tant de précautions, il fallait que les Plantagenêt considèrent que cette élection revêtait un enjeu particulièrement important. Ils n'oublient pas que six ans auparavant, le pape Adrien IV avait solennellement renouvelé l'interdiction de sacrer évêque tout candidat désigné par le pouvoir civil. Pas plus qu'ils n'oublient le camouflet qu'Henri avait subi quelques années plus tôt au moment de l'élection de l'archevêque de Bordeaux. L'incident, rapporté dans l'*Histoire des évêques et des comtes d'Angoulême*, illustre la nature des rapports entre pouvoir ecclésiastique et pouvoir civil, et nous donne une très bonne indication des raisons de l'attitude particulièrement discrète du roi et de la reine d'Angleterre à la fin du printemps 1162 : « À la mort de l'archevêque de Bordeaux, Godefroy, les chanoines de Bordeaux donnèrent leurs voix pour l'élection aux évêques d'Angoulême, Agen, Poitiers, Saintes et Périgueux. Comme ceux-ci s'étaient réunis pour traiter en secret de l'élection, le roi Henri II s'introduisit dans l'assemblée, demandant que Jean de Sicle, écolâtre de Poitiers, soit élu par eux comme archevêque. Le roi voulait assister en personne à l'élection, pour empêcher un évêque de dire quelque chose qui aille contre sa volonté. En présence du roi, les évêques restaient interdits et silencieux. Seul le vieil Hugues, évêque d'Angoulême, prit la parole : " Seigneur roi, c'est à nous, dit-il, que selon le droit, l'élection a été confiée ; nous ne pouvons délibérer en votre présence ; tant que vous resterez parmi nous, nous ne dirons rien de l'office ecclésiastique ni de l'élection qui nous a été confiée et nous ne promouvrons pas celui qui a été antérieurement promu par vous. " En entendant cela, le roi tout triste et plein de rancœur se retira [1]. »

1. Cité par Pierre Aubé, *Thomas Becket, op. cit.*, page 148.

Les manœuvres d'Henri et d'Aliénor portent leurs fruits. Le 27 mai 1162, dans le réfectoire de l'abbaye de Westminster, Thomas Becket, chancelier d'Angleterre, est « solennellement élu archevêque, sans aucune opposition » si l'on en croit Raoul de Diceto.

Petit problème, Thomas n'est que diacre ; on se souvient qu'il avait reçu les ordres mineurs dans la plus grande précipitation juste avant d'être nommé archidiacre. En l'occurrence, on va procéder avec la même célérité. Sitôt l'élection terminée, on se précipite à Canterbury. Le samedi 2 juin au matin, Becket est ordonné prêtre par l'évêque de Rochester. Le lendemain, jour de la Pentecôte, « les évêques s'assemblèrent dans Canterbury, raconte Roger de Pontigny. S'y pressait aussi une foule d'abbés, de moines, de clercs et de grands avides d'assister à la consécration d'un aussi prestigieux archevêque et de bénéficier de ses prières et de ses bénédictions. Thomas lui-même s'y rendit, accompagné d'un grand nombre de religieux et de personnalités. Les évêques allèrent à sa rencontre avec les moines, le clergé et une foule immense de fidèles qui le reçurent avec un grand luxe d'honneur et une joie indescriptible. Mais Thomas ne s'attachait point à leurs témoignages d'allégresse unanime... Il s'avançait avec une grande humilité, les yeux mouillés de larmes, moins préoccupé de l'hommage qu'on lui rendait que du poids dont on allait le charger ».

C'est donc un homme conscient de l'importance de la tâche et pénétré d'une sorte de spiritualité s'attachant à la fonction qui lui échoit, que le vieux cardinal Henri de Winchester consacre archevêque par l'onction et l'imposition des mains.

Pour être entièrement valide, la consécration de Thomas doit être confirmée par le pape. Le nouvel archevêque envoie une ambassade auprès d'Alexandre III qui réside alors à Montpellier, chassé d'Italie par l'armée de Frédéric Barberousse. Le pape n'a aucune raison de refuser son consentement. Pour marquer son approbation, il envoie à Thomas le *pallium*, une bande de toile de laine blanche qui symbolise la reconnaissance de l'élection du nouvel archevêque et sa soumission à l'autorité apostolique.

Le 10 août 1162, au cours d'une cérémonie dans la cathédrale de Canterbury, Thomas Becket pose solennellement le *pallium* sur ses épaules. Pour cette cérémonie, il a revêtu des ornements pontificaux mais il a conservé les pieds nus. Ce détail n'a pas échappé à ses biographes, car il est symbolique de la mutation profonde en train de s'opérer dans l'esprit de l'archevêque.

Dans les semaines qui suivent, Thomas se dépouille de tous ses biens personnels qu'il distribue aux pauvres. Il renonce à la munificence qui était jusque-là sa marque, et décide d'adopter pour seul vêtement l'habit des moines augustins de Merton parmi lesquels il avait toujours choisi son confesseur : une robe noire descendant jusqu'aux pieds, coupée dans un tissu grossier, garnie de laine de mouton, avec, par-dessus, un surplis blanc, court et recouvert de l'étole. De plus, on s'apercevra à sa mort qu'il portait un cilice de crin sous sa robe. L'archevêque continue à nourrir ses invités avec raffinement, mais lui se contente le plus souvent d'un peu de pain et de vin. « Il prit l'habitude, nous dit Guillaume Fils Étienne, de consacrer aux aumônes le dixième de tout ce qu'il recevait, à quelque titre que ce soit. Chaque jour, agenouillé dans une humble cellule, il lavait les pieds de treize pauvres, en mémoire de Notre-Seigneur, puis il leur donnait un repas et quatre pièces de monnaie. [...] Sa maison était toujours ouverte aux indigents et aux malheureux sans abri. L'hiver il distribuait des vêtements en abondance. »

Thomas Becket ne fait pas les choses à moitié et ne connaît qu'un seul maître. Lorsqu'il est chancelier d'Angleterre, il étale les richesses à profusion au service de son roi, lorsqu'il devient archevêque de Canterbury il « tombe dans l'humilité » avec la même ostentation et le même excès, et ne connaît plus que le service de Dieu. Le chancelier était un chrétien sincère, l'homme d'Église vit une conversion absolue : « Dans son ordination, il reçut sous le signe visible du sacrement l'onction invisible de la grâce divine et, répudiant ce qui le rattachait au monde, se revêtit de Jésus-Christ. » Cette belle formule est de Guillaume Fils Étienne ; elle résume le nouveau Thomas, l'homme de Dieu.

Vis-à-vis d'Henri, Thomas ne pouvait agir que d'une seule manière. Dès l'automne 1162, un clerc envoyé par l'archevêque traverse la Manche et rejoint le roi et la reine en Normandie. Il a pour mission de rendre à Henri II le grand sceau d'Angleterre. Thomas « démissionne » de ses fonctions de chancelier.

La nouvelle de la démission de Thomas est l'occasion pour le roi de piquer une de ses célèbres colères. Celle-ci n'est pas feinte. Il est réellement surpris, comme le sont tous ses contemporains. En refusant d'assurer conjointement les fonctions de chancelier et d'archevêque de Canterbury, Thomas ruinait le bel édifice politico-religieux qu'Henri et Aliénor étaient en train de mettre en place. Et cela de manière totalement unilatérale et sans raisons politiques car rien n'interdisait le « cumul » des fonctions ; son prédécesseur, Thibaud de Canterbury, avait en son temps été chancelier du roi Étienne. L'autocrate Henri II était en passe de réussir un coup politique remarquable — et remarqué dans toute l'Europe — en plaçant à la tête de l'Église d'Angleterre un homme qui lui était entièrement dévoué et dont les capacités et la rigueur morale étaient unanimement respectées. Cette fois encore, Henri était à contre-courant de son époque, caractérisée entre autres par un durcissement des rapports entre pouvoir religieux et pouvoir civil ; l'affrontement entre Alexandre III et Frédéric Barberousse en était l'illustration la plus éclatante. On comprend que le roi ressente la décision de Thomas comme une trahison, mais aussi comme une désobéissance caractérisée.

Il devient indispensable pour les souverains anglais de se rendre en Angleterre et de rencontrer l'archevêque. Ils décident de tenir leur cour de Noël 1162 dans l'île mais une tempête sur la Manche les en empêche et c'est à Cherbourg qu'ils terminent l'année.

Henri et Aliénor débarquent à Southampton dans le courant de février 1163. Tout le monde craint les retrouvailles entre Henri et Thomas. Contre toute attente, les choses se passent au mieux. Apprenant l'arrivée du roi, l'archevêque s'est précipité à sa rencontre accompagné d'Henri le Jeune dont il a toujours la garde. Les deux hommes tombent dans les bras l'un de l'autre, d'après Herbert de Bosham, témoin de la scène. Le premier jour, les deux hommes se parlent peu, Henri et Aliénor se reposent des fatigues de la traversée. Le lendemain la cour prend la route pour Londres. Bosham décrit le roi et son ancien chancelier chevauchant côte à côte « à l'abri des oreilles importunes, en toute familiarité, parlant à cœur ouvert ». N'en déplaise aux ennemis de Thomas, rien ne semble avoir changé dans la belle amitié qui unit les deux hommes. Pourtant il ne s'agit là que d'une façade. Leurs rapports vont se dégrader en quelques mois à peine. Ils vont se heurter sur des problèmes de spoliations de terres dont l'Église avait été victime pendant le règne d'Étienne de Blois. Chancelier du roi, Thomas avait réglé beaucoup de questions de ce genre, mais il était maintenant « passé de l'autre côté » et défendait âprement les intérêts de l'Église. Néanmoins le point le plus préoccupant concernait les privilèges des juridictions ecclésiastiques. En effet, les clercs échappaient à la justice du roi et n'étaient soumis qu'à la justice ecclésiastique, y compris pour des affaires de droit commun comme les vols ou les meurtres. Pour le roi, cette situation était insupportable. D'autant que l'Église se montrait intransigeante sur ce qu'on appelait le *for* séculier. Autant on parvenait à négocier et à s'entendre lorsqu'il s'agissait d'une nomination d'évêque ou d'abbé, autant en matière de juridiction l'Église se montrait d'une indépendance farouche et déployait tous les artifices possibles pour soustraire le moindre de ses membres aux juridictions civiles. Le prétexte en était que la condamnation d'un clerc par un tribunal civil nuisait au prestige et au respect dus à la condition religieuse. Comme on peut aisément s'en douter, la population considérait le *for* séculier comme un privilège inacceptable !

Le roi et l'archevêque vont s'affronter une première fois sur des questions financières. En juillet 1163, Henri et Aliénor tiennent leur cour à Woodstock. La plupart des barons du royaume sont présents, y compris le roi Malcolm d'Écosse et les princes de Galles du Nord et de Galles du Sud, qui font à nouveau serment d'allégeance au roi, cette fois-ci accompagné de son fils aîné Henri le Jeune.

Le Plantagenêt en profite pour réorganiser les finances royales. C'est sur la question du *Danegeld* que le ton va monter entre Thomas et Henri. Le *Danegeld* est un impôt de deux sous instauré par Guillaume le Conquérant pour financer la lutte contre l'envahisseur danois. Il était perçu par les comtés sur l'ensemble du territoire de l'Angleterre. La raison de cet impôt avait disparu depuis longtemps mais, comme c'est souvent le cas, l'argent était toujours versé. Henri n'avait pas l'intention de le supprimer mais d'en transférer le profit des comtés vers le trésor royal. Thomas s'y opposa violemment au nom des anciennes coutumes, criant à l'abus de pouvoir et au détournement de fonds, mais craignant surtout qu'ensuite le roi ne s'en prenne à la répartition des finances de l'Église. Stupéfaction du souverain dont le chroniqueur Édouard Grimm se fait l'écho : « Par les yeux de Dieu, s'écria-t-il, on portera cet impôt sur les revenus de la couronne, et vous n'avez aucune raison de vous y opposer parce que cela ne lèse personne !

— Je vous jure, répondit Thomas, que nul tenancier, sur l'ensemble des terres de l'Église, ne vous versera le moindre sou. »

On en était resté là. Le roi choisit de ne pas envenimer les choses mais il était clair pour tous les présents qu'il ne ravalerait pas sa bile très longtemps.

Thomas Becket connaissait bien le roi. Il sentait lui aussi que l'amitié d'Henri à son égard était en train de se transformer en ressentiment et en méfiance. C'est à cette période que l'archevêque envoie une lettre à Alexandre III dans laquelle il fait part de son inquiétude non sans dramatiser les choses : « Les orages se succèdent comme les vagues de la mer, et nous allons faire naufrage. Que nous reste-t-il à faire sinon nous efforcer de réveiller Celui qui semble dormir dans la barque en lui disant : " Sauvez-nous, Seigneur, nous périssons. " L'iniquité a bien choisi son moment. Elle a vu l'état précaire de l'Église romaine, et elle a cru l'occasion favorable pour l'exécution de ses noirs desseins... [...] Le pouvoir met la main sur l'héritage même du Seigneur. Les enseignements des saints Pères et les prescriptions des canons dont on conteste ici jusqu'au nom même, tout cela est impuissant à protéger les clercs. Et pourtant, ceux-ci avaient joui jusqu'ici du privilège de l'exemption par rapport à la juridiction des laïcs. Mais il serait long et fastidieux de raconter par écrit tous les détails de nos souffrances. [...] Je vous supplie de garder sur mes confidences le secret le plus absolu. Nous sommes espionnés. Le roi est tenu au courant de presque tout ce qui se dit ici, fût-ce à l'oreille ou dans l'intimité de ma chambre... »

Dans sa lettre, Thomas parle de l'exception des clercs des juridictions laïques ; il s'agit du point de friction essentiel entre les deux hommes et c'est sur ce point, bien évidemment, qu'une étape supplémentaire va être franchie dans leur marche mutuelle vers l'affrontement ouvert.

Le 1er octobre 1163, Henri et Aliénor réunissent le parlement dans le palais de Westminster à Londres. Au cours des deux années précédentes, le problème de l'exception de juridiction s'était posé à de nombreuses reprises. Le roi en avait assez et voulait crever l'abcès. Il choisit de le faire très habilement. Il proposa d'instituer une sorte de complémentarité des juridictions : les clercs seraient jugés par une cour ecclésiastique en présence d'un officier royal. Dans le cas où ils seraient jugés coupables, ils seraient alors automatiquement rendus à l'état laïque et passeraient devant une cour royale qui appliquerait le châtiment. Autrement dit le roi ne proposait pas d'abolir le *for*, il lui conservait l'action de juger, mais transférait à la justice civile celle de punir. Une grande partie des prélats, qui ne s'attendaient pas à cette proposition, étaient prêts à accepter, mais Thomas les réunit à huis clos et réussit à les persuader de refuser. Henri demanda alors aux évêques de faire le serment d'observer les « anciennes coutumes », c'est-à-dire de revenir aux rapports existant entre le pouvoir royal et l'Église du temps d'Henri Ier. L'année précédente, l'épiscopat normand avait accepté ce « retour en arrière » demandé par le Plantagenêt. Il s'agissait donc d'une stratégie de gouvernement très élaborée.

En fait Henri avait attaqué sur un point, pour obtenir satisfaction sur un autre. Comme le remarque Pierre Aubé [1], il mettait l'épiscopat devant un « impossible choix : se renier ou trahir ». Cela équivalait à revenir à

1. *Op. cit.*, page 168.

une situation plus favorable au pouvoir royal. Thomas comprit la manœuvre. Les prélats se réunirent et décidèrent de prêter serment mais avec la formule « étant sauf l'honneur de Dieu et de mon ordre », ce qui en fait leur permettait de se retrancher derrière une sorte d'intérêt supérieur qui primait sur l'autorité et la justice royales. Henri est furieux. Il quitte le palais. Il sait que Thomas est le véritable artisan du second camouflet qu'il vient de recevoir.

Le lendemain, avant de partir de Londres, le roi ordonne à Thomas Becket de remettre à la couronne tous les biens qu'il détient du fait de sa fonction de chancelier. L'archevêque obtempère. Désormais la brouille est consommée entre les deux hommes. Depuis quelques mois déjà est apparu un clan des « anti »-Thomas : des prélats qui n'avaient jamais accepté l'ascension d'un fils de commerçant londonien et ne se privaient pas pour entretenir la colère du roi contre son ancien ami. Une lutte sans merci s'est ouverte pour la primatie anglaise. La vieille querelle entre les évêchés d'York et de Canterbury s'est réveillée. Elle oppose Thomas à l'évêque d'York qui n'est autre que Roger de Pont-l'Évêque, ce même Roger qui fut l'ennemi juré de Thomas alors qu'ils étaient tous les deux dans l'entourage de Thibaud de Canterbury. On se souvient que Roger était archidiacre de Canterbury avant Thomas et que Thibaud l'avait fait élire à l'évêché d'York afin de libérer la place pour Thomas. Et voilà que, des années plus tard, le tour de passe-passe de Thibaud se retourne contre son protégé.

Henri ne comprend pas le changement de personnalité de Thomas. Il ne peut pas le comprendre. Pour le roi, seul compte l'exercice du pouvoir. Il poursuit son action avec une logique implacable. Il a rétabli la paix civile, s'est imposé auprès de ses vassaux, a remis en ordre la justice et les finances, il veut maintenant mettre l'Église au pas. Le cap ne change pas : créer, façonner un État à sa mesure. Thomas a partagé cette vison. Leur intimité a sûrement fait qu'Henri lui a confié ses plus profondes ambitions, ses secrets politiques les plus précieux. Et cet homme-là se met en travers de sa route ! Comment pourrait-il réagir autrement que par un sentiment de trahison ? Thomas le sait. Il connaît le roi mieux que personne. Il fait tout pour rendre la situation entre eux encore plus tendue. Cet homme dont l'Europe avait admiré le sens de la négociation et de la diplomatie est, du jour au lendemain, devenu rigide et intransigeant. Depuis huit siècles des dizaines d'historiens et de dramaturges essaient de comprendre cette personnalité étrange et complexe qui est celle de l'archevêque de Canterbury, sans jamais y parvenir totalement. Alors, comment ce souverain habité par lui-même et sa passion du pouvoir l'aurait-il pu ?

Thomas l'avait dit, cela ne pouvait que mal se terminer. C'est à Clarendon que tout va se jouer.

Le château royal de Clarendon est situé à quelques kilomètres à l'est de la ville de Salisbury. Vers la fin du mois de janvier 1164, le roi et la reine d'Angleterre y tiennent leur cour et ont convoqué barons et prélats. Henri entend qu'ils assistent en particulier à l'hommage public que l'archevêque de Canterbury doit lui rendre.

Au cours des semaines qui ont précédé ces assises de Clarendon, un intense ballet diplomatique s'est joué entre la cour du pape Alexandre III, installée à Sens, et la cour d'Angleterre. Henri et Aliénor mènent la danse. Le pape a besoin de leur soutien. Ils font adroitement agiter le risque d'un schisme de l'Église anglaise ; perspective qui inquiète le pape au plus haut point. Finalement Alexandre III envoie une ambassade auprès de

Thomas pour lui conseiller d'être plus souple face au roi et de lui prêter l'hommage libre — c'est-à-dire sans la restriction « étant sauf l'honneur de Dieu et de mon ordre » — puisqu'il ne s'agit en fin de compte que d'en revenir à la situation d'avant la guerre civile. Thomas sent bien qu'il y a autre chose derrière la manœuvre d'Henri mais il ne peut que s'incliner devant les « conseils » insistants du pape. En décembre, il se rend à Woodstock où Henri et Aliénor se trouvent dans une de leurs résidences préférées qu'ils ont sans cesse embellie au cours des années. Le roi reçoit l'archevêque avec amabilité. Thomas prête son hommage libre, persuadé, par ce geste de conciliation, d'apaiser la situation selon le souhait du pape. L'archevêque s'estime quitte, mais le roi ne l'entend pas ainsi. Il exige que Thomas renouvelle son serment devant témoins sous prétexte que l'affront avait été public et que la réparation devait l'être également. La « réparation » doit donc se passer à Clarendon devant barons et évêques réunis.

Dans les jours qui précèdent la réunion, l'atmosphère se tend. Les chroniqueurs notent une ambiance lourde où tout le monde se sent espionné, traqué. Tout cela est le prélude à un événement important. On discuta beaucoup, avant que la séance ne commence, sur ces fameuses coutumes et sur ce que le serment impliquait pour l'avenir de l'Église. Thomas était l'objet de toutes les pressions. Ceux de son camp estimaient qu'il ne fallait pas s'entêter face à un roi vindicatif et coléreux, que ce dernier avait donné suffisamment de gages sur la simple formalité du serment. Certains de ceux qui n'étaient pas de son camp ne voyaient pas d'un mauvais œil que Thomas se discrédite un peu plus auprès d'Henri, mais ils commençaient à craindre que l'obstination de l'archevêque ne finisse par nuire à l'Église, donc à eux-mêmes. Ceux qui n'avaient pas oublié la manière dont le chancelier avait pressuré l'Église lorsqu'il était au service du roi trouvaient un peu étrange qu'il s'érige maintenant en « gardien du temple »... Bref Thomas cède. Devant la cour au grand complet il fait hommage au roi et promet de respecter les coutumes du royaume. Dans la foulée, tous les évêques prêtent serment.

C'est alors que se produit un coup de théâtre. Sur un signe du roi, un clerc apporte une charte sur laquelle étaient transcrites noir sur blanc ces coutumes. C'est un moment crucial dans l'histoire de l'Angleterre. Jamais, jusqu'à ce jour, les coutumes régissant les rapports entre pouvoir civil et clérical n'avaient été fixées. Il s'agissait d'un droit oral, ce qui permettait des interprétations, des accommodements, pour peu que les parties en présence fassent preuve de souplesse et de volonté de trouver un terrain d'entente, ce qui depuis un siècle avait relativement bien fonctionné. Écrire ces coutumes — et on se doute que les juristes d'Henri et Aliénor les avaient interprétées dans un sens très favorable à la couronne —, c'était empêcher désormais toute discussion, toute « négociation »... Le coup a été préparé de longue date par le roi. Trois exemplaires de ces *Constitutions* de Clarendon — c'est sous ce nom qu'elles sont entrées dans l'histoire — ont été rédigés. La charte est composée de seize articles, très détaillés et très précis, qui montrent clairement les intentions d'Henri à l'égard de l'Église, comme le souligne Pierre Aubé : « Le but d'Henri II était unique et simple : soumettre l'Église d'Angleterre au droit commun pour faire triompher l'autorité de l'État. Les moyens pour y parvenir s'organisaient en un triptyque de belle ordonnance : aligner sa puissance temporelle sur des pratiques féodales admises par tous ; éradiquer ses privilèges en matière judiciaire ; entraver ses rapports avec la papauté jusqu'à en faire une Église autocéphale [1]. » Cela ressemble beaucoup à ce qu'Henri VIII fera quelques siècles plus tard et qui deviendra l'Église anglicane !

Les prélats sont à peine revenus de leur surprise qu'Henri exigea « par mesure de précaution » qu'ils apposent leur sceau sur le document. Tous les évêques s'exécutèrent sans difficulté sauf un, Thomas, qui refusa : « J'en atteste le Dieu tout-puissant, moi vivant, jamais on n'apposera mon sceau sur une charte pareille ! » Henri n'insista pas. Il considéra que la signature de tous les autres prélats était pour le moment suffisante et qu'il avait gagné la partie.

Les témoins de la vie de l'archevêque de Canterbury qui l'accompagnent dans les semaines suivant les assises de Clarendon sont unanimes : Thomas Becket est accablé, profondément triste, persuadé qu'un cataclysme s'est abattu sur l'Église d'Angleterre et qu'il en est responsable puisqu'il n'a pas su l'éviter. Au retour de Clarendon, il exprime toute son amertume à Herbert de Bosham : « Car ce n'est pas un hasard si l'Église sous mon pontificat se trouve dans un situation pareille. Pour arriver là où je suis, je ne suis sorti ni d'un monastère, ni d'une quelconque maison religieuse. Je ne suis pas venu de l'école du Seigneur, mais du palais de César. Orgueilleux et futile, d'oiseleur je suis devenu pasteur de brebis. J'étais le protecteur des histrions, le gardien des chiens, et l'on m'a confié des âmes. [...] Rien dans ma vie passée ne m'avait préparé à veiller au salut de l'Église. Et voilà où nous en sommes ! Je vois bien que je suis d'ores et déjà abandonné de Dieu, et je

1. Concernant le détail des *Constitutions* de Clarendon, je renvoie au chapitre « La raison écrite » du *Thomas Becket* de Pierre Aubé (*op. cit.*) qui donne le texte de ces *Constitutions*, analyse à la fois leur contenu et les réactions diverses qu'elles ont provoquées et montre la mutation capitale que représentait cette charte.

ne mérite pas d'être chassé d'une fonction où j'ai été élu mais dont je ne suis pas digne. » Thomas se replie sur lui-même, jeûne plus encore que d'habitude, s'inflige pénitence sur pénitence, se couvre des vêtements les plus grossiers, ne célèbre plus la messe et envoie une lettre au pape pour lui demander son pardon et son absolution. Alexandre III les lui accorde bien volontiers tout en lui conseillant « d'être agréable au roi — qu'il nomme dans sa lettre " notre très cher fils en Jésus-Christ, Henri, roi d'Angleterre " — en tout et partout, en sauvegardant l'honneur de l'Église ».

Le pape conserve toute son affection à Thomas mais, toujours soucieux de ne pas indisposer les Plantagenêt à l'égard de la papauté, il donne au roi d'Angleterre un gage de conciliation en retirant la légation pontificale à l'archevêque de Canterbury et en la donnant à Roger de Pont-l'Évêque, archevêque d'York, son indéfectible ennemi. Encore une fois, tout semble se passer presque en dehors de Thomas : Henri et Aliénor jouent une partie d'échecs dont ils sont peut-être les seuls à connaître les règles et la finalité, manipulent les uns et les autres, et utilisent habilement les situations — en l'occurrence la fragilité de l'autorité pontificale —, leur puissance financière et les clercs extrêmement compétents qu'Henri a su réunir autour de lui.

Thomas Becket, une nouvelle fois, entend les conseils du pape. Il reprend le chemin de Woodstock pour rencontrer le roi. Henri refuse catégoriquement de le recevoir. L'archevêque comprend qu'une page est désormais tournée. Il choisit de quitter le territoire anglais, fait plusieurs tentatives pour s'embarquer mais à chaque fois les vents lui sont contraires ou les marins refusent de le conduire. Il est obligé de renoncer. Tout semble s'acharner contre lui. Apprenant ces tentatives, Henri se laisse aller à une colère terrible. Calmé, il revient sur son refus de rencontrer Thomas et tente une conciliation ; le roi est lui aussi tiraillé entre sa raison et ses affects. Les deux hommes se voient mais il ne peuvent plus se comprendre. Henri aura cette phrase : « Ainsi vous voulez quitter mon royaume ? Je suppose qu'il n'est pas assez grand pour que nous puissions y rester et l'un et l'autre. »

Il faut maintenant en finir. Henri va utiliser un procès plus ou moins fabriqué, à propos d'une terre appartenant à l'archevêché pourtant revendiquée par un seigneur fidèle à la couronne, pour confronter Thomas au nouveau cadre juridique proposé par les *Constitutions*. Une première audience a lieu le 14 septembre 1164 ; l'archevêque ne vient pas en personne et se fait représenter par quatre chevaliers. Le roi accepte de renvoyer l'audience. Il convoque Thomas à Northampton le 6 octobre, cette fois-ci devant tous les grands du royaume. L'audience a lieu un jeudi matin. D'emblée il n'est plus question de cette histoire de terrains mais le roi accuse l'archevêque de forfaiture pour ne pas avoir comparu la première fois. Tous ses biens sont confisqués au profit de la couronne. Thomas proteste devant cette grandiloquente mascarade. Le roi exige de tous les hauts dignitaires présents qu'ils approuvent la sentence. Ils atermoient. Henri entre alors en fureur et soulève des questions d'argent. Il réclame des sommes perçues par Thomas lorsqu'il était chancelier. On argutie, on discutaille. Le roi a très bien fait préparer le dossier. L'archevêque est pris de court et ne sait comment se défendre. Ces sordides questions d'argent durent trois jours ; elles ne sont qu'un prétexte, tout le monde s'en rend compte. Au fur et à mesure Thomas perd des partisans qui se disent qu'il vaut peut-être mieux sacrifier un homme et sauver l'Église. L'archevêque en vient à tomber malade et à se trouver cloué au lit, toute la journée du lundi suivant, le 10 octobre, par un épouvantable mal de dos. Henri croit à une feinte et envoie des gens pour vérifier l'état du primat...

C'est le mardi que tout va se jouer. Il est très difficile de reconstituer précisément les événements tant les témoignages divergent. Il est sûr que Thomas se présente à la résidence du roi vêtu de ses ornements d'archevêque et la crosse en main ; lui aussi a toujours eu le sens du spectacle. Le roi exige que Thomas reconnaisse enfin les *Constitutions* sans aucune restriction ; l'archevêque refuse plus catégoriquement que jamais. Le ton monte. Le roi, toujours prompt à la colère, ordonne aux prélats et aux barons de condamner Thomas pour félonie. Les barons obtempèrent. Les hommes d'Église, eux, sont terrorisés. Ils sont pris au piège ! Ils ont apposé leur sceau sur les *Constitutions*, ils ne peuvent manquer à la foi jurée au roi. On crie. On pleure. On tremble. Finalement l'assemblée des grands du royaume déclare Thomas Becket, archevêque de Canterbury, rebelle, traître à son roi, et ordonne qu'il soit arrêté. C'est la confusion la plus totale. Thomas en profite pour se diriger vers la porte. Les injures fusent. On tente de s'interposer mais l'archevêque parvient à sauter sur son cheval et à sortir de la ville.

Le lendemain, l'archevêque a disparu. Quinze jours durant, entouré d'une poignée de fidèles, il se cache, voyageant de nuit, évitant les officiers royaux lancés partout à sa recherche. Il réussit à gagner la côte et à monter sur un petit esquif. Le 2 novembre il débarque sur le continent, à quelques kilomètres de Gravelines, sur les terres de Mathieu de Boulogne, allié du roi d'Angleterre. Il lui faudra encore voyager clandestinement, manquant plusieurs fois d'être découvert, se cachant dans un marais, avant de parvenir le

7 novembre sur les terres de Thierry d'Alsace, vassal de Louis VII.

Ce n'est qu'auprès du roi de France que Thomas le proscrit peut maintenant chercher aide et assistance. Henri le sait qui dépêche aussitôt des émissaires auprès de Louis VII, porteurs d'une lettre très véhémente l'informant que : « Thomas, ci-devant archevêque de Canterbury, a été jugé publiquement en ma cour, dans une assemblée plénière de barons de mon royaume, et convaincu de manœuvres perverses, de trahison et foi mentie envers ma personne », et lui demandant de ne « donner aucune aide ou conseil et interdire à [ses] sujets de lui prêter assistance ». Louis eut beau jeu de s'étonner : « Quoi donc ! Un prélat jugé et destitué par le roi ! Comment cela se peut-il faire ? Je suis roi, moi aussi, dans mon royaume autant que le roi d'Angleterre dans le sien, et pourtant il est tout à fait hors de mon pouvoir de destituer le moindre petit clerc de mon royaume. » Les ambassadeurs, surpris du ton de la réponse du Capétien, lui rappelèrent que Thomas, chancelier d'Angleterre, avait été l'un de ses ennemis les plus acharnés. À quoi Louis, s'énervant un peu, répondit que Thomas avait en cela servi son maître en serviteur loyal, ce qui était tout à fait digne de respect : « S'il avait été le mien, il m'aurait pareillement servi. Et vous voudriez que je rende le mal pour le bien ? » Les ambassadeurs considérèrent qu'il valait mieux en rester là et se retirèrent en demandant néanmoins au Capétien d'envoyer une lettre de soutien à Henri. Le roi de France répondit : « J'en enverrai une, pour le coup, mais qui n'ira pas dans le sens que vous espérez ! »

Tout était dit !

De fait, Thomas Becket passera les cinq années à venir en terre capétienne et ne reviendra en Angleterre qu'en 1170, pour y connaître une fin tragique.

17

La rose immonde

Au cours des deux années d'affrontement entre Henri et Thomas, Aliénor est restée en retrait. On ne sait pas grand-chose de l'opinion de la reine sur cette question. Qu'elle ait soutenu son royal époux semble une évidence mais a-t-elle mesuré, au fur et à mesure que les événements se succédaient, que l'on courait à la catastrophe, comme l'avait pressenti la vieille Mathilde ? Aliénor ne peut que partager les buts politiques du Plantagenêt et le soutenir dans sa volonté de contrôler l'Église. C'est plus sur l'aspect humain, affectif, de l'affaire que la reine aurait pu prendre quelques distances avec son mari. Elle connaît bien Henri, ses emportements et ses colères. Elle a aussi eu l'occasion de bien jauger Thomas pour lequel elle n'a sans doute pas grande amitié. Elle a pu mesurer la part des choses, les responsabilités personnelles de l'un et de l'autre, les intransigeances et les provocations, au-delà de l'opposition purement politique. Je ne peux pas penser qu'Aliénor se soit réjouie de la brouille entre les deux amis et de voir ainsi l'influence de Becket sur le roi disparaître ; du moins pas au prix où cette disparition a été payée. La reine a quarante ans. Elle gouverne et règne depuis vingt-cinq ans. Elle a connu des échecs cuisants et de grandes réussites. Elle sait que tout se paye mais que ce qui coûte le moins cher, c'est finalement un accord, un traité ou une trêve, quelque chose qui définisse un cadre, même provisoire, à l'intérieur duquel chacun peut évoluer en relative autonomie, et avec une relative satisfaction. Elle a sans aucun doute souhaité qu'Henri et Thomas trouvent un terrain d'entente. D'autant que, si elle n'a pas à proprement parler participé à l'affaire, elle était probablement présente à Clarendon, et certainement à Woodstock ; elle a donc suivi les choses de très près.

Ce dont la reine n'avait pas pu avoir l'intuition, pas plus que quiconque à l'époque, c'est la profonde mutation que connaîtra la personnalité de Thomas Becket, une fois que l'homme aura revêtu les ornements ecclésiastiques. Car, sur le papier et dans l'intention, l'objectif politique des Plantagenêt était parfaitement logique et très bien conçu. Sans Thomas, ils auraient sans doute réussi. Becket s'est revêtu de Jésus-Christ, selon la formule de Guillaume Fils Étienne, non pour en porter la gloire mais pour en subir l'énorme poids. Il ne se sent pas à sa place, en habit d'archevêque, et cela, dans une certaine mesure, le paralyse. Tout est dit dans le dialogue rapporté par Bosham au retour de Clarendon. En fait, Thomas est un second, un très brillant second. Chancelier, sous les ordres du roi d'Angleterre, il donnait toute la mesure de son talent, avec d'autant plus d'aisance qu'il avait au-dessus de lui une autorité traçant la voie. Archevêque, Thomas ne peut attendre du pape cette même présence car Alexandre III est avant tout préoccupé de sa propre survie face aux ambitions de l'empereur d'Allemagne. Il n'a pas le temps d'assister l'archevêque de Canterbury alors même que celui-ci le réclame ; la demande d'absolution après Clarendon est de ce point de vue-là très éclairante. Thomas est seul avec Dieu pour seul guide, autrement dit seul avec lui-même et sa conscience. Il n'a pas de repères autres que le dogme et les usages sur lesquels il s'appuie avec entêtement pour refuser tout changement. Un autre que lui aurait sans doute compris qu'il fallait négocier avec Henri sur la base des *Constitutions* de Clarendon et redéfinir un nouveau statut de l'Église tenant compte d'une évolution dans la répartition des pouvoirs. Thomas, grand diplomate jusque-là, était, archevêque, incapable de négocier sur ce terrain. Au fond, la seule véritable erreur des Plantagenêt, et leur totale responsabilité, est d'avoir voulu l'élection de cet homme-là à ce poste-là.

Il semble, à croire Jean de Salisbury, qu'Aliénor soit intervenue en faveur de l'archevêque au moins une fois auprès de son mari, après que Thomas s'est enfui. Mathilde l'Empéresse aurait, elle aussi, tenté une démarche identique. Selon un autre chroniqueur, Thomas aurait même demandé à la reine de l'aider au moment de sa fuite mais celle-ci aurait refusé. Plus tard, vers la fin mai 1165, une lettre de l'évêque de Poitiers à Thomas l'informe qu'il ne peut espérer aucune aide d'Aliénor car « elle met toute sa confiance en Raoul de Faye qui ne vous est pas moins hostile que d'habitude » ; le sénéchal de la reine et le chancelier du roi ne s'étaient, il est vrai, jamais entendus sur rien... On peut aussi penser que, les mois s'étant écoulés, l'intérêt de la reine pour l'« affaire Becket » a faibli. Il faut d'ailleurs se garder d'accorder trop d'importante à cette affaire.

Si l'on suit l'analyse de John Gillingham et celle de Jean Flori, tous les deux grands spécialistes de Richard Cœur de Lion, elle n'a pas eu, à l'époque, le retentissement que beaucoup d'historiens ont été tentés de lui trouver par la suite. Au cours des cinq années qui s'écoulent entre la fuite de Thomas et son assassinat, Henri a surtout été préoccupé par le gouvernement de ses Etats et par la continuité de la dynastie Plantagenêt. Au regard de leurs contemporains, le schisme dans la papauté devait revêtir un caractère beaucoup plus préoccupant que les problèmes entre le roi d'Angleterre et l'archevêque de Canterbury.

*

Dans les premiers mois de 1165, le couple royal d'Angleterre se livre à un chassé-croisé. En février, Henri est en Normandie. Aliénor le rejoint quelques semaines plus tard accompagnée de leur fille Mathilde et du jeune Richard. Ils ne font que se croiser à Rouen car le roi retraverse la Manche peu de jours après pour se lancer dans une campagne militaire contre les Gallois. Commencée en juillet, cette campagne est contrariée par des conditions climatiques catastrophiques et l'histoire n'en a pas conservé un souvenir triomphal.

La reine s'installe à Angers d'où elle administre l'Anjou, le Poitou et l'Aquitaine. Au cours de cette année 1165, les voisins bretons se montrent très vindicatifs et turbulents ; il devient évident que le roi va devoir y mettre bon ordre avec fermeté ; une opération militaire se profile pour l'année 1166.

Le roi et la reine se sont peu vus en Normandie mais cette rencontre a été fructueuse — c'est le mot qui s'impose — car Aliénor est à nouveau enceinte. Leur troisième fille, Jeanne, naîtra à Angers en septembre.

Une autre reine est également enceinte : Adèle de Champagne, la troisième femme de Louis VII. Le sort de la dynastie capétienne bascule au mois d'août. La reine de France met au monde l'héritier que Louis n'a cessé d'appeler dans ses prières. L'historiographe du roi

relate la nouvelle de la naissance avec grande précision : « Le très noble enfant vint au monde l'an de
l'Incarnation du Seigneur 1165, le samedi de l'octave de
l'Assomption de la Bienheureuse Vierge Marie, dans la
nuit alors que l'on célébrait l'office de matines. » Le roi
de France est fou de joie. Il est à Étampes lorsqu'il
apprend la nouvelle. Au serviteur de la reine venu la lui
apporter, il délivre un diplôme dans lequel il rappelle
« combien il était effrayé du nombre de ses filles » et
remercie Dieu d'avoir accordé à lui-même et au royaume
« un enfant appartenant à un sexe plus noble [1] ».
L'enfant, baptisé Philippe, sera pour l'histoire Philippe
Auguste. Giraud de Barri est alors étudiant à Paris,
habitant dans le Quartier latin. Il raconte la liesse
qui s'est brusquement emparée de la population à
l'annonce de l'heureux événement. La nouvelle est
connue dans la soirée, les gens envahissent les rues,
les cloches sonnent à toute volée, des lueurs s'agitent
un peu partout, on allume des feux de joie, tant et si
bien que le jeune homme croit d'abord à un incendie.
C'est par deux vieilles femmes hélées dans la rue qu'il
apprend la raison de ce tapage. Reconnaissant son
accent anglais, elles lui disent : « Dieu a donné un roi
par la main duquel votre roi à vous aura honte et
dommage ! »
    Cette naissance change bien évidemment les rapports entre les Plantagenêt et les Capétiens. La perspective de voir Henri le Jeune porter la couronne
de France s'éloigne. Dans le même temps — est-ce
une coïncidence ? —, Henri et Aliénor se lancent
dans une politique d'alliances. Des pourparlers de
mariage commencent concernant leurs deux filles
Mathilde et Aliénor ; pour la première avec le duc de
Saxe, Henri le Lion, l'un des plus puissants vassaux de

---

1. Cité par Philippe Sassier, *op. cit.*, page 371.

Frédéric Barberousse, et pour la seconde avec la cour de Castille. À la cour de France aussi on parle mariages depuis quelques mois : ceux des filles aînées du roi — dont la mère est Aliénor — Marie et Aélis. Louis resserre ses liens avec la famille Blois-Champagne. Marie épouse le comte de Champagne, Henri Ier le Libéral, et Aélis est mariée au frère de ce dernier, Thibaud de Blois ; ce même Thibaud qui avait tenté de s'emparer d'Aliénor juste après son divorce. Par ces deux mariages, Louis devient le beau-frère de ses propres filles ; il est bien évident que ce choix de la famille Blois-Champagne a été fait en partie contre les Plantagenêt et que l'avis de la mère, Aliénor, n'a pas été sollicité.

Les souverains anglais passent séparément les fêtes de Noël 1165, Henri en Angleterre et Aliénor à Angers. À la fin de l'hiver, le roi traverse la Manche. Il est en mars à Falaise où il réunit son armée. Il retrouve ensuite la reine dans la capitale angevine. Ils y passent ensemble les fêtes de Pâques. C'est vers cette période que les fiançailles de la petite Mathilde avec Henri le Lion sont conclues. La fiancée a tout juste dix ans, son futur mari vingt-sept de plus qu'elle. Il a répudié sa première femme parce qu'elle ne lui donnait pas d'héritier mâle. On sait donc ce qu'il espère de son mariage avec une princesse d'Angleterre, et de ce point de vue-là il sera comblé : leur fils, Othon de Brunswick, petit-fils d'Aliénor et d'Henri, deviendra Othon IV, empereur d'Allemagne. Un autre projet de mariage occupe les souverains anglais à cette époque, celui de la jeune Aliénor avec le roi Alphonse VIII de Castille. Les négociations sont en bonne voie et, de fait, il sera conclu en 1168.

Henri reste quelques semaines à Angers auprès de sa femme et se lance, au début de l'été, dans sa campagne bretonne. Son objectif est de mettre fin aux révoltes de barons frontaliers avec le domaine angevin qui défient l'autorité du Plantagenêt. Ces révoltes ont, dans les mois précédents, pris l'allure d'une fronde organisée dont on murmure que le roi de France en est un discret mais habile soutien. Henri, comme à son habitude, agit vite. Il frappe au cœur de la rébellion en s'emparant de la ville de Fougères. Le roi d'Angleterre a rapidement le dessus sur les troupes bretonnes, obligeant le duc Conan IV à accepter un mariage entre sa fille unique, Constance, et Geoffroy, le troisième fils d'Henri et d'Aliénor. Le Plantagenêt en profite pour s'autoproclamer gardien du duché et convoque les barons bretons à Thouars afin qu'ils lui fassent serment d'allégeance. L'autorité de Conan sur son duché n'est plus que théorique. La Bretagne fait d'ores et déjà partie de l'empire Plantagenêt. Il restera bien quelques irréductibles avec à leur tête le comte de Vannes mais ce ne sera plus qu'un combat d'arrière-garde. À la fin de l'année suivante, ils ont déposé leurs armes, le duc Conan a abdiqué en faveur de Geoffroy et Constance et, les jeunes époux étant tous les deux mineurs, le roi d'Angleterre est officiellement reconnu régent du duché.

À l'automne 1166, le roi et la reine regagnent l'Angleterre. Aliénor est de nouveau enceinte. L'enfant à naître sera leur huitième. La reine a plus de quarante ans. Ses dix grossesses n'ont pas altéré son apparence physique. Elle est toujours aussi belle, mince et altière. Le roi, lui, commence à changer physiquement. Son crâne se dégarnit peu à peu pour ne conserver que quelques cheveux roux sur la nuque et autour des oreilles. Il prend du ventre ; sa silhouette en devient d'autant plus curieuse qu'il conserve des jambes fines et musclées.

La reine ne sait pas qu'elle vit les dernières semaines heureuses de sa vie d'épouse. Le mariage de Mathilde, celui de Geoffroy et l'annexion de la Bretagne, la future alliance matrimoniale avec la maison de Castille ; Henri et Aliénor ont encore réalisé cela ensemble, unis dans la même ambition. Peut-être pense-t-elle que l'enfant qu'elle porte est la preuve, une nouvelle fois, que leur mariage est béni par la providence, que Dieu, en leur donnant ces enfants, leur offre un moyen supplémentaire de concrétiser leurs ambitions — à quoi servent les mariages princiers ! Pourtant c'est au cours des semaines qui entourent la naissance de leur dernier fils, Jean, à Oxford le 24 décembre 1166, que la relation entre Henri et Aliénor se désagrège brusquement.

C'est à ce moment-là qu'une femme apparaît dans la vie d'Henri : Rosemonde. Nous ne savons pas exactement quand ils se sont rencontrés. Est-ce au cours de l'année 1165, alors que le roi guerroyait contre les Gallois et que la reine était à Angers ? Ou au cours de cette fin d'année 1166, alors que le couple royal était revenu dans l'île ? Ce qui est avéré, c'est qu'Henri en fait sa maîtresse officielle, qu'il s'affiche partout avec elle, s'en montre très épris et qu'il délaisse sa femme. Le coup est d'autant plus rude pour Aliénor que son mari a toujours témoigné pour elle un grand attachement depuis leur mariage. On ne lui connaît pas d'aventure extraconjugale notable — hormis cette histoire d'Avice de Strafford racontée par les biographes de Thomas Becket, mais sur laquelle on peut raisonnablement s'interroger —, ce qui est tout à fait remarquable pour un Prince de l'époque.

On peut penser que la manière de procéder du Plantagenêt, qui officiellement se détache de sa femme lorsqu'il en aime une autre, est, *a contrario*, la démonstration de l'amour qu'il a porté à Aliénor. Son attitude est celle d'un « monogame » qui ne peut aimer qu'une seule femme. Mais après quatorze années de mariage, Henri n'aime plus Aliénor. Il lui préfère une jeune femme, rousse semble-t-il, qui répond au nom de Rosemonde, la fille d'un chevalier normand, Gautier Clifford. Très vite cette liaison est connue. Gautier Map, toujours caustique, baptise la jeune femme : la rose immonde.

Aliénor ne supporte pas cette situation. La « monogamie » dont elle fait également preuve est aussi étonnante. Car enfin, dans les mariages arrangés, surtout les mariages royaux, aucune reine ne se serait permis de demander la fidélité à son royal mari et de s'offusquer qu'il ait une maîtresse. Aliénor au contraire va s'en montrer extrêmement blessée. On mesure là la profondeur de l'attachement qu'elle avait pour son mari et qui, dans sa forme, a sans doute paru à l'époque très déplacé.

Il faut dire que la séparation arrive à un moment délicat pour Aliénor. La reine approche les quarante-cinq ans. Elle se doute que l'enfant qui vient de naître, Jean, sera son dernier. Le roi a dix ans de moins qu'elle ; il est dans la force de l'âge. On aurait pu malgré tout attendre de lui un peu moins d'égoïsme. Il lui était tout à fait possible de s'éprendre de la belle Rosemonde sans pour autant installer officiellement la jeune femme. Mais Henri est un autocrate également en matière amoureuse, avant tout préoccupé de la satisfaction de son désir, et ne se souciant pas des douleurs qu'il peut provoquer. Aliénor, elle, se sent doublement humiliée, blessée dans son être de femme et dans son orgueil de reine. Pour couronner le tout, il semble que le cadre privilégié des amours d'Henri et de Rosemonde soit la

résidence de Woodstock qu'Aliénor aime particulièrement et qu'Henri et elle ont transformée et aménagée.
Le paradoxe est remarquable entre les personnalités
hors du commun des protagonistes et une situation qui
comporte tous les ingrédients d'un drame bourgeois.
Heureusement, Aliénor saura donner, à cette apparente
banalité, des rebondissements à la mesure de son tempérament. Mais il faudra pour cela attendre quelques
années.

Pour l'heure, nous sommes à Woodstock, en plein
conflit conjugal. On aimerait connaître quelques détails
sur ces moments, mais les chroniqueurs sont déses-
pérément muets. Les historiens sont obligés d'interroger la légende pour tenter d'entrevoir ce qui s'est
passé. Car la légende s'est emparée du personnage de
la jeune Rosemonde, *Fair Rosamund,* pour en faire
une image de pureté, d'amour et d'insouciance face à
une reine cruelle et impitoyable. « Un nombre infini
de ballades et de drames en vers ont célébré en
Angleterre la belle Rosemonde et son nom évoque toute
une série de légendes dans lesquelles Aliénor tient
inévitablement le vilain rôle : non seulement celui de
la femme bafouée, mais, plus encore, vindicative,
haineuse, qui finit par tuer sa rivale », précise Régine
Pernoud [1]. Ce qui est vrai dans ces légendes, c'est très
probablement la haine d'Aliénor. On n'imagine pas la
reine autrement. Mais de là à tuer sa rivale ! Nous
plongeons au plus profond de l'exagération romanesque. Si l'on en croit encore la légende, le roi, pour
protéger sa bien-aimée des fureurs de la terrible reine,
aurait installé leur nid d'amour dans un pavillon
magnifiquement décoré, placé au centre d'un labyrinthe

---

1. *Aliénor d'Aquitaine, op. cit.,* page 147.

dont lui seul détenait la clé. Alors qu'il était éloigné de Rosemonde, la méchante reine aurait découvert le secret du labyrinthe, se serait emparée de la pauvre jeune fille terrorisée et l'aurait obligée à boire un poison mortel ; selon une autre version, elle lui aurait elle-même crevé les yeux. La réalité est plus prosaïque. Rosemonde Clifford vécut avec Henri jusqu'en 1176, année où elle mourut, assez jeune, de maladie. Le roi en fut profondément affecté. Il la fit enterrer dans le couvent de Godstow et fit un don important aux sœurs pour qu'elles entretiennent la tombe de sa bien-aimée et la recouvrent de soie chaque jour, ce qui fut fait jusqu'en 1191, deux ans après la mort du Plantagenêt.

La plupart des légendes font référence au labyrinthe, ce qui permet aux historiens d'avancer que Woodstock a probablement joué un rôle dans la liaison entre Henri et Rosemonde. Nous savons en effet que, dans la résidence de Woodstock, un parc avait été planté dont la beauté faisait l'admiration de leurs contemporains ; et il semble que ce parc ait comporté un labyrinthe de verdure, attraction dont la mode venait juste d'être lancée. Si effectivement Henri a installé sa maîtresse à Woodstock, on peut comprendre que le lien entre le labyrinthe et la tragédie amoureuse se soit imposé aux poètes.

L'hiver 1166-1167 marque un tournant dans la vie d'Henri et d'Aliénor. Leur merveilleuse complicité, cette ambition partagée qui les avait unis peut-être mieux encore que toutes les passions amoureuses, s'est effacée en quelques semaines. Ils vont désormais vivre la vie des couples séparés, se rencontrant le moins souvent possible, et toujours pour parler « affaires », c'est-à-dire pouvoir, mariage, chartes, traités... puisqu'ils ne partageront plus désormais qu'une couronne. Henri reste le maître et en apparence Aliénor, bien que prenant du champ avec les ambitions politiques de son époux, soutient son action. Deux choses vont maintenant occuper l'esprit de la reine : ses enfants et les terres de ses ancêtres, le Poitou et l'Aquitaine.

En quatorze années de mariage heureux, Henri et Aliénor ont-ils réellement fondé une famille telle que nous l'entendons aujourd'hui ? La réponse est non. Ils n'ont pas élevé leurs enfants. L'usage, dans les grandes familles de ce temps — familles royales, princières, grands féodaux —, est de confier l'éducation des enfants à des nourrices pendant leurs premières années, ensuite à des clercs et enfin à des chevaliers. Cela vaut surtout pour les garçons. Nous avons quelques éléments concernant l'éducation des jeunes princes, mais rien concernant celle des princesses. Henri le Jeune a dans un premier temps été confié à Thomas Becket. Le jeune homme restera d'ailleurs très attaché à lui par-delà la querelle avec son père. Son éducation chevaleresque sera ensuite confiée, à partir de 1170, à une figure emblématique de la seconde moitié du XIIe siècle, Guillaume le Maréchal, « le meilleur chevalier du monde » ainsi que l'a immortalisé Georges Duby [1].

Quelques indications sur l'éducation de Richard nous sont également parvenues, en grande partie parce qu'il est devenu l'un des souverains les plus populaires de l'histoire anglaise et que de nombreux biographes se sont penchés sur sa vie. Le nom de sa nourrice, Hodierne, nous est connu et l'on sait également que

---

1. Georges Duby, *Guillaume le Maréchal ou le meilleur chevalier du monde*, Fayard, Paris, 1984.

Richard était resté très attaché à elle — une fois couronné, il lui accorda une pension très généreuse. Elle est d'ailleurs la seule nourrice royale de toute l'histoire anglaise à avoir donné son nom à la paroisse qu'elle habitait : Koyle Hodierne, dans le Wiltshire. Son fils, Alexandre Neckham, frère de lait de Richard, profitera également des largesses de la famille Plantagenêt. Il put faire des études à Oxford et recevoir l'abbatiat de Cirencester, dans la région de Bristol. Enfin, dernier enfant d'Henri et d'Aliénor dont nous ayons des renseignements sur l'éducation, Jean, le futur Jean sans Terre, dont le nom de sa nourrice, Agathe, est parvenu jusqu'à nous et qui séjourna fréquemment, dans les premières années de sa vie, parmi les moines et les moniales de Fontevraud. Selon John Gillingham, c'est à partir des années 1165-70 qu'Aliénor s'est véritablement rapprochée de l'abbaye qui dès lors prend un place unique dans l'affection de la reine ; cela pourrait expliquer en partie que Jean soit le seul des enfants du couple à y avoir été élevé.

Très peu d'éléments donc sur l'enfance des princes et des princesses d'Angleterre. On peut néanmoins affirmer qu'ils étaient très bien éduqués. Richard, par exemple, composait des vers et parlait un latin meilleur que bien des évêques de son temps, et Henri incarnera pour ses contemporains l'image du prince-chevalier, courtois et cultivé. Les enfants d'Henri et d'Aliénor ont été élevés dans la tradition des Plantagenêt ; nous avons vu qu'en son temps l'éducation du futur Henri II avait été très poussée, celle d'un homme appelé à régner. Si nous pouvons être à peu près certains de la qualité de l'enseignement que les enfants royaux ont reçu, nous pouvons hélas être convaincus qu'ils ont en revanche manqué de cette affection parentale qui est la pierre angulaire de notre conception contemporaine de l'éducation. La tentation existe d'observer cette famille Plantagenêt avec nos critères issus de l'éducation bourgeoise du xixe siècle. Il faut s'en garder. Comme la plupart de leurs contemporains, Henri et Aliénor font des enfants pour deux raisons principales : assurer la continuité dynastique et nouer des alliances matrimoniales. Les affects n'entrent pas en ligne de compte. On ne s'attache pas à un enfant susceptible de mourir en bas âge comme ce fut le cas pour le premier enfant des souverains anglais. Henri ne s'intéresse à ses fils que lorsqu'ils approchent d'un âge — vers une dizaine d'années — où ils peuvent jouer un rôle politique ou plus exactement être des pions utiles dans les stratégies politiques. Louis VII agit exactement de la même manière en mariant ses filles ou sa sœur au gré des nécessités d'alliances, et l'acharnement qu'il met à avoir un fils n'a rien à voir avec la fierté d'être le père d'un petit garçon.

Aliénor est, jusque vers ces années 1165-1166, dans le même état d'esprit que son mari. Elle est loin d'être une mère aimante. Au contraire. En cela elle est également représentative des femmes de son rang. Les historiens s'accordent généralement à admettre que l'éloignement amoureux d'Henri va la rapprocher de ses enfants. Elle « devient » une mère à ce moment-là. Comme si soudain, face à la solitude de la vieillesse qui la guette, elle se rendait compte que ses enfants existent, qu'ils sont une part d'elle-même et son « bien » le plus précieux partagé avec Henri. Voilà pour la version romantique. Il existe une autre version : celle d'une femme intelligente, déterminée, qui décide de se venger des infidélités de son mari, ne supporte pas la simple idée d'être éloignée du pouvoir et va utiliser leurs enfants pour parvenir à ses fins. Henri les instrumentalise pour servir sa politique, Aliénor va les instrumentaliser pour servir sa vengeance et faire perdre le pouvoir au Plantagenêt. Elle avait été son plus grand allié, elle va devenir son pire ennemi. Faut-il absolument choisir entre les deux versions ? Il y a probablement un peu de vrai dans chacune. Aliénor s'est rapprochée de ses enfants après sa séparation de fait avec Henri, et quelques années plus tard se servira d'eux dans le but de lui ravir ce pouvoir qui reste sa seule vraie passion. Ce que nous sommes incapables de savoir, c'est si elle a prémédité son action dès les années 1166-1167 ou bien si d'autres éléments vont intervenir qui l'ont poussée à agir et lui en ont offert l'opportunité.

Bien qu'elle estime certainement ne plus rien avoir à faire dans l'île, la reine est restée encore une grande partie de l'année 1167 en Angleterre. La raison principale en est probablement la préparation du trousseau de sa fille Mathilde qui doit partir pour le duché de Saxe épouser Henri le Lion. Les *Pipe's Rolls* nous enseignent que la princesse a quitté l'Angleterre avec vingt-huit livres d'or fin pour dorer sa vaisselle, quarante sacs de cuir et quarante coffres contenant robes, bijoux et de riches présents pour sa nouvelle famille. La conclusion de ce mariage est peut-être la dernière joie d'une autre Mathilde, l'Emperesse. Avant de mourir, celle qui avait été impératrice d'Allemagne a le bonheur de savoir qu'une de ses petites-filles va régner sur une partie importante de cette terre qu'elle avait aimée. Mathilde d'Anjou s'éteint à Rouen en septembre 1167. Gautier Map, qui ne l'a jamais portée dans son cœur, commente ainsi sa disparition : « C'était la fille d'un excellent prince et de la sainte reine Mathilde, et la mère d'un bon roi. Mais elle-même, entre ces excellents personnages, fut exécrable. » Avec la mort de sa mère, Henri II est maintenant seul face à lui-même. Thomas s'est le premier dressé contre sa volonté, Aliénor ensuite s'est détachée de lui et enfin la vieille reine Mathilde rend son âme à Dieu. En un peu plus de trois années, le roi d'Angleterre perd les trois personnes qui le connaissaient le mieux, qui lui étaient le plus proches et qui seules pouvaient parvenir à le tempérer.

Aliénor quitte l'Angleterre au cours de l'automne. Elle n'y reviendra que sept ans plus tard, contre son gré. Pour l'heure, elle embarque à Douvres avec la jeune Mathilde qu'elle accompagne jusqu'à Rouen. La princesse continue ensuite seule sa route vers les lointaines terres de Saxe. Aliénor rejoint Henri à Argentan où ils tiennent ensemble leur cour de Noël. Ils ne se sont pratiquement pas vus de l'année. Pendant ces semaines, peut-être ont-ils des conversations au cours desquelles ils définissent la manière dont ils vont vivre désormais. Car Aliénor veut retourner à Poitiers. Il est au fond assez surprenant de voir avec quelles facilité et rapidité la duchesse d'Aquitaine se replie sur ses terres et semble abandonner des ambitions qu'elle avait faites siennes par amour, mais qui n'étaient peut-être que celles de son mari. Lors de son divorce d'avec Louis, elle était retournée avec bonheur vers son Poitou et sa ville tant aimée de Poitiers ; s'éloignant d'Henri elle fait la même chose. Elle lui abandonne aisément le reste de l'empire mais l'Aquitaine et le Poitou sont à elle. Elle veut prendre leur fils Richard avec elle. De tous les enfants du couple, c'est celui avec qui elle a le plus d'affinité. Il est son fils préféré, son fils chéri... tous les historiens l'admettent. Aliénor, qui est si peu maternelle, est une mère passionnée pour Richard. Elle veut que son héritage lui revienne. Peut-être est-ce elle qui provoque des discussions sur le partage de l'héritage qu'ils laisseront à leurs enfants. Dans les mois suivants, les choses se précisent dans l'esprit du roi qui décide qu'Henri le

Jeune héritera des possessions venant des Plantagenêt :
la couronne anglaise, le duché de Normandie et les
comtés d'Anjou et du Maine ; Richard aura l'Aquitaine
et le Poitou, Geoffroy la Bretagne... il ne reste rien pour
Jean. L'enfant vient juste d'avoir un an mais son surnom est déjà trouvé. Pour l'histoire il sera Jean sans
Terre.

Pendant l'hiver 1167/1168, il est donc décidé qu'Aliénor
s'installera à Poitiers avec Richard, âgé maintenant de
dix ans. Le roi accepte d'autant plus volontiers qu'il
n'est jamais parvenu à imposer complètement son autorité sur les vassaux d'Aquitaine. Depuis plusieurs
années, les terres de la duchesse sont dans un état
d'agitation permanente. Henri pense que la présence
d'Aliénor ne peut que calmer les choses. Il juge pourtant prudent, étant donné la situation, de lui adjoindre
un homme aguerri et sûr : Patrick de Salisbury. Outre
le fait qu'il est indispensable, pour Aliénor, d'avoir à
côté d'elle un homme capable de mener les actions
militaires nécessaires pour ramener les trublions à la raison et assurer le maintien de l'ordre, il n'est pas extrava-
gant de penser qu'Henri place à côté de sa femme un
homme chargé, si ce n'est de la contrôler, du moins de la
surveiller ; un de ces « Anglais » issus de l'aristocratie
insulaire sur laquelle le roi s'appuie pour gouverner.
Peut-être une certaine méfiance s'est-elle introduite dans
l'esprit du Plantagenêt à l'égard d'Aliénor ? Peut-être
a-t-il compris qu'elle ne sera plus le soutien indéfectible
qu'elle a été jusque-là ? Et sans doute son intention est-
elle de ne lui concéder le gouvernement de l'Aquitaine
qu'en apparence... J'ai du mal à imaginer Henri II
abandonnant facilement la plus petite parcelle de son
pouvoir !

Henri II Plantagenêt a, quant à lui, passé la quasi-
totalité de l'année 1167 sur ses terres continentales.

Depuis deux années, les relations entre les rois de France et d'Angleterre se tendent. De ce point de vue, 1165 est une date importante. C'est l'année où Thomas Becket, fuyant l'Angleterre, trouve refuge auprès de Louis, lui permettant de se situer dans une position d'arbitre, ou du moins de référent, dans cette affaire qui concerne pourtant l'Église d'Angleterre mais où le pape se trouve obligé de ménager tous les intervenants ; c'est aussi l'année de la naissance de Philippe Auguste que le roi de France considère comme une « insigne et miraculeuse récompense [1] » qui décuple son énergie et le dynamise dans sa volonté de résister aux ambitions hégémonistes de son rival anglais. L'opposition entre les deux souverains se cristallise autour du comté d'Auvergne, territoire qui relève de la couronne de France mais aussi du duc d'Aquitaine et qui se situe stratégiquement entre le comté de Toulouse, le duché d'Aquitaine et les terres du Saint Empire. Le conflit dure depuis plus de deux ans avec moult rebondissements, changements d'alliances et opérations militaires le plus limitées possible — les deux hommes sont économes de leur argent et de leurs troupes —, tant en Auvergne que dans le Vexin, lequel reste le « terrain de jeux » préféré de Louis et Henri. L'un et l'autre se sont malgré tout gardés d'aller vers un affrontement généralisé.

Au début 1167, un cran est pourtant franchi dans l'escalade. Le comte de Toulouse, qui a répudié sa femme Constance, la sœur de Louis VII, rend visite à Henri au monastère de Grandmont, dans le Limousin, pendant le carême. Raymond V, en lutte avec le roi de France, cherche un appui auprès du Plantagenêt. Louis VII n'apprécie pas du tout la perspective de perdre la suzeraineté sur le comté de Toulouse, lequel,

1. Yves Sassier, *op. cit.*, page 371.

passant sous obédience anglaise, offrirait un accroissement considérable de pouvoir, tant politique qu'économique, à son rival. À la fin du printemps, les deux
rois se rencontrent sur la frontière normande sans
parvenir à s'entendre ; cette fois-ci, la guerre paraît
inévitable. Louis attaque dans le Vexin, brûle Les
Andelys et pousse les Bretons à se révolter contre
Henri ; il semble même que le roi de France ait envisagé une alliance avec Mathieu de Boulogne pour
tenter d'envahir l'Angleterre. Henri II, de son côté,
ravage le Perche. Le pape Alexandre III intervient. Il ne
peut pas laisser deux de ses soutiens les plus importants s'entre-déchirer. Une trêve est conclue le
7 avril 1168. Dès qu'il a les mains libres du côté français, Henri se retourne contre les Bretons dont il écrase
la révolte.

Dans le même temps, jouant d'un éventuel ralliement
à la cause de Frédéric Barberousse, le roi d'Angleterre
fait reconnaître la validité du mariage de Geoffroy avec
Constance de Bretagne par le pape. Il obtient également
de ce dernier qu'il suspende Thomas Becket. À contre-
cœur, Alexandre III interdit à l'archevêque « de prononcer aucune sentence d'interdit, d'excommunication ni
de suspense contre le roi et les grands de son
royaume » pendant une durée de neuf mois. C'est
incontestablement une victoire pour Henri car, depuis
son exil en France, l'archevêque agite la menace d'une
excommunication contre le roi, menace qui pèse
comme une épée de Damoclès sur le souverain anglais
et sur le royaume d'Angleterre.

Au cours de cette même année, le roi d'Angleterre
doit faire face à une sérieuse fronde des barons
aquitains. Les Poitevins ont très probablement été
heureux de voir leur comtesse-duchesse revenir auprès
d'eux. Ils sont très attachés à elle. Ce qu'ils ont sans

doute moins apprécié, c'est la présence de l'« Anglais » Salisbury auprès d'elle. Il est, pour eux, l'incarnation de la volonté d'Henri d'instaurer un pouvoir fort sur l'Aquitaine, à l'image de l'Angleterre et de la Normandie, ce qu'ils ne peuvent accepter. Ils fortifient leurs châteaux et se mettent à comploter « à cause des libertés qui leur avaient été enlevées par le roi », selon Robert de Torigni. La conjuration réunit les principales maisons féodales d'Aquitaine : le comte de la Marche et les comtes Taillefer d'Angoulême, Amaury de Lusignan et ses frères, Robert et Hugues de Silly.

Un événement important va marquer cette période du début de l'année 1168, alors que la rébellion poitevine bat son plein. Pendant la semaine de Pâques, l'escorte de la reine est attaquée, probablement aux environs de Poitiers, non loin d'un château dont les chroniqueurs ne disent pas le nom. L'embuscade est menée par des membres de la famille Lusignan ; certains chroniqueurs citent le nom de Guy de Lusignan qui sera l'une des personnalités les plus emblématiques de la famille et deviendra, quelques années plus tard, roi de Jérusalem. Nous ne savons pas qui était visé, Aliénor elle-même ou le comte de Salisbury qui l'accompagnait. Cela dit, il est fort peu probable que les Poitevins aient voulu s'en prendre à leur duchesse. Considérons que l'Anglais était la cible de l'opération. En tout état de cause, le but n'était pas de le tuer mais de se saisir de sa personne et de s'en servir comme monnaie d'échange dans une négociation avec Henri II. Salisbury, considérant le peu d'hommes les accompagnant et le danger pour la vie de sa souveraine, la fait monter sur le destrier le plus rapide. Aliénor part à bride abattue et parvient, presque seule, à se mettre à l'abri.

Pendant ce temps, Salisbury et ses quelques compagnons se préparent à affronter les assaillants. Alors qu'il enfile cotte de mailles et heaume, le comte est frappé d'un coup mortel. Parmi les membres de l'escorte, se trouve un jeune homme dont nous avons déjà parlé mais qui entre dans l'histoire ce jour-là et connaîtra l'une des plus extraordinaires destinées de son temps, Guillaume le Maréchal, neveu du comte de Salisbury. Il a alors environ vingt-quatre ans et a été armé chevalier deux ans plus tôt. La vie de celui qui allait devenir l'un des hommes les plus riches et les plus puissants d'Angleterre, comte de Pembroke et régent du royaume, a été écrite au début du XIIIe siècle. L'auteur y raconte la mort de Patrick de Salisbury : « Quand le comte vit la troupe [...] armée, tandis que ses hommes étaient sans armes pour se défendre, il comprit que la partie n'était pas égale. Pourtant il ne voulut pas fuir. Il envoya la reine au château et demanda son destrier de combat. Mais celui-ci était trop loin. Il ne put ni l'avoir quand il en avait tant besoin, ni être armé à temps. Désarmé, il leur courait sus, monté sur son palefroi (cheval de parade), quand son destrier arriva. Ses compagnons ne le suivirent pas, car ils étaient en train de s'armer. Comme il montait sur son cheval, avant qu'il fût bien assis, entre les arçons, un traître, un assassin, le frappa d'un épieu par-derrière à travers le corps. Il mourut sur place pour le malheur des siens. »

N'écoutant que son courage, Guillaume le Maréchal se jette à corps perdu dans la bagarre pour venger son oncle. Il se bat comme un lion. Son cheval est tué sous lui. Adossé à une haie pour ne pas avoir à se garder sur ses arrières, il se bat contre une soixantaine d'assaillants avec tant de vaillance que pour venir à bout de lui, un chevalier ennemi est obligé de franchir la haie et de le frapper par-derrière — la réputation de lâcheté des Poitevins n'est plus à faire ! — d'un coup d'épieu à la cuisse. Le jeune homme blessé est fait prisonnier, emmené dans une charrette sans être soigné. Il panse sa plaie comme il peut avec des morceaux de ses vêtements. Ce n'est que le soir, dans un château où la troupe s'était arrêtée pour la nuit qu'une dame, le voyant traîner la jambe, comprend la situation et lui fait passer de l'étoupe dans un pain auquel on avait enlevé la mie. Le Maréchal peut ainsi changer son pansement. Il est très vite libéré. Aliénor, à qui l'on a vanté le comportement du jeune homme, paye sa rançon et lui fait donner des armes, un cheval et des vêtements neufs, car, comme tous les cadets de famille, le jeune homme est pauvre. Remarqué par la reine pour sa bravoure et sa loyauté, Guillaume le Maréchal deviendra le mentor, l'ami et le plus fidèle compagnon du prince Henri le Jeune.

Les événements de l'année 1168 exigent qu'Henri déploie toute son énergie. Après l'assassinat de Salisbury, la révolte grandit en Aquitaine et en Poitou, et conjointement — à l'évidence il n'y a pas de rapport entre elles — au pays de Galles et sur la frontière avec l'Écosse. Henri doit faire front de partout. Profitant de cela, le roi de France s'en prend à nouveau au Vexin, mais sans succès. Selon toute probabilité, Louis VII soutient les révoltés poitevins. Sachant toujours qu'il lui sera très difficile d'avoir le dessus sur Henri en cas de vraie guerre, il préfère attiser des révoltes qui minent le pouvoir de son adversaire.

Une paix est conclue entre le Capétien et le Plantagenêt, le 6 janvier 1169, jour de l'Épiphanie, à Montmirail, à la frontière du Maine et du pays chartrain. C'est bien d'une paix qu'il est question et non pas d'une nouvelle trêve comme celles qui se succèdent entre les deux souverains depuis plusieurs années. Chacun des deux rois fait des concessions. Louis reconnaît les possessions du roi d'Angleterre en Bretagne et renonce à soutenir les barons poitevins et aquitains dans leur rébellion. Henri promet sa clémence aux

rebelles qui remettent leurs armes. En échange, le Plantagenêt renouvelle son hommage au roi de France pour
toutes ses terres continentales. Il est accompagné de ses
trois fils ; les deux aînés font à leur tour hommage au
roi de France pour les terres composant leurs héritages
respectifs. Solennellement Henri le Jeune, héritier de la
couronne anglaise et déjà vassal du roi de France pour
la Normandie, s'agenouille devant Louis VII et lui prête
hommage pour l'Anjou, qu'il tiendra comme son fief
propre, et pour la Bretagne que son frère Geoffroy
tiendra de lui. C'est ensuite au tour de Richard qui
se déclare vassal du roi de France pour l'Aquitaine.
« Seigneur, dit Henri II, en ce jour de l'Épiphanie où
les trois rois ont apporté leurs présents au Roi des
rois, je recommande à votre protection mes trois fils et
mes terres. — Puisque le Roi qui reçut les dons des
mages semble avoir inspiré vos paroles, répondit Louis,
puissent vos fils, en prenant possession de leurs
terres, le faire sous le regard de Dieu. » Les liens vassaliques entre le roi d'Angleterre, ses héritiers et le
trône de France sont désormais établis avec solennité.
Pour sceller ce nouveau traité qui marque la paix
retrouvée entre les deux couronnes, on ressort le projet
de mariage entre Richard et Aélis de France. La jeune
fille est confiée au roi d'Angleterre pour être élevée
dans sa future belle-famille. Louis VII a ainsi partagé
ses filles entre ses deux vassaux les plus puissants :
deux pour les Blois-Champagne et deux — Henri le
Jeune est marié à Marguerite de France — pour les
Plantagenêt.

Montmirail est également l'occasion de tenter une
nouvelle fois de régler l'affaire Becket. L'archevêque
accompagne le roi de France dont il est l'hôte depuis
plus de cinq ans. Le lendemain, 7 février, les deux rois
se retrouvent en tête à tête avec l'intention avouée
de trouver une solution au différend entre Henri et
Thomas. Le roi d'Angleterre accepte le principe de par-

donner à l'archevêque et de le rencontrer, avec cette restriction que Thomas s'en remette sans réserve « à la compréhension et la volonté royales » pour le règlement définitif du conflit. L'archevêque les rejoint. Thomas et Henri ne se sont pas vus depuis 1164. L'atmosphère est lourde, tendue. Herbert de Bosham, témoin oculaire, a décrit la scène : il y a d'abord un long silence, chacun retient son souffle. Thomas se précipite alors aux pieds de son souverain qui, ému lui aussi, le relève. L'archevêque commence une allocution où il demande au roi de pardonner à l'Église et à son serviteur... l'atmosphère se détend. Thomas parvient à la fin de son discours et prononce les mots qu'Henri voulait entendre : « Ici donc, seigneur, en présence de notre seigneur le roi de France, des évêques, des princes et de tous ceux qui nous entourent, je remets à votre compréhension et à votre volonté le règlement de notre différend. » Puis, après un temps d'arrêt, les mots que le roi ne voulait surtout pas entendre : « Étant sauf l'honneur de Dieu ! » ; cette formule qui limite les pouvoirs royaux par l'intérêt supérieur de l'Église. L'intransigeance de Thomas fait échouer la réconciliation. Le roi d'Angleterre est furieux, et le roi de France pas très éloigné de penser que l'archevêque exagère.

Dès le lendemain, Henri II se précipite en Aquitaine et n'a qu'une seule hâte : ne pas tenir sa promesse de clémence vis-à-vis des barons révoltés. Le château des Lusignan est à nouveau détruit et le roi fait emprisonner un certain nombre de barons dont le puissant comte d'Angoulême, Guillaume Taillefer. La méthode est contestable mais elle a le mérite de calmer les ardeurs de rébellion pendant un temps. C'est aussi une manière pour Henri de montrer que, même si, officiellement, il place son fils sur le trône d'Aquitaine et semble ainsi lui confier le gouvernement de la province, il ne s'agit là que d'une apparence et qu'il reste le maître absolu.

Aliénor, quant à elle, paraît se satisfaire de cette situation. En réalité, elle a pesé de tout son poids pour que ses deux fils aînés rendent hommage au roi de France. La reine ne peut que souhaiter cette officialisation de la continuité dynastique, d'autant qu'elle a obtenu ce qu'elle souhaitait pour Richard.

18

La cour de Poitiers

La reine Aliénor n'a pas assisté aux cérémonies de Montmirail qui pourtant marquent le premier acte politique de ses deux fils aînés. Nos pouvons penser que ni Louis ni Henri ne tenaient à sa présence. Pourtant, Henri ménage Aliénor car il a compris que, sans elle, il n'arrivera jamais à instaurer un semblant de pouvoir Plantagenêt sur les terres de la duchesse. Après Montmirail, le roi « remet de l'ordre » de manière musclée en Poitou mais ne s'y attarde pas et laisse à la reine le soin de gouverner ses États. Elle seule incarne la légitimité du pouvoir sur l'Aquitaine et le Poitou. Le lien est réel et profond entre la reine et ses vassaux ; au cœur même de la « guerre » qui opposera le roi et la reine d'Angleterre, jamais Henri n'osera menacer l'intégrité physique de sa femme. Je suis persuadé qu'une des raisons — il y en eut d'autres sans aucun doute — en est la crainte de voir l'Aquitaine et le Poitou faire immédiatement sécession. En l'occurrence, sur les terres d'Aliénor, le pouvoir du roi est limité par celui de la duchesse, qui lui-même est limité par le pouvoir royal. C'est un équilibre qu'Henri et Aliénor ont été contraints de maintenir ; probablement au corps défendant du Plantagenêt.

À partir de l'année 1167, et jusqu'en 1173, Aliénor réside, la plus grande partie de son temps, dans ses terres et, aussi souvent qu'elle le peut, à Poitiers qui est « sa » ville, la capitale des ducs d'Aquitaine. Henri parcourt l'empire en tous sens, guerroyant quand il en est besoin car, à l'époque, la guerre est une méthode de gouvernement [1], continuant son bras de fer avec Louis VII, et jouant de ses alliances avec le pape ou l'empereur d'Allemagne, au gré de ses intérêts, en particulier au sujet de l'« affaire Becket » qui ne parvient pas à trouver de solution, malgré les tentatives de conciliation d'Alexandre III et du roi de France. Le caractère du roi change, il devient de plus en plus imprévisible, de plus en plus agité, violent même — ses colères effraient de plus en plus son entourage —, menant sa cour selon ses humeurs, épuisant les gens autour de lui.

Si la personnalité du roi se modifie, la cour continue à réunir autour de lui clercs, administrateurs, conseillers ; le roi reste un fin lettré qui aime à s'entourer de brillants esprits. Gautier Map nous a décrit cette atmosphère de servilité et de jalousie entourant

---

1. John Gillingham rapproche la façon d'utiliser la guerre au XIIe siècle avec une manière de concevoir la grève au XXe siècle : « ... il s'agit d'exercer une pression économique et financière sur son adversaire — il n'était absolument pas prévu de le tuer. En dévastant ses champs, ses vergers, ses vignobles, on espérait le forcer à s'occuper d'une affaire qu'il voulait ignorer ; les moyens militaires l'obligeaient à transiger. Lors de ces querelles, les "biens publics" souffraient, mais c'était secondaire — les villageois voyaient parfois leurs maisons détruites et leurs moyens de subsistance réduits à néant ; il leur arrivait d'être blessés et même tués, mais comment amener leur seigneur à la raison ou à la négociation sinon en l'empêchant de collecter le cens (l'impôt) ? », *Richard Cœur de Lion, op. cit.*, pages 88-89.

Henri II. C'est sans doute la grande différence avec la cour d'Aliénor à Poitiers. Tout aussi brillante que celle du roi d'Angleterre, la cour de Poitiers semble un havre de calme, de douceur de vivre et de bonne humeur où l'on ne trouve pas cette atmosphère de veulerie qui flotte autour du Plantagenêt.

C'est à Poitiers que la reine a le plus imprimé sa marque. Régine Pernoud le souligne : « De toutes les villes qu'Aliénor a parcourues dans sa vie si mouvementée, il n'y en a aucune où on la retrouve mieux qu'à Poitiers. La cité favorite des ducs d'Aquitaine, la terre privilégiée où pour la première fois avait éclos la poésie des troubadours, a gardé à travers le temps l'empreinte de son passé roman. Une partie de ses remparts est restée telle qu'au moment où ils défendaient la reine d'Angleterre contre les attaques possibles de vassaux en révolte. Nous pouvons voir aujourd'hui le baptistère Saint-Jean, l'église Saint-Hilaire et, en partie au moins, Sainte-Radegonde tels à peu près qu'Aliénor les a vus ; la belle façade de Notre-Dame-la-Grande est celle qu'elle a pu contempler et elle a vu s'élever, pierre à pierre, la grande salle du palais ducal et la cathédrale Saint-Pierre où, dit-on, l'un des vitraux reproduirait son visage [1]. »

Sous l'impulsion de la duchesse, la cour de Poitiers redevient, dès la fin des années 1160, le centre de l'activité littéraire des troubadours. Aliénor renoue avec la tradition de ses ancêtres. Elle n'avait jamais cessé de s'intéresser à la vie littéraire et le *fin'amor*, la poésie des troubadours, a toujours accompagné sa vie. C'est elle, si l'on en croit de nombreux historiens, qui aurait fait connaître cette littérature au nord de la Loire, du temps de son mariage avec le roi de France. Vers la fin de la première moitié du XIIe siècle, Aliénor aurait ainsi

1. *Aliénor d'Aquitaine, op. cit.*, page 165.

permis à deux cultures, celle du Nord et du Sud, de langue d'oc et de langue d'oïl, de se rejoindre. Il semble que la cour de Paris se soit empressée d'oublier ces troubadours à la légèreté de mœurs toute méridionale dès le divorce entre Louis et Aliénor prononcé, mais le contact avait été fait et la cour de Champagne notamment devint, au nord de la Loire, un haut lieu de la lyrique courtoise.

Quel est le rôle exact joué par Aliénor dans le développement de la poésie des troubadours et dans la création et la diffusion de ce qu'on appelle, selon une terminologie inventée au XIXe siècle, l'amour courtois ? Longtemps les historiens ont considéré ce rôle comme essentiel ; depuis quelques années on est plus réservé, sans pour autant parvenir à une démonstration convaincante, faute de documents indiscutables. Nous disposons toutefois de la liste des troubadours ayant séjourné à la cour de Poitiers et particulièrement pendant cette période où Aliénor est revenue vivre chez elle. Elle est significative : Alegret, Rigaut de Barbezieux, Bertrand de Born, Cercamon, Pierre d'Auvergne, Gaucelm Faidit, Pierre de Valeria, Bernard Marti, Arnaud-Guillaume de Marsan, Marcoat... et bien évidemment le plus grand de tous les lyriques du siècle, du moins en langue occitane, Bernard de Ventadour, dont on sait qu'il a également séjourné à la cour d'Henri et Aliénor en Angleterre. Pendant longtemps, de sérieux exégètes ont soutenu que *Mos Aziman* — Mon Amant —, le *senhal* [1] derrière lequel se cachait la dame aimée

---

1. Le *senhal* est une sorte de nom poétique utilisé par les troubadours pour dissimuler le véritable nom de la dame objet de leur amour et à laquelle leurs poèmes étaient destinés. La plus absolue discrétion faisait partie de l'idéal courtois, d'autant que la Dame était la plupart du temps mariée et que les poètes ne tenaient pas à se retrouver aux prises avec un jaloux, armé et maître du château. Sans compter qu'un peu de mystère ajoutait à la poétique de ces amours impossibles !

par le poète, était Aliénor elle-même. Les amoureux de la duchesse, spécialistes de la poésie et du roman courtois, traquent les descriptions de personnages, dédicaces, apostrophes qu'Aliénor aurait pu inspirer. Ainsi le personnage d'épouse du roi Arthur, la reine Guenièvre dans le *Perceval* de Chrétien de Troyes telle que Gauvain la décrit : « ... elle est si courtoise, si belle et si sage que Dieu ne fit climat ou pays où on trouva sa pareille. Depuis la première femme qui fut formée de la côte d'Adam, il n'y eut jamais dame si renommée. Et elle mérite bien, car de même que si le sage maître endoctrine les jeunes enfants, ma dame la reine enseigne et instruit tous ceux qui vivent. D'elle descend tout le bien du monde, elle en est source et origine. Nul ne peut la quitter qui s'en aille découragé. Elle sait ce que chacun veut et le moyen de plaire à chacun selon ses désirs. Nul n'observe droiture ou ne conquiert honneur qui ne l'ait appris auprès de ma dame [1]. » Ou encore celui, dans ce même *Perceval*, de la reine aux blanches tresses : « Je vous dirai aussi qu'au château il y a une très noble et très sage reine, de haut lignage. Elle vint jadis, avec tout son or et tout son trésor, son or et son argent, demeurer en ce pays [2]... »

Le mécène du poète était la fille d'Aliénor, Marie de Champagne. La tentation est grande d'imaginer la duchesse servant de modèle à un ou plusieurs personnages de ce roman inachevé sur lequel s'est construit tout un pan de la légende arthurienne. On dit également que le sujet du premier roman de Chrétien de Troyes, *Érec et Énide*, lui aurait été donné par la reine d'Angleterre ; il s'agit d'un couple, le chevalier et sa dame, dont l'amour s'épanouit dans le partage d'un but commun. Il est effectivement aisé d'y voir une transpo-

---

1. *Perceval le Gallois*, traduction de l'ancien français de Lucien Foulet, Robert Laffont, Paris, 1989.
2. *Ibid.*

sition du couple formé pendant quinze ans par Henri et Aliénor. En revanche, il est maintenant avéré que les deux jugements de cour attribués à Aliénor dans le célèbre traité *L'Art d'aimer* d'André le Chapelain ne sont qu'inventions de l'auteur. Tout comme sont des inventions les fameuses « cours d'amour » décrites dans cet ouvrage, et dont les médiévistes du XIXe siècle se sont emparés pour nous dépeindre un Moyen Âge totalement imaginaire. Le Chapelain, qui a longtemps séjourné à la cour de Marie de Champagne, rédige son traité après 1186. Selon toute probabilité, lui aussi a fait partie de la cour de Poitiers et connu la duchesse. Si son traité n'est pas la « mine » d'informations historiques que l'on a cru au départ, il nous est très utile pour avoir un aperçu de l'ambiance qui régnait dans ces cours de la seconde moitié du XIIe siècle. Selon Philippe Delorme : « Tout au plus, peut-on voir dans son œuvre la codification plaisante des jeux intellectuels, de rébus et autres énigmes de casuistique amoureuse. À cet égard, le Traité du Chapelain constitue un manuel des bienséances mondaines du XIIe siècle, une sorte de " petit catéchisme " du savoir-vivre amoureux [1]. »

La cour de Poitiers, telle qu'Aliénor la fait revivre durant ces années qui correspondent à la cinquantaine de la reine, redevient ce qu'elle avait été au temps du duc Guillaume IX, grand-père de la duchesse et premier des troubadours. Il ne pouvait en être autrement. Poitiers est le creuset d'où va se diffuser la poésie occitane ; Poitiers et plus particulièrement la cour de Poitiers car, comme le remarquent dans leur introduction les auteurs de l'ouvrage *Au temps des troubadours*, la cour et le troubadour forment un couple indissociable : « Les troubadours sont les inventeurs d'un code qui érige en valeur un art d'aimer et une nouvelle

---

1. *Aliénor d'Aquitaine*, op. cit., page 152.

façon de se comporter dans les cours seigneuriales du Midi de la France, aux XIIe et XIIIe siècles. [...] Auteur de vers d'amour profane en langue d'oc, compositeur de musique nouvelle pour chaque poème, le troubadour — de l'ancien occitan *trobador*, c'est-à-dire " trouveur " — interprète ses œuvres devant ses amis, ses pairs, [...] le plus souvent, il chante devant le public de la cour seigneuriale, pour le plaisir, pour le conseil et la réprimande aussi. Poète occitan, musicien et chanteur, le troubadour réunit en sa personne des fonctions que nous dirons d'intellectuel, de technicien et d'artiste, en lien avec le lieu par excellence de la communication des idées et des modes, la cour [1]. »

L'art d'aimer des troubadours, qui deviendra l'amour courtois, place la femme au centre de sa lyrique. C'est l'image de la dame, aimée par le poète, d'un amour sublimé, fantasmatique. Pas une image de jeune femme, pucelle ou jouvencelle, mais de femme mûre, mariée, donc inaccessible ; des pages et des pages ont été écrites pour s'interroger sur la dimension charnelle qui pouvait se dissimuler derrière cette lyrique sublimée. Pour ce qui nous occupe, le rôle d'inspiratrice ou de modèle qu'Aliénor a pu y jouer, il faut replacer le développement de la lyrique courtoise dans son contexte. Celui d'un siècle extraordinaire de renaissance intellectuelle, sociale, militaire aussi, puisque l'art de la guerre change. Une renaissance qui pourrait se résumer par deux mots, proches l'un de l'autre : définition et codification. Définition du pouvoir religieux et du pouvoir civil, codification des règles féodales, transformation du rôle du guerrier, notamment par la définition des règles de la chevalerie... De même, en matière de littérature, nous avons évoqué la formidable impulsion que la geste arthurienne a donnée

1. Geneviève Brunel-Lobrichon, Claude Duhamel-Amado, *Au temps des troubadours*, coll. « La vie quotidienne », Hachette, 1997.

au roman. Dans ce foisonnement de transformations, le rôle et la place de la femme à la fois dans la société et dans l'imaginaire amoureux se définissent eux aussi. L'amour courtois a, en cela, été novateur et déterminant. Aliénor, duchesse d'Aquitaine, comtesse de Poitou, reine d'Angleterre, vit à cette période-là. Jamais, jusque-là, aucune femme n'a eu autant de pouvoir, autant d'autonomie dans une société encore guerrière donc masculine. Jamais non plus aucune femme n'a disposé d'autant de moyens financiers lui permettant de réunir des artistes autour d'elle. De plus cette femme est belle et conserve cette beauté bien qu'elle avance en âge ; plus que belle, elle a de la majesté, une grande autorité naturelle... Il est impossible de ne pas considérer qu'il y a eu interaction entre un mouvement artistique donnant à la femme un rôle central et une femme qui a tout pour être à ce moment-là un emblème et incarner ce mouvement. Personne ne peut mesurer l'influence exacte d'Aliénor, mais il est sûr qu'elle exista.

La période du retour à Poitiers de la duchesse est marquée par un rapprochement avec ses enfants. Elle renoue avec les deux filles qu'elle a eues avec le roi de France, Marie et Aélis, qui séjournent probablement à plusieurs reprises à la cour de Poitiers. La seconde, Aélis, entrera plus tard au monastère de Fontevraud et l'on peut imaginer, avec Régine Pernoud, qu'elle a tenu une place très particulière dans le cœur de sa mère. Celle qui ressemble le plus à Aliénor dans sa passion pour les Lettres est Marie, la comtesse de Champagne. C'est à sa cour que Chrétien de Troyes écrira *Perceval* et l'on pense également que c'est elle qui lui commanda le *Conte de Lancelot ou le Chevalier de la Charrette* où s'exprime jusqu'à son absolu le culte de la Dame : par amour pour la reine Guenièvre, Lancelot accepte jusqu'au déshonneur d'être vaincu et de passer pour un lâche. Le deuxième fils d'Aliénor, Richard, est lui aussi un poète, tout comme son arrière-grand-père, Guillaume IX. Deux de ses œuvres sont parvenues jusqu'à nous dont l'une, particulièrement émouvante, composée durant sa captivité, au retour de croisade. Nous savons également que le futur Cœur de Lion dédiera des œuvres à Marie de Champagne, sa « comtesse-sœur ». À la cour de Poitiers, passe également le troisième fils d'Henri et Aliénor, Geoffroy, comte de Bretagne qui, notons-le au passage, appellera son fils Arthur. Lui aussi participe des festivités « courtoises ». Il échange notamment des *repons* avec le troubadour Gaucelm Faidit, une sorte de poème à deux voix qui se répondent l'une l'autre. Un de leurs thèmes nous est connu : lorsqu'un amant a réussi à conquérir sa dame et qu'elle lui fait l'honneur de le recevoir en privé, doit-il l'« honorer » au début de la rencontre ou à la fin ? En l'occurrence, nous sommes un peu loin de l'image sublimée de la dame et ce genre de thème apporte de l'eau au moulin des historiens qui soutiennent que les troubadours étaient loin de n'être que des « purs esprits ».

La lyrique des troubadours est intimement liée à un autre phénomène important de la seconde moitié du XIIᵉ siècle : la chevalerie. Henri et Aliénor ont légué à l'histoire, au travers de leurs deux fils aînés, deux figures qui incarnent à merveille cette « culture » : Richard, le roi-chevalier, ainsi que l'a qualifié Jean Flori, et Henri le Jeune, *el jove rey*, que tous ses contemporains ont regardé comme le symbole même du prince courtois. Ils sont tous les deux la synthèse du combattant, donc d'une certaine virilité, et en même temps du poète et de l'amoureux. Car trop souvent, un Moyen Âge de carton-pâte hérité d'une certaine vision des romantiques nous a donné l'image stéréotypée du poète éthéré, alangui sur son luth, en opposition avec le guerrier, soudard violent et rustre. Entre les deux, une demoiselle très jolie est amoureuse du poète, le plus souvent sans le sou, mais contrainte à épouser le soldat qui se trouve être le seigneur du lieu. C'est une conception très romantique de l'artiste, née précisément au XIXe siècle. La réalité du XIIe siècle est tout autre. Les joutes verbales des troubadours sont le pendant littéraire des joutes à coup de lance, d'épée et de hache, où s'affrontent les chevaliers. Il suffit d'entendre les vers du grand poète troubadour Bertrand de Born pour comprendre à quel point les deux « activités » sont liées :

> ... et j'ai grande allégresse
> quand je vois en campagne rangés
> chevaliers et chevaux armés.

> Il me plaît quand les coureurs
> font gens et bétail s'enfuir ;
> il me plaît de voir leur courir sus
> force guerriers, tous ensemble ;
>   Il plaît surtout à mon cœur
> de voir châteaux forts assiégés,
> enceintes rompues et effondrées,
> de voir l'armée sur le bord,
> tout autour de fossés enclos
> et de lices aux forts pieux serrés.

> Il me plaît aussi le seigneur
> quand le premier il se lance à l'assaut,
> sur son cheval armé, sans frémir
> pour faire les siens enhardir
>   de son vaillant courage...

Je vous le dis : rien n'a pour moi saveur,
ni manger, boire ou dormir,
autant que d'entendre crier : « An avant ! »
des deux côtés et d'entendre hennir
les chevaux démontés, en forêt,
et crier : « À l'aide, à l'aide ! »
et voir tomber dans les fossés
    grands et petits dans la prairie,
et voir les morts avec, dans le côté,
tronçons de lance et leurs fanions [1].

Tout comme pour la légende arthurienne ou la lyrique courtoise, Henri et Aliénor sont inévitablement liés au développement de la chevalerie tel qu'il se déroule dans la seconde moitié du XIIᵉ siècle. Pour cette raison qu'ils sont au pouvoir à ce moment-là et qu'ils ont les moyens de financer le processus. La chevalerie est une forme d'art de vivre qui trouve son expression la plus visible dans le tournoi mais dont l'essence et la finalité sont beaucoup plus profondes.

Cet art de vivre procède d'une transformation du rôle du militaire, du guerrier, à la charnière entre le XIᵉ et le XIIᵉ siècle. Georges Duby a montré comment, autour de l'an mil, la naissance de la société féodale s'est faite dans la violence et la guerre. Lorsque les principautés ont commencé à se définir, les guerres ont progressivement diminué et les guerriers ont perdu une partie de leur utilité. L'Église a alors « inventé » la croisade qui a donné un nouveau but aux hommes de guerre et dans le même temps le personnage du « chevalier » est apparu qui correspond à une sorte de

---

1. Cité par H.-I. Marrou, *op. cit.*, page 50.

« spiritualisation » du guerrier. Il n'est plus un sou-dard n'existant que par sa force physique, sa capacité à tuer le plus grand nombre d'adversaires et son habileté à éviter de se faire tuer, il devient une sorte de protecteur du faible, de la veuve et de l'orphelin, por-tant haut ses valeurs morales et son éthique, et bien évidemment défenseur de l'Église qui va en partie récupérer à son profit le personnage du chevalier. La cérémonie de l'« adoubement » est de ce point de vue-là très instructive. Elle a le plus souvent lieu à la cour seigneuriale, royale lorsqu'il s'agit d'Henri et d'Aliénor, pendant les fêtes religieuses, Pâques ou Pentecôte. La chevalerie, qui deviendra une caste aris-tocratique au XIIIe siècle, est encore du temps des sou-verains anglais une « éducation » ouverte à tous les jeunes laïcs et offre une réelle perspective d'ascension sociale ; Guillaume le Maréchal en sera un vivant exemple.

La littérature de ce temps recèle les meilleurs exemples de ce qu'était un chevalier, du moins ce que l'on imaginait qu'il devait être. Ainsi l'éducation du jeune Caradoc dans *Le Livre de Caradoc* écrit par un auteur anonyme à la fin du XIIe siècle : « ... il lui ensei-gna qu'il fallait être sage et avoir de bonnes manières, savoir jouer aux échecs, au trictrac et à tous ces jeux auxquels un homme noble doit être habile. Il lui faut aussi respecter les dames et les demoiselles et être le défenseur des jeunes filles dans le besoin ; qu'il prenne garde de ne pas leur manquer. [...] Qu'il ne se mette jamais à fréquenter traîtres ni flatteurs ; qu'il soit toujours aimable avec les gens de bien et dis-tant avec les méchants. [...] Et quand il sera chevalier, qu'il ne soit pas vantard ; dans l'action, qu'il se montre le meilleur, et hors du champ de bataille, le plus réservé. [...] Ainsi le bon roi lui montre-t-il à prendre la vaillance pour enseigne, le bon sens et la mesure pour bannière : il en aura bien plus de valeur, car la démesure ou l'insolence n'ont rien à voir avec l'honneur ou l'idéal chevaleresque. Il lui faut être courtois et bien éduqué ; il en tirera honneur et estime [1]. » À y bien regarder, ce sont des principes d'éducation assez généraux auxquels, pour une grande partie d'entre eux, nous pouvons aujourd'hui parfaitement souscrire.

Ce sont ces mêmes principes qui ont été enseignés aux fils d'Aliénor et d'Henri : Henri le Jeune, Richard, Geoffroy et Jean. Nous n'avons aucun élément pour apprécier la teneur de cette éducation mais les œuvres littéraires contemporaines nous renseignent. Il ne faut pas perdre de vue malgré tout qu'il s'agit de littérature et que les personnages y atteignent une perfection à laquelle les jeunes princes Plantagenêt ne sont probablement jamais parvenus. John Gillingham rapproche, par exemple, l'éducation de Richard de celle du jeune Tristan dans l'œuvre du poète médiéval Gottfried de Strasbourg : « Dans sa septième année, son père [adoptif] l'emmena pour le confier aux soins d'un homme d'expérience qui l'envoya rapidement à l'étranger apprendre les autres langues et commencer sans attendre l'étude des livres. [...] une fois qu'il eut commencé, il y appliqua son esprit et son zèle avec une énergie telle qu'il vint à bout de plus de livres dans ce temps réduit qu'aucun enfant avant ou après lui. Il passait aussi de longues heures à jouer d'instruments à corde de différentes sortes, persévérant du matin au soir, jusqu'à ce qu'il fut habile à en user. Il passait tout son temps à apprendre, telle chose un jour, telle autre le lendemain, et là où il était bon une année, il devint meilleur l'année suivante. [...] Tristan apprit en outre à chevaucher avec le bouclier et la lance, à éperonner habilement sa monture sur chaque flanc, à la lancer au

1. *La Légende arthurienne*, Robert Laffont, Paris, 1989, pages 439-440.

galop avec fougue, à lui faire exécuter des voltes, à lâcher les rênes et à la guider des genoux, en parfait accord avec les règles de la chevalerie. Il se divertissait souvent en maniant l'épée, en luttant, en courant et en sautant, en lançant le javelot, et faisait toutes choses au mieux de sa force et de son habileté [1]. »

Le mot « tournoi » évoque spontanément une joute individuelle, l'image d'un chevalier affrontant un adversaire monté sur un cheval magnifiquement enharnaché, revêtu d'une armure scintillante sur laquelle il a passé une tunique de couleur vive à ses armoiries et la tête protégée d'un haubert couronné de plumes ; les deux hommes foncent l'un vers l'autre, lances pointées jusqu'au choc d'une violence extrême qui fera tomber l'un des deux chevaliers, offrant à l'autre une victoire qu'il dédiera à la dame de ses pensées. Dans les grandes lignes, cela a existé deux siècles après Aliénor et Henri. Les tournois de l'époque des Plantagenêt sont en réalité des guerres ou des batailles en miniature pendant lesquelles s'affrontent des « équipes » de chevaliers. Les tournois sont apparus en Anjou, le berceau des Plantagenêt, vers 1060, et ont connu un essor remarquable dès le début du XIIe siècle. Ils sont pour les guerriers, les chevaliers, un moyen de s'entraîner, de récolter des honneurs, de se faire remarquer, en un temps où l'on fait moins la guerre et où, Henri en sera un exemple marquant, les princes commencent à préférer avoir recours à des compagnies de mercenaires. Faire carrière militaire devient plus problématique à partir du moment où il y a moins de champs de bataille et où l'on ne fait pas appel à vous ; heureusement il reste les croisades et les tournois.

---

1. John Gillingham, *Richard Cœur de Lion*, Éditions Noêsis, Paris, 1996, page 60.

Ces tournois sont de véritables institutions. On évoque la « saison des tournois », hors des périodes de trêve imposées par le calendrier liturgique. Ils se déroulent sur de vastes terrains, de préférence recouverts de lande, souvent situés entre deux châteaux distants de quelques kilomètres. Sur ces terrains s'affrontent des équipes. Il n'est pas question de combats singuliers et la plupart des historiens considèrent que les femmes n'assistaient pas au tournoi ; ce qui leur aurait par ailleurs été très difficile car il n'y avait sans doute pas d'endroit où l'on pouvait embrasser l'ensemble des manœuvres. Les équipes de chevaliers sont conduites par un capitaine et les meilleurs s'arrachent à prix d'or. Guillaume le Maréchal était reconnu comme le meilleur capitaine de son temps et on se battait pour faire partie de son équipe. Ces équipes s'affrontent dans des mini-guerres dont le but n'est pas forcément de « tuer » ses adversaires — bien que ces tournois soient très meurtriers — mais avant tout de faire prisonnier un membre de l'équipe adverse pour obtenir de lui une rançon, ou récupérer un maximum d'armes et de chevaux. Les destriers sont l'outil le plus important du chevalier et les meilleurs valent des fortunes, entre trente et cinquante livres, ce qui représente le revenu annuel d'une petite seigneurie.

La vie de ces chevaliers de tournois nous est connue dans le détail par l'*Histoire de Guillaume le Maréchal* qui date du début du XIIIᵉ siècle et sert de base à la biographie que Georges Duby a consacrée au futur régent d'Angleterre [1]. Henri le Jeune a été le « propriétaire » de l'une de ces équipes dont le Maréchal était le capitaine. C'est une vie de célibataires, souvent âpres au gain, qui cherchent à toute force à se faire une place dans la société mais avec en même temps le côté « bon enfant »

---

1. *Guillaume le Maréchal, ou le meilleur chevalier du monde, op cit.*

des équipes sportives. Nous savons par exemple que le Maréchal, à un moment donné, s'est associé avec un certain Roger de Gaugi qui faisait partie de l'entourage d'Henri le Jeune. Ils ont monté une sorte de « compagnie » comme des commerçants et, si l'on en croit le biographe de Guillaume, ont couru les tournois pendant deux ans avec un profit six à huit fois supérieur à celui des autres équipes.

Henri II a participé à ce mode de vie par personne interposée, si l'on peut dire. Il a encouragé, ce qui veut dire financé, la participation d'Henri le Jeune aux tournois. Le prince a disposé d'une équipe composée quelquefois de plus de cent cinquante chevaliers sous le commandement de Guillaume le Maréchal. C'était pour le père un moyen d'attirer autour du fils la jeunesse aristocratique, de la contrôler et en même temps de l'« occuper ». Le Plantagenêt a eu une attitude assez paradoxale à propos de la chevalerie et surtout des tournois qui, pendant son règne, prendront une dimension sociale de premier plan. Il a, d'un côté, interdit les tournois en Angleterre tandis qu'il les favorisait, par la participation de son fils, sur le continent et particulièrement en Normandie, en Champagne et dans les Flandres, car ce phénomène connaît sa plus grande ampleur au nord de la Loire. Georges Duby a analysé cette société particulière qui s'est créée autour des tournois et des chevaliers, une société de « jeunes » — *juvenes* — qui, Guillaume le Maréchal en est un exemple des plus frappants, sont en quelque sorte déconnectés de la réalité de la vie quotidienne, qui ne sont pas mariés, ne vivent que pour leur « sport ». Le terme « jeune » ne regroupe pas une classe d'âge mais un état social ; on est jeune tant que l'on n'est pas installé, c'est-à-dire que l'on n'a pas convolé en justes noces. Guillaume le Maréchal restera « jeune » jusqu'à quarante ans passés, et Henri le Jeune, marié à Marguerite de France, fait dans l'équipe figure d'exception.

Il semble évident qu'Henri II a utilisé cette mode des tournois pour maintenir son fils aîné éloigné de la réalité du pouvoir, alors qu'il l'avait lui-même fait couronner. Le roi n'a pas été l'incitateur de cette évolution de la fonction du chevalier, elle était commencée bien avant lui, mais face à son fils aîné qui revendiquait légitimement sa part de pouvoir, il s'en est servi pour conserver la mainmise sur ce pouvoir et surtout ne pas en céder la moindre parcelle. Car dans le dernier chapitre de la vie du couple formé par Aliénor et Henri, le partage du pouvoir va être au centre d'un conflit familial unique dans l'histoire de France et va saper le fondement de l'empire Plantagenêt. Si cet empire, que le roi et la reine ont bâti ensemble, ne leur a pas survécu plus de quelques années, c'est autant du fait de sa construction hétérogène que des événements qui vont se dérouler entre les années 1170 et 1175, événements qui permettent à certains historiens de regarder la famille Plantagenêt comme les « Atrides » du Moyen Âge.

19

Le couple ennemi

Le 18 novembre 1169 Henri II Plantagenêt, roi
d'Angleterre, est à Saint-Denis, aux portes de Paris. Il
est venu à l'improviste et n'a pas demandé à son rival
capétien l'autorisation de se rendre en pèlerinage dans
la basilique pour se recueillir sur la tombe du saint
patron des Francs. Selon Yves Sassier, ce pèlerinage est
un prétexte afin de provoquer une rencontre avec Louis
pour parler à nouveau de l'affaire Becket. En effet
depuis quelques mois les rapports entre les deux souverains, qui semblaient s'être apaisés après la paix de
Montmirail, se sont de nouveau tendus. Les raisons en
sont toujours les mêmes : Toulouse et l'Auvergne pour
le versant politique ; Thomas Becket pour le versant
religieux. La suspension du pape étant arrivée à
échéance, l'archevêque a excommunié tous les évêques
anglais et les grands féodaux qui soutiennent la politique religieuse d'Henri et la menace d'une excommunication du roi pèse à nouveau. Le roi semble perdre du
terrain et un grand nombre de prélats sont prêts à rallier l'archevêque. Est-ce un effet de l'obstination de
Thomas qui à la longue porte ses fruits ou l'autorita-
risme du Plantagenêt qui irrite de plus en plus ? Toujours est-il qu'Henri sent cette évolution et veut en finir.
Il paraît décidé à transiger.
Apprenant que le roi d'Angleterre est à Saint-Denis,

Louis VII vient effectivement le rejoindre. Les deux souverains se rendent ensuite au pied de la colline de Montmartre. C'est là que l'archevêque de Canterbury les retrouve. On discute, on argumente, Thomas se retire pendant que le roi de France et quelques prélats interviennent en sa faveur... il y a des navettes de négociateurs entre Henri et Thomas, et finalement on parvient à un accord. Herbert de Bosham est à nouveau témoin de la scène : « La clause *sauf l'honneur de Dieu* qui avait été lors de la précédente conférence source de tant de colère et de si vives discussions, fut cette fois entièrement passée sous silence. Et il n'y avait pas lieu d'en parler puisqu'il ne s'agissait pas pour l'archevêque de se soumettre au bon plaisir du Prince en matière ecclésiastique. Le roi demandait seulement que l'archevêque rentrât en Angleterre, d'où il soutenait d'ailleurs ne l'avoir jamais chassé ; qu'il remplît les devoirs de sa charge ; qu'il reconnût et respectât les prérogatives royales et les coutumes, et qu'il ne commît aucune intrusion dans les affaires temporelles, au nom de l'Église, pas plus que lui-même n'empiéterait sur les droits ecclésiastiques [...]. » Tout semblait donc rentrer dans l'ordre à la satisfaction générale « lorsque l'archevêque fit demander au roi un gage de paix ». Ce gage, c'est le baiser de la paix. Pierre Aubé indique que c'est une précaution assez traditionnelle tout en précisant qu'il s'agissait d'un engagement considérable. « C'était par un baiser de la paix que se scellait l'hommage vassalique : cet échange de souffles puissamment symbolique créait des liens concrets que rien ne pouvait rompre sous peine de forfaiture [1]. »

Henri refuse en disant qu'il aurait volontiers donné le baiser de la paix à l'archevêque mais qu'un jour de colère il a juré devant de nombreux témoins qu'il ne le ferait jamais même si la concorde régnait à nouveau

---

1. *Thomas Becket, op. cit.*, page 282.

entre eux ; cela dit, il affirmait ne conserver aucune rancune ni ressentiment envers Thomas. Personne n'est dupe du prétexte. La sécurité de l'archevêque n'est pas garantie. Il vaut mieux en rester là. La seconde tentative de conciliation échoue.

Thomas menace de frapper le royaume d'interdit. Henri ne veut rien entendre. L'archevêque fixe une limite à février 1170, le pape intervient pour le tempérer. Le roi de France soutient Thomas. Il tire un profit moral évident de sa position d'arbitre entre le roi et l'archevêque. Henri décide alors de faire sacrer roi son fils aîné Henri le Jeune, qui approche de ses quinze ans. C'est une décision à la fois politique et successorale. Il est de tradition depuis Charlemagne qui avait lui-même, peu avant sa mort, couronné son fils Louis le Pieux, que les rois fassent sacrer de leur vivant leur successeur ; les Capétiens procèdent de cette manière depuis plus d'un siècle et demi ; Louis VII lui-même, un an avant sa mort en 1179, fera sacrer son fils Philippe Auguste. Ce couronnement pourrait se comprendre comme une suite logique à la paix de Montmirail où les trois fils du Plantagenêt ont fait hommage pour leurs héritages respectifs et où il était annoncé que l'aîné succéderait à son père sur le trône d'Angleterre. Seulement Henri n'a pas l'intention d'abandonner une once de pouvoir à son fils et, de ce que l'on peut deviner de la psychologie du roi, ce couronnement est assez prématuré. La raison est ailleurs et directement liée à Thomas Becket. Les rois d'Angleterre sont traditionnellement couronnés par l'archevêque de Canterbury. En faisant sacrer son fils par un autre archevêque, Henri inflige à Thomas un camouflet considérable ; d'autant que le prélat qui doit officier est l'archevêque d'York, Roger de Pont-l'Évêque, l'ennemi juré de Becket.

Dès le début mars 1170, le roi d'Angleterre traverse la Manche accompagné de son fils. Les intentions d'Henri ne sont pas passées inaperçues. De son côté

Thomas fait activer ses partisans à la curie pour que le pape intervienne. Alexandre III est très attaché au principe du sacre par l'archevêque de Canterbury. Il fait parvenir à Thomas un bref dans lequel il défend formellement à tous les prélats anglais de sacrer le jeune roi et même d'assister à la cérémonie. Becket s'empresse d'envoyer le texte en Angleterre mais Henri, avant de quitter le continent, a pris la précaution de faire fermer tous les ports et d'interdire toute navigation en direction de l'île. Le messager de Thomas, Roger de Worcester, reste bloqué en Normandie.

La cérémonie du sacre se déroule le 14 juin 1170 dans l'église Saint-Pierre de Westminster. Le prince Henri est d'abord adoubé chevalier par son père le roi Henri II avant que l'archevêque d'York dépose sur sa tête la couronne royale. Le lendemain de la cérémonie, Henri II fait jurer fidélité à son fils, le « roi associé » par Guillaume le Lion, roi d'Écosse, son frère David et tous les grands féodaux anglais. Le roi ordonne qu'un sceau personnel soit gravé pour Henri le Jeune et l'autorise à rendre la justice. Il y a maintenant deux rois en Angleterre. Une anecdote est assez révélatrice de ce que vont être leurs rapports. Le soir du sacre du jeune roi, Henri II, qui n'a pas lésiné sur la dépense pour faire de cette journée un événement fastueux, a organisé un grand banquet durant lequel il a tenu à servir lui-même son fils. Il ne peut s'empêcher de faire remarquer l'originalité de la situation : « Il n'est guère habituel de voir un roi servir à table ! » Ce à quoi Henri le Jeune répond : « Il n'y a rien que de naturel de voir un fils de comte servir un fils de roi ! » On imagine la stupeur des témoins de la scène et probablement la rage d'Henri II de se voir une fois de plus rappeler ses origines et cette fois-ci par son propre fils.

Ce couronnement d'Henri le Jeune connaît un énorme retentissement en Europe. Le roi d'Angleterre a

ouvertement bravé le pape en passant outre à son interdiction. Il n'a pas seulement infligé un camouflet à
Thomas mais aussi à Alexandre III et également à
Louis VII. Car Marguerite de France, la femme d'Henri
le Jeune, n'a pas été couronnée en même temps que lui
comme cela aurait dû être. La jeune princesse était restée au château de Caen sous la garde d'Aliénor qui pour
l'occasion séjournait en Normandie. Le roi de France
est furieux. La population anglaise se montre également très mécontente et aussi inquiète ; les gens crai-
gnent que l'entêtement d'Henri II ne provoque la colère
du pape et de l'archevêque de Canterbury.

En charge de la garde de sa belle-fille, la reine n'a
pas assisté au couronnement de son fils aîné. Sur cet
acte, ses sentiments devaient être partagés. Elle était
très certainement heureuse pour le jeune Henri. Si
l'on en croit le témoignage de Guillaume le Maréchal,
« la reine pesa de tout son pouvoir » dans cette
décision. En même temps elle devait considérer
qu'Henri II allait trop loin dans la provocation et que
les choses risquaient cette fois-ci de mal tourner — et
de fait Thomas menaça immédiatement de jeter l'interdit sur le royaume.

Le vieux roi d'Angleterre ne s'attarde pas dans l'île.
Le 24 juin, il embarque de Portsmouth pour le continent. Il faut éteindre le feu qui s'est allumé à la suite
du couronnement. Comme à son habitude le roi agit
vite et surprend tout le monde. Avant même de franchir la Manche, il envoie des lettres pour faire savoir
qu'il est prêt à négocier avec Thomas aux conditions
de ce dernier, et propose au roi de France une rencontre pour apaiser tous leurs différends. Se dépla-
çant sans arrêt le roi voit des émissaires du pape, de
Louis, de Thomas... Décision est prise d'un colloque
qui réunira toutes les parties à Fréteval, sur les bord
du Loir, une rivière à la frontière entre le comté de

Blois et de la Touraine. La date est fixée au 20 juillet 1170.

Les rois d'Angleterre et de France discutent âprement pendant deux jours, le lundi et le mardi, puis Thomas vient les rejoindre. Les négociations se passent le mieux qu'il était possible compte tenu des circonstances et des enjeux ; c'est-à-dire dans une sorte d'ambiance entre parenthèses où le fond du problème n'est pas évoqué. Personne ne parle d'échanger ce fameux baiser de la paix, ni Thomas ni Henri. Pour le reste, on se met d'accord, Thomas obtient la condamnation de l'archevêque d'York et des prélats qui ont assisté au couronnement d'Henri le Jeune, et sur ce point précis il est décidé qu'une fois retourné en Angleterre, l'archevêque de Canterbury procédera à un nouveau couronnement. Thomas retrouve toutes ses prérogatives de primat d'Angleterre. Silence sur les *Constitutions* de Clarendon — qui de fait ont été acceptées par tous les hauts dignitaires du clergé anglais — et sur le baiser de la paix. Herbert de Bosham décrit ainsi les réactions très mitigées à l'accord de Fréteval : « Les uns se félicitèrent ; les autres, qui avaient poussé au trouble et à la discorde, furent tristes et confus, tandis que plusieurs se bornèrent à croire que tout n'était pas sincère. » Une question reste en suspens, que personne n'ose poser : quelle confiance peut-on faire à la parole du roi à partir du moment où il n'a pas donné ce gage absolu de pardon ? C'est en fait la dernière fois qu'Henri et Thomas se rencontrent. Au moment de se séparer, le roi raccompagne l'archevêque à son cheval et, en gage d'amitié, lui tient l'étrier. Thomas aurait alors eu cette phrase : « Monseigneur, j'ai le sentiment que nous ne nous rencontrerons plus jamais ici-bas. »

Quel que soit le pressentiment de l'archevêque, dès son retour de Fréteval, il dépêche le fidèle Herbert de Bosham en Angleterre pour organiser son retour dans l'île et sa réinstallation à Canterbury. L'« affaire

Becket » semble terminée. Henri II a, « une fois encore,
en virtuose, vaincu le temps [1] ».

La reine Aliénor était absente de la négociation. Rien,
par ailleurs, ne permet d'avancer qu'au retour d'Henri
sur le continent le couple se soit rencontré alors que la
reine était à Caen. Tous se passe comme si la duchesse
d'Aquitaine se désintéressait totalement de l'affaire et
ne souhaitait qu'une chose : retourner au plus vite dans
ses terres auprès de son fils Richard.

Au mois d'août, Henri II tombe gravement malade.
Une vilaine fièvre l'anéantit au point qu'il songe sa dernière heure venue. Un peu plus tôt, il a envoyé une
longue lettre en Angleterre dans laquelle il pardonne à
Thomas Becket. Le roi dicte également un testament
qui reprend les dispositions de Montmirail : au roi
Henri le Jeune l'héritage des Plantagenêt, à Richard
celui des ducs d'Aquitaine, la Bretagne à Geoffroy et
rien pour Jean dont la « dot » est placée aux bons soins
de son frère aîné. Dans ce testament, il fait le vœu
d'être enterré au monastère de Grandmont ; il semble
que l'un de ses moines ait joué un rôle important dans
les négociations qui viennent de s'achever avec succès.

Contre toute attente, le roi se rétablit et effectue à
l'automne un pèlerinage à Rocamadour, dans le Quercy.
Dans le même temps, il reprend en main les affaires,
envisage sérieusement une opération en Auvergne,
revendique l'archevêché de Bourges comme revenant
à l'Aquitaine — manière de bien montrer qu'il est
le maître et que Richard et Aliénor ne disposent que
d'une autonomie relative — et conclut le mariage de
sa fille Aliénor avec Alphonse de Castille. Enfin il
« convoque » la reine en Normandie, à Bures, pour
tenir ensemble leur cour à Noël. C'est en cette fin
décembre 1170 que va se produire l'un des événements

---

1. Pierre Aubé, *Thomas Becket*, *op. cit.*, page 290.

les plus retentissants et les plus tragiques de l'histoire anglaise : l'assassinat de Thomas Becket.

Entre l'accord de Frétéval et son embarquement pour l'Angleterre, Thomas Becket a eu tout le temps de se rendre compte que son retour dans l'île ne serait pas facile. En six ans d'absence nombre de domaines de l'archevêché, devenus vacants, sont administrés par des seigneurs au nom du roi, lesquels mettent la plus mauvaise volonté à restituer ces fiefs à l'archevêque. Certains, comme Ranulf de Broc, l'un des conseillers d'Henri le Jeune, se vantent publiquement de leur intention de « supprimer » — le mot est employé par Thomas dans une lettre à Henri II — l'archevêque à son arrivée ; sans oublier les prélats ennemis de Thomas qui n'avaient pas l'intention de retomber sous son autorité. Plusieurs fois Becket a envoyé des courriers au pape qui l'a autorisé à utiliser, si besoin était, des sanctions canoniques contre qui lui semblerait bon, à l'exception du roi, de la reine et des princes. Devant les récriminations de Thomas qui finalement ne réclame rien d'autre que l'application des accords, le roi réagit mollement. Il demande à son fils aîné, resté dans l'île, de veiller à la bonne restitution des biens de l'archevêché mais sans trop insister. Et lorsque Thomas se rend à Rouen, avant de franchir le Channel, pour rencontrer Henri comme cela en a été décidé entre eux, celui-ci n'est pas venu. C'est clairement un affront. Le 30 novembre, avant de quitter le continent, l'archevêque de Canterbury rend publique la bulle du pape l'autorisant à utiliser les sanctions canoniques et suspend et excommunie l'évêque d'York, qui a couronné Henri le Jeune, ainsi que les évêques de Londres et de Salisbury. Un engrenage de violence s'enclenche. L'archevêque débarque en Angleterre dans un climat très tendu. On raconte même que dans certains ports, on pariait sur le sort qui lui serait réservé. Il se rend d'abord à Londres. La foule l'acclame sur son chemin mais on craint pour sa vie et une escorte se forme pour le protéger. Il tente de voir le jeune roi mais celui-ci lui fait savoir qu'il n'a pas l'intention de le rencontrer. C'est un nouvel affront. Thomas repart vers Canterbury. Les officiers royaux multiplient les tracasseries contre l'archevêque. Tout est fait pour lui faire comprendre qu'il n'est pas le bienvenu. Henri le Jeune réunit à Winchester des grands du royaume et des prélats acquis à la cause royale pour statuer du cas des évêchés vacants qui dépendent de l'archevêché de Canterbury. Thomas n'est pas informé. Il est décidé d'envoyer des émissaires au roi pour régler le problème, là où il se trouve c'est-à-dire en Normandie. Cela revient à statuer en terre étrangère d'un fait relevant de l'Église d'Angleterre. Parmi les émissaires se trouvent les trois évêques excommuniés par Thomas. Ils rencontrent le roi — et sans doute la reine — à Bures le jour de Noël, se plaignent à lui, en rajoutent, parlent d'une armée qui entoure Thomas pour le protéger, affirment que l'archevêque se comporte comme un despote, qu'il a excommunié tous ceux qui assistaient au couronnement d'Henri le Jeune. Le roi s'écrie alors : « Je le suis aussi ! » Le ton monte. Une de ses célèbres et redoutées colères va-t-elle s'emparer d'Henri II ? Soudain le roi explose : « Voilà un homme qui a mangé mon pain après être arrivé sans un sou à ma cour. J'en ai fait un personnage considérable. Il m'a trahi, moi et les miens, et il ne se trouve personne pour venger mon honneur outragé ! »

Quatre chevaliers assistent à la scène. Ils s'appellent Renaud Fils-Ours, Guillaume de Tracy, Hugues de Moreville et Richard le Breton. Ils quittent la pièce en catimini et s'embarquent pour l'Angleterre. Sitôt leur départ connu, le roi, se doutant de leurs intentions, envoie son sénéchal, Richard du Hommet, de l'autre côté de la Manche avec mission de mettre le royaume en état d'alerte et de protéger la personne de l'archevêque de Canterbury. Une course contre la montre s'engage. Richard débarque le 27 décembre en Angleterre mais les quatre chevaliers l'ont précédé. Dans la nuit du 28 au 29, ils sont au château de Saltwood avec Ranulf de Broc où ils mettent au point les détails de leur action. Le 29 au matin ils partent pour Canterbury qu'ils atteignent quelques heures plus tard... La suite est connue. Ils assassinent sauvagement l'archevêque dans la cathédrale « entre l'autel de la Vierge et celui de saint Benoît ».

La nouvelle de la mort de Thomas Becket plonge toute l'Europe dans la consternation. Henri II est anéanti par une douleur dont la sincérité ne peut pas être mise en doute. Il refuse de s'alimenter et de parler à quiconque pendant trois jours, et « mena une existence solitaire, derrière des portes closes, pendant cinq semaines ». Aliénor, qui est encore à Bures au moment de la mort de l'archevêque, préfère ne pas rester auprès du roi. Peut-être la reine considère-t-elle qu'elle n'a décidément jamais eu sa place dans l'histoire de ces deux hommes et qu'il n'y a aucune raison qu'elle soutienne Henri. Elle retourne en Aquitaine auprès de son fils Richard.

Aliénor a trop de sens politique pour ne pas comprendre que le poids de l'assassinat de Thomas va peser, du moins en partie, sur les épaules d'Henri et que cela va l'affaiblir d'autant. La reine n'a plus qu'un seul objectif, que Richard ait une pleine autonomie dans les terres poitevines et d'Aquitaine ; autrement dit, que celui qu'elle a choisi pour son successeur échappe à l'autorité du roi. La reine fait désormais cavalier seul. Qu'est-ce qui la pousse à agir en ce sens ? L'amour de ce fils qu'elle a somme toute découvert depuis peu et sur lequel elle reporte toute son affection ? La volonté de nuire à Henri et de soustraire l'héritage de ses ancêtres à l'autorité du Plantagenêt ? Le souci de préserver cet héritage des inévitables représailles que la mort de

Thomas va provoquer ? Car pour tout le monde, le roi d'Angleterre porte la responsabilité de l'assassinat de l'archevêque. Dès le 25 janvier 1171, Guillaume de Sens, en qualité de légat du pape et avant même d'en avoir reçu l'avis de ce dernier, jette l'interdit sur les territoires continentaux d'Henri II.

Le roi d'Angleterre doit réagir. Sitôt sorti de son abattement, et tandis que des miracles commencent à se produire sur la tombe de Thomas, Henri envoie des évêques en ambassade auprès du pape pour plaider sa cause. Car il ne fait aucun doute qu'Alexandre III, qui avait beaucoup d'affection pour Thomas, va prendre des sanctions canoniques. L'ambassade rejoint le souverain pontife à Tusculum où il réside. Le pape refuse de les recevoir. Le Jeudi saint, il excommunie solennellement « les assassins de l'archevêque, tous ceux qui avaient concouru au crime par conseil, aide ou consentement, ou qui sciemment recevaient de tels hommes dans leurs États ». Alexandre III confirme l'interdit lancé par Guillaume de Sens ainsi que les excommunications prononcées contre trois évêques anglais par Thomas Becket. Le roi d'Angleterre est frappé d'interdit personnel jusqu'au règlement définitif du conflit ; il ne peut participer à aucun office liturgique. Apprenant le détail de la sanction papale, il est soulagé : son royaume n'est pas touché et lui-même s'en tire à bon compte. Il lui faut maintenant trouver le moyen de renverser la situation. C'est le moment de se souvenir que le précédent pape, Adrien IV, lui avait en 1156 donné mission de conquérir l'Irlande et concédé la possession de l'île à titre héréditaire. Qu'y a-t-il de mieux qu'une belle conquête au nom de l'Église pour amadouer le souverain pontife ? Le roi d'Angleterre se lance dans la préparation de l'opération, et, le 17 octobre, ses troupes partent à l'assaut de l'île.

Aliénor, de son côté, consacre l'année 1171 à faire sortir un peu plus Richard de l'ombre de son père. Peut-on dire que la reine profite des difficultés d'Henri et de son éloignement ? Pourquoi pas ! Point fort de l'année, Richard, en présence de sa mère, pose la première pierre du monastère Saint-Augustin à Limoges. Ils parcourent ensuite l'Aquitaine, ensemble, pour une grande tournée de réconciliation où ils annulent toutes les sanctions et les confiscations décrétées par Henri II à la suite de la révolte des barons. Pour Noël, le jeune duc et la duchesse mère convoquent à leur cour de Poitiers tous leurs vassaux méridionaux ; l'intention est évidente.

Mais la reine prépare soigneusement un autre événement : le couronnement de Richard duc d'Aquitaine. En effet le jeune homme ne sera véritablement le suzerain de tous les Aquitains qu'après avoir été sacré. Aliénor veut frapper un grand coup. Elle a décidé que jamais cette cérémonie n'aurait connu un tel lustre, allant jusqu'à réveiller d'anciennes traditions. Les buts de la reine sont de plusieurs ordres. Vis-à-vis de ses vassaux, d'abord, elle transmet son héritage à Richard, ce fils qu'elle a choisi et à qui ils doivent désormais obéir ; vis-à-vis du roi de France, ensuite, à qui elle rappelle l'ancienneté et l'indépendance du duché d'Aquitaine — et plus la cérémonie du sacre des ducs d'Aquitaine rivalisera avec la solennité de la cérémonie du sacre des rois de France, plus l'ancienneté du duché sera affirmée ; vis-à-vis d'Henri enfin pour lui montrer que l'Aquitaine ne lui appartient plus, et ce d'autant moins que le couronnement de Richard aura revêtu un faste que le sien n'avait pas connu.

La cérémonie a lieu en juin 1172. Le jeune duc n'a pas encore quinze ans. Elle se déroule en deux temps et dans deux endroits distincts : Poitiers et Limoges.

Premier temps, Poitiers, dans la basilique Saint-Hilaire dont le duc est traditionnellement l'abbé en titre. Richard, assis sur le siège abbatial, reçoit des mains de l'archevêque de Bordeaux et de l'évêque de Poitiers la lance et la bannière, signes de son investiture. Les voûtes de la basilique résonnent alors de l'hymne *O princeps egregie*, composé à Saint-Martial de Limoges. Cette investiture ne peut être complète avant que Richard ait reçu, à Limoges, l'anneau de sainte Valérie. Fille unique et héritière du duc Léocadius d'Aquitaine, convertie au catholicisme par Martial, elle avait été décapitée au IIIe siècle pour avoir refusé un prestigieux mariage alors qu'elle était officiellement fiancée. L'anneau de la sainte symbolise, selon la tradition, l'Aquitaine et, passé au doigt du duc, le mariage mystique de l'homme avec sa terre. À la porte de la cathédrale Saint-Étienne de Limoges l'évêque de la ville tend à Richard l'eau bénite en guise de salutation et l'habille d'une tunique de soie. Puis il lui passe au doigt l'anneau de sainte Valérie. Il pose ensuite sur la tête du duc un cercle d'or et lui remet un étendard. Après quoi, ils entrent dans la cathédrale et vont se placer dans le chœur où Richard est investi de l'épée et des éperons. Il jure alors de protéger l'église de Limoges avant que la messe ne commence. À la fin de cette messe il dépose sur l'autel les *ducalia* — c'est-à-dire les insignes de son pouvoir : éperons, épée, étendard — reçus pendant la cérémonie.

Aliénor a veillé au moindre détail de cette cérémonie. Elle est son œuvre. La manifestation absolue de sa volonté de transmettre son duché, la terre de ses ancêtres, au fils qu'elle a choisi. Il s'agit d'un acte politique où la reine affirme son indépendance et son autorité personnelle.

Au cours des années 1171 et 1172, Henri est absent de la scène politique aquitaine. Il a passé une partie de l'année 1172 à préparer minutieusement son expédition irlandaise qui a commencé en octobre. Le roi a débarqué avec quatre mille chevaliers anglais, normands et gallois, dans une île en proie à des affrontements politiques entre clans. La situation n'est pas une surprise pour Henri qui suit la politique irlandaise de près depuis plusieurs années. Il a lancé cette opération en raison de ses problèmes avec la papauté mais aussi parce qu'il sait que l'Irlande est un fruit mûr qu'il peut cueillir sans grande difficulté. Le moment était doublement idéal. Une grande partie de la population, toutes classes confondues, attendait un pouvoir fort qui assure la paix sociale. Très rapidement les princes irlandais font leur soumission à Henri et les hauts dignitaires de l'Église accueillent avec soulagement ce monarque qui va les aider à remettre de l'ordre dans un clergé à l'image du reste du pays. Au cours de l'hiver un concile, réunissant la plupart des barons et des évêques, reconnaît Henri Plantagenêt pour souverain. Pour un homme qui par ailleurs est frappé d'interdit personnel, le coup est remarquable ! En avril 1172, le roi peut rentrer en Angleterre. Devenu le bras séculier du Saint-Siège en Irlande, il a maintenant quelques cartes en main pour négocier avec le pape.

Henri ne s'attarde pas plus d'une quinzaine de jours dans son royaume. Dès la mi-mai il est en Normandie, à Avranches, où il rencontre les légats du pape. On parvient à un accord. Le 19 mai, devant une foule de clercs, Henri jure, la main sur les Évangiles : « Je n'ai jamais commandé, ni désiré la mort de l'archevêque, et lorsque j'ai appris la nouvelle, je ne m'en suis pas réjoui : j'ai pleuré. J'en ai ressenti plus de douleur que si j'avais perdu mon père et ma mère. Je promets d'ailleurs d'accomplir sans rechigner la peine que m'imposeront les cardinaux. » Après quoi les légats le condamnent entre autres à abroger certaines clauses des *Constitutions* de Clarendon, à rétablir l'archevêché de Canterbury dans la totalité de ses biens et de ses prérogatives, à entretenir deux cents chevaliers en Terre sainte, etc. Ensuite, sous le regard de son fils Henri le Jeune, le roi d'Angleterre se présente à genoux devant les portes de la cathédrale d'Avranches, où il est officiellement pardonné. Enfin, dernier point litigieux, le couronnement d'Henri le Jeune ; une nouvelle cérémonie aura lieu le 27 août à Winchester et cette fois-ci Marguerite de France est sacrée en même temps que son mari.

Il aura fallu à peine un an et demi à Henri II pour se sortir de la situation très délicate dans laquelle l'assassinat de Thomas Becket l'avait plongé. Le trait de génie a été la campagne d'Irlande. Et le roi s'en tire remarquablement bien ; c'est l'œuvre d'un redoutable stratège en diplomatie.

À Noël 1172, le roi tient sa cour à Chinon où la reine l'a rejoint. Il ne se sont pas vus depuis deux ans. L'atmosphère semble très détendue entre les époux. Pourtant ce n'est qu'une façade. Le feu couve sous la cendre mais Henri, au faîte de sa puissance, ne se doute de rien.

En février 1173, le roi d'Angleterre est en Auvergne, à Monferrand. Il reçoit le comte Humbert de Maurienne pour mettre au point les derniers détails d'un projet matrimonial unissant leurs maisons. Depuis 1171, les deux hommes sont en négociation pour marier le dernier des fils d'Henri et Aliénor, Jean, âgé de cinq ans, avec la fille unique du comte, Alix. Le prince sans terre deviendrait par ce mariage un homme riche et puissant. La Maurienne représente le contrôle de tous les cols des Alpes, un territoire qui s'étend autour du lac Léman, comprend une partie de la Savoie et offre une ouverture vers l'Italie ; c'est un territoire stratégique dans l'Europe de l'époque et y mettre la main serait un excellent « coup » politique et diplomatique pour le

Plantagenêt. Pour conclure la négociation, Henri est prêt à payer la somme considérable de 5 000 marcs d'argent. À Monferrand se trouvent également le roi Alphonse II d'Aragon et le comte de Toulouse, Raimond V. Il sont venus demander au roi d'Angleterre son arbitrage concernant une querelle qui les oppose depuis longtemps. Tant de riches et puissants féodaux réunis autour d'Henri montre la notoriété dont jouit, en ce début d'année 1173, un homme qui, maintenant, est doublement roi : d'Angleterre et d'Irlande.

Le 25 février Henri tient sa cour à Limoges. Aux rois et comtes présents à Monferrand, vient s'ajouter le roi de Navarre, invité par le Plantagenêt. Devant cette assemblée prestigieuse, le comte de Toulouse fait hommage de ses terres au roi d'Angleterre. Raimond V s'agenouille d'abord devant Henri II, puis devant Henri le Jeune et enfin devant Richard, le duc d'Aquitaine, suivant un ordre hiérarchique voulu par Henri. La reine Aliénor est selon toute probabilité également présente à cette cérémonie qui marque l'apothéose de la famille Plantagenêt, en apparence unie, sans doute la plus puissante d'Europe à ce moment-là.

Le mariage entre Jean d'Angleterre et Alix de Maurienne est conclu. La fillette va rester dans sa belle-famille pour y être élevée, comme il est d'usage. Le comte Humbert se fait préciser quelques points de la dotation du petit Jean, qui, on s'en souvient, était « sans terre ». Humbert est un homme consciencieux, il se doute que problablement Jean, qui est le quatrième sur la liste des héritiers royaux, n'aura pas grand pouvoir dans l'avenir même si son père semble lui manifester un attachement particulier. Il demande donc au roi d'Angleterre de quels moyens de subsistance disposera le jeune prince. Henri répond qu'il recevra plusieurs châteaux dans le centre de l'Angleterre et sur le continent, les villes fortes de Loudun, Mirebeau et Chinon, stratégiquement placées entre le Poitou et la Bretagne

— notons au passage que ce sont ces trois mêmes villes qui avaient été données au frère d'Henri, Geoffroy, vingt ans plus tôt et qui avaient été la source d'un grave conflit entre les deux frères. Il faut croire que ces villes sont marquées du sceau de la discorde, car elles vont être le point de départ d'un nouveau conflit qui va menacer de faire s'effondrer l'empire bâti par Henri II. Apprenant les biens dont son frère va bénéficier, Henri le Jeune entre dans une fureur qui surprend tous les barons présents. Lui qui a été sacré roi par deux fois, qui a fait hommage, comme ses propres fiefs, de la Normandie et de l'Anjou au roi de France, ne dispose même pas d'une terre personnelle pour lui permettre de tenir son rang et ne vit que des subsides que son père lui accorde. Le jeune roi a maintenant dix-huit ans, il veut son indépendance et assumer les fonctions que son père, en le faisant couronner, lui a confiées. Évidemment, Henri II n'a en aucune manière l'intention de céder une partie de son pouvoir et de ses revenus. Et d'ailleurs donner Mirebeau, Loudun et Chinon à un enfant de cinq ans était un moyen de conserver longtemps encore la mainmise sur ces places stratégiques. Henri le Jeune refuse son consentement à la dotation de Jean, prise sur sa propre part, et exige la jouissance de son héritage : Angleterre, Normandie et Anjou ; ou du moins une partie. Le « vieux » roi refuse. Aliénor se tait.

Henri II pense que l'incident va en rester là. Il connaît son fils, c'est un velléitaire ; un être charmant, beau, intelligent, mais qui n'est pas de taille à s'opposer à son père. Il se promet néanmoins de « reprendre en main » ce jeune homme fougueux qui lui a un peu échappé. Dans les jours qui suivent, le comte de Toulouse demande à rencontrer en secret le roi d'Angleterre. Il s'étonne de l'aveuglement du roi : Henri le Jeune n'est pas le seul à défier son autorité, ses deux autres fils, Richard et Geoffroy, complotent contre lui, et également la reine Aliénor. Le roi accorde un crédit limité aux révélations de Raimond V ; l'homme est lui-même un orfèvre en matière de trahison. Néanmoins cela mérite vigilance. Henri donne des instructions pour que les défenses de ses châteaux soient renforcées. Il décide aussi de sonder l'esprit du jeune roi. Il quitte Limoges sous prétexte d'une partie de chasse en emmenant son fils aîné avec lui et laisse Geoffroy et Richard auprès d'Aliénor. Pendant quelques jours, le père et le fils chevauchent côte à côte, dorment dans la même chambre... Rien ne transparaît dans l'attitude du jeune homme, si ce n'est une certaine rancœur à l'égard de son père ; il est évident que ces deux-là ne s'entendent pas. Mais de là à trahir !

Ils arrivent à Chinon où ils passent la nuit, toujours dans la même chambre. Au matin, le jeune roi a disparu. On le cherche, il n'est pas dans le château. Henri apprend vite que le pont-levis a été abaissé pendant la nuit et que son fils s'est enfui. Cette fois-ci plus de doute. Il devient vite évident qu'Henri le Jeune est en route pour se réfugier sur les terres de son beau-père, le roi de France. Une course poursuite s'engage mais le vieux roi ne parvient pas à rattraper son fils qui gagne Mortagne, sur le domaine du comte de Dreux, frère de Louis VII. La fuite a été trop bien organisée, Henri se doute immédiatement que son fils n'est pas seul dans l'affaire.

Il en a la confirmation dans les jours suivants. Richard et Geoffroy se sont eux aussi réfugiés auprès du roi de France, cependant que la révolte gagne. Tous les seigneurs poitevins se soulèvent, expulsant partout les « Anglais », et se déclarent du parti du jeune roi. Si les terres les plus au sud de l'Aquitaine, la Gascogne, restent relativement calmes, le mouvement gagne l'Angleterre ; évêques, barons rejoignent Henri le Jeune... jusqu'au roi Guillaume d'Écosse. Seule la Normandie reste indéfectiblement fidèle au vieux roi. Celui-ci écrit une lettre au pape dans laquelle il se plaint de « la malice de ses fils, que l'esprit d'iniquité a armés contre leur père au point qu'ils considèrent comme une gloire et un triomphe de le poursuivre », et il ajoute : « Mes amis se sont éloignés de moi, mes familiers en veulent à ma vie [1]... » Le roi semble sincèrement abattu. Il a compris que ses fils n'ont pas organisé seuls tout cela, ils sont trop jeunes, trop inexpérimentés. L'affaire a été préparée depuis longtemps, minutieusement montée, tramée de main de maître. Il n'y a qu'une personne capable d'y parvenir : Aliénor. J'aimerais pouvoir penser qu'au moment où il comprend que c'est sa femme qui est derrière cette guerre, Henri mesure combien il a eu tort de la négliger. Il a cru qu'elle se contenterait d'être la duchesse mère d'Aquitaine. Mais Aliénor ne se « contente » pas. Elle est née pour le pouvoir, elle peut le partager mais on ne peut l'en priver. Peut-être Henri a-t-il éprouvé une certaine admiration pour sa femme ? Ou simplement de la haine ? S'en est-il voulu de ne rien avoir vu venir ? Mais le pouvait-il ? Comme le remarque justement Régine Pernoud, Henri II est un despote et le propre des despotes est d'être isolés, de ne s'intéresser qu'à eux-mêmes. Nous ne pouvons rien affirmer des sentiments éprouvés par le roi, si ce n'est, peut-être, une grande incrédulité. Car l'action d'Aliénor, pour ses contemporains, semble difficilement compréhensible, car elle est unique. On trouve assez régulièrement, dans les chroniques et les annales de l'époque, la mention de rébellions de fils contre leur père ; mais jamais d'une femme contre son mari. Et qui plus est d'une reine qui a intimement, délibérément, voulu et œuvré pour la création d'un empire et qui, soudain, met la même détermination à le faire voler en éclats. Car le but recherché est sans conteste celui-là. Chacun de ses fils veut sa part d'héritage et son autonomie ; s'ils obtiennent satisfaction, l'empire, dans

---

1. Cité par Régine Pernoud, *op. cit.*, page 178

ce qu'il a de centralisé, comme l'a voulu Henri, sera *de facto* anéanti. Restera un royaume anglo-normand et des principautés qui n'auront de lien entre elles que parce que leurs princes sont frères. Qu'est-ce qui a pu pousser Aliénor ? À huit siècles de distance, nous ne pouvons que nous interroger et manifester la même incompréhension que ses contemporains. Est-ce simplement la vengeance amoureuse d'une femme trompée et délaissée, comme beaucoup d'historiens l'ont pensé ? Peut-être, mais l'explication, pour aussi séduisante qu'elle soit, est-elle suffisante ? Il est vrai que ce sont des êtres de pouvoir ; il y a du Shakespeare chez eux. John Gillingham, et après lui Jean Flori, avance la thèse d'une réaction d'Aliénor provoquée par l'hommage rendu par le comte de Toulouse au roi d'Angleterre. La reine considère le comté de Toulouse comme lui revenant de par sa grand-mère. Elle n'a jamais considéré les Saint-Gilles autrement que comme des usurpateurs. L'ordre protocolaire voulu par Henri au moment de la cérémonie d'hommage est très instructif. Le comte de Toulouse a d'abord prêté serment au vieux roi d'Angleterre, puis au jeune, et ensuite seulement à Richard, en tant que duc d'Aquitaine. Cela revient à retirer la suzeraineté sur Toulouse au duc d'Aquitaine. Sans aucun doute, Aliénor a dû en être meurtrie. C'est un affront à ses ancêtres. Mais quelques semaines à peine séparent la cérémonie de la fuite du jeune Henri ; ce n'est pas suffisant pour organiser un complot d'une telle ampleur. On peut aussi évoquer les évolutions diamétralement opposées des personnalités du roi et de la reine, qui font que, peut-être, Aliénor ne reconnaît plus l'homme qu'elle a aimé. Il est malgré tout évident que le pouvoir est au cœur des relations entre Henri et Aliénor. C'est sur ce point qu'elle attaque en cherchant à le lui faire perdre au profit des enfants. Et qui sait, peut-être cherche-t-elle à le récupérer pour elle-même. Bien que née duchesse elle n'a pu exercer ce pouvoir qu'au travers de ses maris. Henri lui refusant cette délégation, pourquoi Aliénor n'aurait-elle pas pensé l'exercer au travers de ses fils ? Mais Aliénor a cinquante ans. Elle ne peut pas savoir qu'elle vivra encore trente ans, elle doit penser au contraire qu'il ne lui reste que quelques années devant elle... cela vaut-il la peine de s'épuiser à gouverner un empire ingouvernable ? Je crois qu'il faut accepter qu'il y a, dans les motivations de la reine, une part d'inconnaissable qui tient aux liens intimes, personnels, qui ont uni Henri et Aliénor. Toutes les raisons que nous venons d'évoquer ne sont que des raisons plus ou moins objectives ; il y a, dans cette action extraordinaire et unique d'Aliénor d'Aquitaine, une part d'irrationnel qui n'appartient qu'à elle. Et à Henri.

Sitôt connue avec certitude la présence du jeune roi Henri à la cour de France, Henri II envoie des ambassadeurs pour demander à Louis VII de lui renvoyer ce fils félon. C'est l'occasion d'un échange où le roi de France fait une nouvelle fois preuve d'ironie aux dépens de son rival anglais. Aux ambassadeurs ayant fait leur requête, Louis répond : « Qui me fait cette demande ?

— Le roi d'Angleterre.

— Le roi d'Angleterre ? Il est ici avec moi et ne m'a rien demandé par vous. Peut-être continuez-vous à appeler " roi " son père, qui a autrefois été roi d'Angleterre. Sachez que ce roi-là est mort. Il vaudrait mieux pour lui de cesser de se prendre pour roi puisque, à la face du monde, il a résigné son royaume à son fils. »

Le roi de France a la partie belle. Il a la possibilité, comme au moment de la fuite de Thomas Becket, de se poser en recours et en arbitre. Henri peut avoir l'impression que l'histoire se répète. Quant à Aliénor, mesure-t-elle l'ironie du sort qui la conduit à placer ses trois fils sous la protection de l'homme dont elle s'est séparée vingt-cinq ans plus tôt ?

Louis a décidé de s'en tenir scrupuleusement au traité de Montmirail. Les trois frères ont chacun fait hommage de leurs terres au roi de France, ils sont donc ses vassaux et à ce titre il leur doit aide et assistance contre un homme qui cherche à les spolier et à ne pas leur accorder la jouissance de leurs biens. Louis est d'autant plus disposé à jouer ce rôle que, selon une chronique anglaise, il a reçu son gendre Henri le Jeune et sa fille Marguerite en novembre 1172 et qu'il aurait suggéré au jeune homme de réclamer au vieux roi Henri le gouvernement de l'Angleterre ou à défaut celui de la Normandie. Le roi de France devait bien se douter qu'Henri II ne se laisserait pas faire. Face aux ambassadeurs venus réclamer Henri le Jeune, Louis ne fait pas qu'ironiser. Il peut laisser aller ses griefs contre le roi d'Angleterre : « Pourquoi le roi d'Angleterre garde-t-il, contre la foi jurée, la dot de Marguerite au lieu de la remettre à son fils ? Pourquoi cherche-t-il à soulever contre leur seigneur naturel les populations françaises depuis les monts d'Auvergne jusqu'au Rhône ? Pourquoi enfin a-t-il reçu l'hommage lige du comte de Toulouse ?... Dites à votre maître que je jure de ne pas faire la paix avec lui sans le consentement exprès de sa femme et de ses fils. » Exprimées ainsi, les choses sont extrêmement claires et montrent à l'évidence qu'Aliénor est totalement partie prenante dans l'affaire.

Henri ne peut rien faire. Il est effectivement seul face à une coalition qui veut son élimination politique. Il ne sait pas d'où les premiers coups partiront. Il attend, replié sur sa Normandie. Pendant ce temps, un peu partout, les vassaux révoltés s'en prennent à ses biens propres, assiègent ses châteaux, pillent, dévastent.

Si la coalition prend forme à Paris, Aliénor, de sa cour de Poitiers, tire les ficelles. En mai, une grande assemblée se tient au Palais de la Cité. Autour du roi de France et des trois princes Plantagenêt, viennent se réunir le comte Philippe d'Alsace, comte de Flandres depuis la mort de son père en 1168, et son frère Mathieu de Boulogne, Henri de Champagne, Thibaud de Blois, de nombreux prélats et vassaux révoltés contre Henri II. Tous jurent de soutenir la cause d'Henri le Jeune et que « celui qui, précédemment, avait été roi d'Angleterre, n'est plus roi désormais ». Le jeune roi se comporte en souverain et distribue promesses et donations. Le comte de Flandres reçoit le comté de Kent et le château de Douvres, le comte de Blois des fiefs en Touraine. En Angleterre se rallient les comtes de Chester, de Leicester, de Norfolk, de Ferrières, sans oublier Guillaume Iᵉʳ d'Écosse à qui Henri le Jeune promet des terres à sa frontière avec l'Angleterre, et son frère David qui reçoit le comté de Huntingdon. Dans l'île, on se compte. Les partisans du jeune Henri et ceux du vieil Henri s'apprêtent à en découdre.

Les hostilités commencent à la fin juin et, contre toute attente, les événements vont se précipiter dans un mauvais sens pour la reine et ses fils. En effet le Plantagenêt, sorti de son abattement, n'a pas attendu dans l'inaction. Conscient que le nombre de vassaux sur lequel il peut compter est insuffisant, et qu'ils pouvaient eux aussi le trahir à tout moment, il a engagé à prix d'or une armée de vingt mille mercenaires. Pour cela il a dû rassembler tout l'argent dont il pouvait disposer et va jusqu'à mettre en gage son épée d'apparat incrustée de diamants. Peu importe. La victoire est à ce prix. Henri sait qu'il n'a que deux atouts : une armée de redoutables soldats qui le serviront parce qu'il les paye, et son sens des manœuvres rapides.

La coalition attaque en Normandie sur deux fronts pour prendre en tenaille l'Angevin : Philippe d'Alsace et son frère attaquent les forteresses d'Aumale et de Neufmarché dont ils s'emparent en peu de temps tandis que Louis VII et Henri le Jeune, que Richard rejoint rapidement, entreprennent le siège de Verneuil avec une armée de sept mille chevaliers. Quelques semaines après, en juillet, le comte de Chester attaque la Bretagne et s'empare de Dol. Tout semble réussir aux coalisés jusqu'au siège de Driencourt où Mathieu de Boulogne est tué par un carreau d'arbalète. Profondément affecté, son frère Philippe de Flandres décide d'interrompre la marche de son armée et de rester devant Driencourt. De son côté le roi de France piétine devant Verneuil. C'est à ce moment que le Plantagenêt lance sa contre-offensive. Comme on pouvait s'y attendre, il agit avec une rapidité déconcertante. Faisant parcourir à ses hommes trente kilomètres par jour à marche forcée, il est le 8 août à quelques lieues de Verneuil. Louis VII préfère ne pas affronter avec ses chevaliers les redoutables mercenaires d'Henri et se retire peu glorieusement. Le Plantagenêt a les mains libres pour foncer vers la Bretagne : il reprend Dol, fait prisonniers les comtes de Fougères et de Chester, et terrorise la population. Les nouvelles venant d'Angleterre sont également favorables à Henri car ses partisans, avec à leur tête son justicier Richard de Lucé, ont repoussé l'invasion écossaise et fait prisonnier Guillaume le Lion.

Dans ce contexte plutôt favorable au Plantagenêt, une rencontre a lieu le 24 septembre à Gisors entre le roi d'Angleterre et le roi de France accompagné des trois princes Plantagenêt. Henri propose à ses fils de partager les revenus de ses domaines. Conseillés, semble-t-il, par Louis VII, les princes refusent. En effet les coalisés espèrent reprendre la main et surtout mettent sur pied une invasion de l'Angleterre où la situation est encore incertaine. Mais Henri a compris le danger. Il passe la Manche avec une petite armée de cinq cents mercenaires et va rejoindre les troupes de Richard de Lucé. L'armée du comte de Leicester, âme de la révolte anglaise, est battue et le comte fait prisonnier. Henri repasse à nouveau la Manche car les coalisés ont profité de son absence pour attaquer une nouvelle fois en Normandie et assiègent Rouen. Le Plantagenêt les oblige à lever le siège. Après cette nouvelle défaite, la coalition se disloque définitivement.

À nouveau maître de l'Angleterre, de la Normandie et de la Bretagne, Henri II a les mains libres pour attaquer les rebelles poitevins. Début novembre, le roi, arrivé à Chinon, lance ses mercenaires vers le sud et s'empare des châteaux de La Haye, Preuilly et Champigny. Henri se rapproche dangereusement d'Aliénor. La reine ne se sent plus en sécurité. Un soir de novembre, sur la route entre Poitiers et Chartres, en direction des États du roi de France, des hommes du Plantagenêt tombent par hasard sur une petite troupe de cavaliers poitevins qu'ils font prisonniers. Parmi ces cavaliers, habillée en homme, ils découvrent avec stupeur Aliénor d'Aquitaine. La malchance a voulu que la reine soit capturée alors que, par une ironie de l'histoire, elle allait chercher refuge auprès de son premier mari qu'elle n'avait pas vu depuis vingt-cinq ans.

La reine est emmenée à Chinon où Henri l'attend. Mais à cet instant, ils ne sont plus mari et femme. Le couple extraordinaire qu'il ont formé est définitivement mort. Plus qu'en adversaire, elle s'est comportée en ennemie. Et c'est en ennemie vaincue qu'il va la traiter.

Pour nous, l'histoire d'Aliénor et Henri s'arrête là. Emprisonnée pendant quinze années en Angleterre, Aliénor ne verra pas — ou peu, ils ne se rencontreront qu'une seule fois — l'homme qu'elle a aimé devenir un être névrotique, sale, laid, régnant avec despotisme. Mais, malgré tout, Henri restera un incroyable animal politique, conservant son pouvoir jusqu'au bout, réussissant à contenir sans cesse l'impatience de fils qui parviennent difficilement à dissimuler leur détestation de cet homme qui n'a jamais su, ou voulu, être leur père. Durant cette période, Henri et Aliénor connaîtront la douleur de perdre Henri le Jeune, qui meurt en 1183 à l'âge de vingt-trois ans, puis Geoffroy en 1186. Richard devient l'héritier. Quand Henri meurt, en 1189, dans une solitude tragique, la reine Aliénor sort de sa prison plus altière et plus élégante que jamais. Elle a près de soixante-dix ans. Elle est prête pour porter la troisième couronne de sa vie. Elle a été reine de France, reine d'Angleterre, elle va maintenant être la reine mère. Pendant encore quinze ans, révérée dans toute l'Europe pour sa sagesse et sa science du pouvoir, elle mettra son extraordinaire énergie au service de l'empire qu'avec Henri elle a inventé, empire qui, ne pouvant exister que par eux, ne leur survivra pas.

Chronologie

1157	Naissance de Richard Cœur de Lion, fils d'Henri et d'Aliénor.
1158	Ambassade Thomas Becket auprès de Louis VII. Naissance de Geoffroy Plantagenêt, fils d'Henri et d'Aliénor.
1159	Échec de la campagne des souverains anglais pour s'emparer du comté de Toulouse. Mort d'Adrien IV. Élection du pape Alexandre III et de l'antipape Victor IV.
1160	Mariage d'Henri le Jeune et de Marguerite de France, fille de Louis VII. Naissance d'Aélis de France, fille de Louis VII et Constance de Castille. Mort de Constance de Castille. Louis VII épouse Adèle de Champagne.
1161	Mort de Thibaud du Bec, archevêque de Canterbury.
1162	Thomas Becket est élu archevêque de Canterbury. Naissance d'Aliénor Plantagenêt, fille d'Henri et Aliénor.
1163	Assemblée de Woodstock, assemblée de Westminster : le chancelier Becket s'oppose à la politique d'Henri II sur l'indépendance judiciaire du clergé.
1164	Promulgation des *Constitutions* de Clarendon. Mort de Victor IV, élection de l'antipape Pascal III. Thomas Becket fuit l'Angleterre et se réfugie auprès du roi de France.
1165	Naissance de Philippe Auguste, fils de Louis VII. Naissance de Jeanne Plantagenêt, fille d'Aliénor et d'Henri.
1166	Naissance de Jean sans Terre, dernier enfant d'Henri et Aliénor. Henri II devient régent du duché de Bretagne. Henri s'éprend de Rosemonde Clifford.
1167	Mort de l'impératrice Mathilde, mère de Henri II.
1168	Mariage de Mathilde Plantagenêt avec Henri le Lion, duc de Saxe et Bavière.
1169	Échec des négociations de Montmirail. Aliénor s'éloigne d'Henri et vit de plus de plus à Poitiers avec son fils Richard.
1170	Couronnement de Henri le Jeune par l'archevêque d'York. Thomas Becket rentre en Angleterre et est assassiné dans la cathédrale de Canterbury.
1171	Henri II commence la conquête de l'Irlande. Aliénor fait couronner Richard duc d'Aquitaine et comte de Poitou.
1172	Henri II devient roi d'Irlande.
1173	Aliénor soulève les barons continentaux et les enfants du couple contre Henri.
1174	Échec de la révolte. Début de captivité d'Aliénor. Séparation définitive du couple.

Généalogies

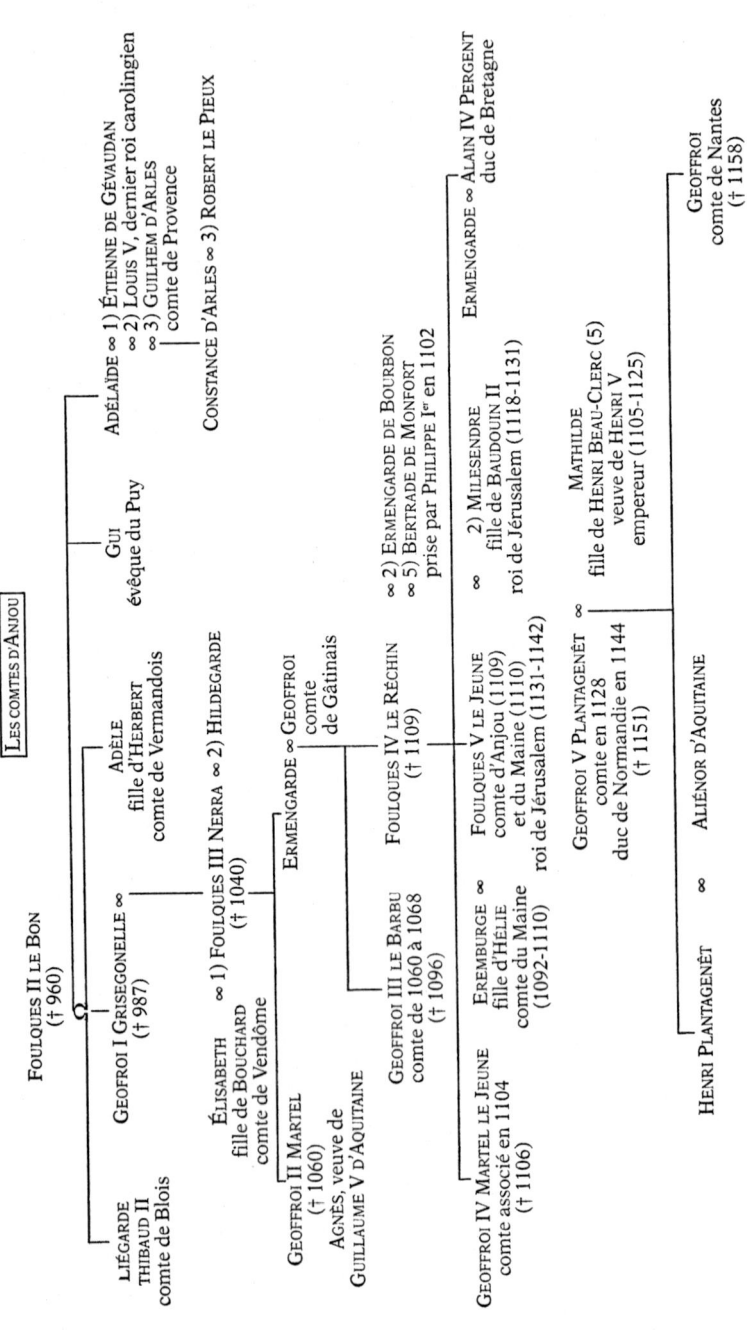

LES COMTES D'ANJOU

FOULQUES II LE BON
(† 960)

GEOFROI I GRISEGONELLE ∞
(† 987)

LIÉGARDE
THIBAUD II
comte de Blois

ADÈLE
fille d'HERBERT
comte de Vermandois

ÉLISABETH   ∞ 1) FOULQUES III NERRA ∞ 2) HILDEGARDE
fille de BOUCHARD   († 1040)
comte de Vendôme

GUI
évêque du Puy

ADÉLAÏDE ∞ 1) ÉTIENNE DE GÉVAUDAN
         ∞ 2) LOUIS V, dernier roi carolingien
         ∞ 3) GUILHEM D'ARLES
              comte de Provence

CONSTANCE D'ARLES ∞ 3) ROBERT LE PIEUX

GEOFFROI II MARTEL
(† 1060)
∞ AGNÈS, veuve de
GUILLAUME V D'AQUITAINE

ERMENGARDE ∞ GEOFFROI
              comte
              de Gâtinais

GEOFFROI III LE BARBU
comte de 1060 à 1068
(† 1096)

FOULQUES IV LE RÉCHIN
(† 1109)

∞ 2) ERMENGARDE DE BOURBON
∞ 5) BERTRADE DE MONFORT
     prise par PHILIPPE Iᵉʳ en 1102

GEOFFROI IV MARTEL LE JEUNE
comte associé en 1104
(† 1106)

EREMBURGE ∞
fille d'HÉLIE
comte du Maine
(1092-1110)

FOULQUES V LE JEUNE
comte d'Anjou (1109)
et du Maine (1110)
roi de Jérusalem (1131-1142)

∞   2) MILESENDRE
        fille de BAUDOUIN II
        roi de Jérusalem (1118-1131)

ERMENGARDE ∞ ALAIN IV PERGENT
              duc de Bretagne

GEOFFROI V PLANTAGENÊT
comte en 1128
duc de Normandie en 1144
(† 1151)

∞   MATHILDE
    fille de HENRI BEAU-CLERC (5)
    veuve de HENRI V
    empereur (1105-1125)

GEOFFROI
comte de Nantes
(† 1158)

HENRI PLANTAGENÊT   ∞   ALIÉNOR D'AQUITAINE

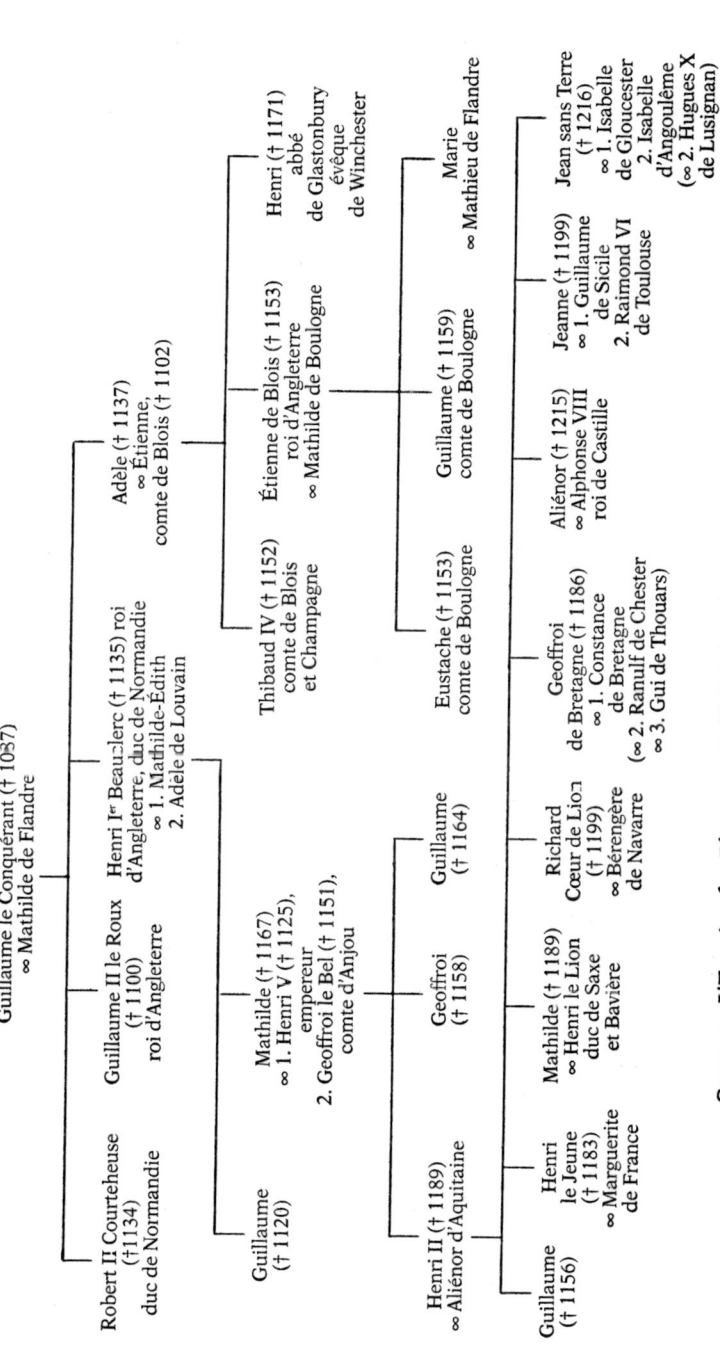

LES DUCS DE NORMANDIE

Source : *L'Empire des Plantagenêt (1154-1224)*, Martin Aurell, Perrin, 2003.

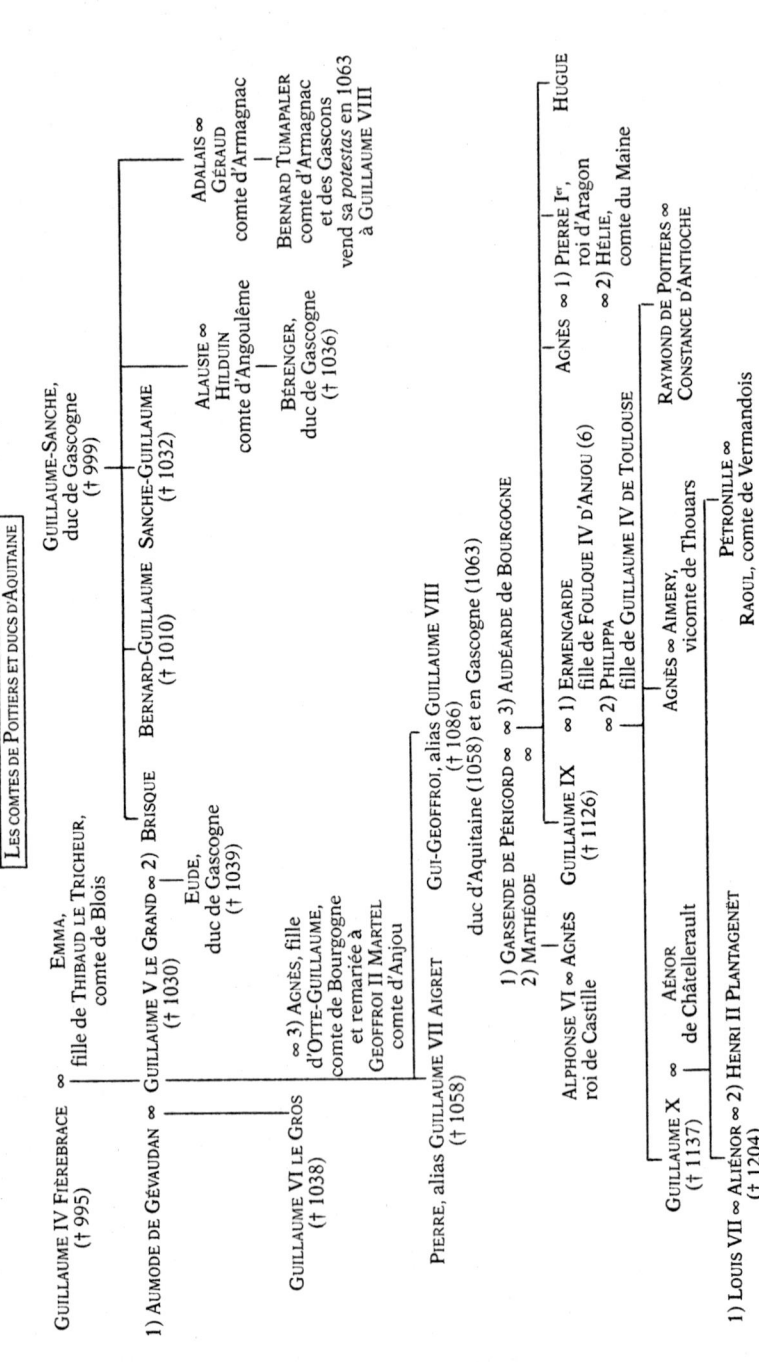

Les comtes de Poitiers et ducs d'Aquitaine

Éléments bibliographiques

AUBÉ Pierre, *Thomas Becket*, Paris, Fayard, 1988

AURELL Martin, *L'Empire des Plantagenêt*, Paris, Perrin, 2003

BARTHÉLEMY Dominique, *L'Ordre seigneurial, XIe-XIIIe siècle*, Paris, Seuil, 1990

BRUNEL-LOBRICHON (G.), DUHAMEL-AMADO (C.), *Au temps des troubadours, XIIe-XIIIe siècle*, Paris, Hachette Littératures, 1997

DUBY Georges, *Dames du XIIe siècle*, Paris, Gallimard, 1995

DUBY Georges, *Féodalité*, Paris, Gallimard/Quarto, 1996

DUBY Georges, *Guillaume le Maréchal*, Paris, Fayard, 1984

DELORME Philippe, *Aliénor d'Aquitaine*, Paris, Pygmalion, 2001

FLORI Jean, *Richard Cœur de Lion*, Paris, Payot, 1999

FOSSIER Robert, *Le Moyen Âge*, t. 2, Paris, Armand Colin, 1982

GAUVARD (C.), DE LIBERA (A.), ZINK (M.), *Dictionnaire du Moyen Âge*, Paris, PUF, 2002

GILLINGHAM John, *Richard Cœur de Lion*, Paris, Noêsis, 1996

LEGOFF Jacques, *La Civilisation de l'Occident médiéval*, Paris, Arthaud, 1984

MARKALE Jean, *Aliénor d'Aquitaine*, Paris, Payot, 1979

MARROU Henri-Irénée, *Les Troubadours*, Paris, Seuil, 1971

PERNOUD Régine, *Aliénor d'Aquitaine*, Paris, Albin Michel, 1966

PERNOUD Régine, *Richard Cœur de Lion*, Paris, Fayard, 1988

SASSIER Yves, *Louis VII*, Paris, Fayard, 1991

SIVERY Gérard, *Philippe Auguste*, Paris, Perrin, 2003

SUFFERT Georges, *Le Pape et l'Empereur*, Paris, de Fallois, 2003

VERSEUIL Jean, *Aliénor d'Aquitaine et les siens*, Paris, Critérion, 1991

VIELLIARD Jeanne, *Le Guide du pèlerin de Saint-Jacques de Compostelle*, traduction du texte d'Aimery Picaud, Paris, Librairie philosophique J. Vrin, 1997

ACTES DU COLLOQUE *La cour Plantagenêt*, Université de Poitiers, Centre d'études supérieures de civilisation médiévale, 2000

Index

Table

Composé par Graphic Hainaut (Condé-sur-l'Escaut)
et achevé d'imprimer en juillet 2007
sur les presses numériques de BOOKPOLE
BP 12 - ZI Route d'Etampes - 45330 Malesherbes
http://www.imprimerie-bookpole.com

pour le compte des Editions Perrin
11, rue de Grenelle
Paris 7e

Dépôt légal : février 2004
N° d'édition : 2053 - N° d'impression : G07/11339A

Imprimé en France